社会運動史研究3

メディアがひらく運動史

大野光明・小杉亮子・松井隆志 編

清原 悠
李 美淑
相川陽一
村上 潔
ヤン・イークス
大西雄一郎
趙 沼振
三橋俊明
秋山道宏
那波泰輔
韓 昇熹
古賀 暹
熊本一規
杉山 弘
箱田 徹
福井 優
黒坂愛衣
篠田 徹
原口 剛
青木千帆子

新曜社

目次

書評

装幀　川邉　雄
装画　A3BC

特集　メディアがひらく運動史

社会運動とメディアの関係は深い。
社会運動は、ビラや機関紙、ミニコミ、映画、絵画、音楽、雑誌など、多様で個性的なメディアを生み出し、その存在や主張を社会に示し、体制的な主流メディアには対峙してきた歴史を持つ。しかし、消費文化がオルタナティブな表現を取り込むなか、自律的な運動のメディアが主流のメディアに回収されたり、骨抜きにされたその後の経過も無視できない。また、今日では、動員力を高めるためのキャッチーさが称揚され、あたかも商品広告のようなインパクトや１４０字の「つぶやき」でも伝わるわかりやすさがもてはやされているようにも感じられる。ここでのメディアは、いわば運動にとって都合の良い「道具」に切り縮められてしまっている。

このような状況を前に、この特集は、社会運動とメディアのより多義的な関係性を歴史的に再検討する。ここでは「メディア」を、運動史をとらえるための一つの方法あるいは視座として考えたい。

まず、社会運動はメディアを用いて、自分たちの声を社会に開く。本特集のなかの小特集（日大闘争小特集）となった二本の論考がこの観点からメディアに迫っている。趙沼振さんは、日大闘争渦中の書籍・映画・写真集の制作過程をたどる。一方、三橋俊明さんは、日大闘争当事者としてその闘争経験を語り継ぐためのメディアづくりの苦闘を論じている。これらの論考は、運動がメディアをつくるとともに、メディアが運動の歴史と記憶を残すことを、その困難も含め示してくれる。

運動の中で生み出されたメディアの集積は、それ自体が別の運動的な営みにつながっていく。たとえば、紙やフィルムといったモノとしてのメディアを流通させる場やインフラがつくられてきた。清原悠さんの論考は、自主流通出版物を扱う模索舎を事例に、このユニークな書店がどのような課題に応えるなかで形づくられたかをミニコミ資料に基づいて描き出している。また、時間の経過とともにミニコミ等が史資料として位置づけ直されると、それはアーカイブをめぐる実践につながる。村上潔さんの論考は、京都の女たちのスペース「シャンバラ」にあったウーマン・リブ資料のアーカイブ化の実践を紹介し、その意義と課題を明らかにする。

もちろん、社会運動のメディアは機関紙誌やミニコミに限らない。商業誌もかつてはその有力な一角を占めていた。秋山道宏さん・那波泰輔さん・韓昇熹さんによる論考は、六〇年代後半に運動を支えた「新左翼系雑誌」を考察している。ここでは、編集者が果たした役割や新宿という場のもつメディア性にも光があてられている。そして、「新左翼系雑誌」の一つ、第一期『情況』については、前号に引き続き古賀暹さんへの松井隆志によるインタビューと同誌総目次後半を掲載した。同誌の歩みは運動とメディアの並走と緊張関係を共に浮かび上がらせている。

また、メディアはそれ自体が時空間を移動する運動性を持つ。長野県松本市における小川プロの記録映画の自主上映運動を扱った相川陽一さんの論考は、フィルムが松本市と三里塚を往復しつつ上映会という貴重な場が作り出されていたことを教えてくれる。この事例からは上映企画者自身が重要なメディアであることもわかる。この点について、大西雄一郎さんと大野光明による、日本のベトナム反戦運動に重要な足跡を残したヤン・イークスさんへのインタビューは、個人が国境を越えて運動や思想を伝えるメディアとなった事例を、鮮やかに示している。李美淑さんの論考も、富山妙子の画業をたどり、作品に埋め込まれた運動の歴史を再構成する。同時に、富山が「美術」の既存ジャンルの壁を越境しながら、国境をまたがって運動の時空間を歩んだ個人であることも浮かび上がらせている。

本特集における「メディア」とは、モノでも人でもあり、運動の帰結でありつつ動因でもある。また、その物質性が人びとの関係性を生み出すのだ。こうしたメディアへの着眼が運動史の様々な側面を開示し、現在の運動とメディアの関わりを再検討する手がかりにもなれば幸いである。（編者）

【特集　メディアがひらく運動史】

出版流通の自由への模索

──初期模索舎における自主流通・社会運動・ジェンダーへの問い

清原　悠

1　問題の所在と研究方法

一九七〇年一〇月に開店した「模索舎」は、様々なミニコミや社会運動の発行物（機関紙、パンフレット等）が自由に持ち込まれ、販売されている「本屋」として今日では知られている。管見のところ、日本国内でミニコミを扱う「本屋」として五〇年の歴史を誇る模索舎に比肩するものを見つけるのは困難であり、ミニコミも扱う「本屋」と対象を広げてもその存在は希少である(1)。

これは裏を返せば、私たちの日常生活において社会運動や市民活動の表現物の流通が排除されていること、それゆえに私たちが社会運動の存在を身近に感じる機会が遠ざけられていることを意味している。模索舎はこの流通の問題を打破するために作られたが、ミニコミを流通させるという試みは社会運動を取り巻く人間関係をどのように広げ、作り変えていくのかというコミュニケーションの次元の問題を含めた社会のあり方に関わるものであった。

本稿では、五〇年を誇る模索舎の歴史のうち、一九七〇年の設立前後から設立後二〇年までを「初期模索舎」として位置づけ、特に最初の一〇年を中心に取り上げて模索舎の設立の背景とその目的を明らかにしながら、その理念と活動の形態がどのような社会状況の趨勢の中で維持され、あるいは変化していったのかを検討する。なお、この時期を対象に選定したことには大きく二つの理由がある。

一つめは、流通システムの時代的変化の段階への対応である。一般的に日本の流通のあり方には、一九六〇年代に高度経済成長を背景に生じた「第一次流通革命」に加え、一九八〇年代後半から一九九〇年代初頭にかけて生じた「第二次流通革命」があると言われている（秦 2015: 13-4）。日本の出版界は「大手出版の寡占、雑誌優位の出版、巨大な取次機構によって成立している流通構造」（蔡 2012: 116）に特徴があり、これには戦前からの連続性も強いが[2]、特に一九六〇年代には「週刊誌」「月刊誌」が活発に創刊されて発行部数が飛躍的に増大し、その配本と返品処理のために取次会社（以下、取次）の役割が大きくなった。初期模索舎はこの時期に対応している。

二つめの理由は、模索舎に関わった人々の中で最も重要な人物と見なせる五味正彦（1946～2013）の去就に対応した時期区分だからである。模索舎は50名ほどが設立に関わったとされているが、設立時から有限会社ゴミニケート舎という法人の形態をとっている。その代表を務めていたのが五味で、模索舎とは屋号である[3]。五味は一九八八年頃に模索舎とは別に「ほんコミニケート社」を作って、その活動に専念するために翌年に模索舎の専従職員を辞めている。

本稿では、五味の活動に注目することで、模索舎の活動の変化と連続性を捉えるという方法を取ることにしたい。このような方法を取る理由としては、模索舎についての直接的な先行研究が存在していないこと、また設立に関わったメンバーは多いもののその関与の度合いには濃淡の差があり、そして専従職員もメンバーの流動性が激しいことが挙げられる。

他方で、五味と同時期に入舎し、同時期に退舎をした専従職員の今西千賀子にも本稿では注目したい[4]。その理由は、模索舎の専従職員は設立時には5名、その後も3名ほどが定員として存在しており、模索舎の動きを五味正彦の活動や思想に代表させることはできないためである。また、専従職員において人数の面で結果として男性優位であった模索舎において、女性の専従職員であった今西がどのように「初期模索舎」の活動を見続けたのかを追尾することは、模索舎やミニコミに対してジェンダーの観点から検討する視野を提供してくれるからである。

なお、本稿でおもに用いる一次資料は、模索舎が発行していたミニコミ『SM戦線』（1971.8～1975.10. 全7号＋ニュース2号）[5]、『モテック通信』（1972.9～1980.6. 全40号＋号外4号）[6]、『模索舎通信』（1980.8～1989.2. 全50号）である[7]。特に、『模索舎通信』では模索舎一〇周年を振り返り、新たなメンバーに模索舎の歴史と理念を共有してもらうために五味正彦が書き手となって「模索舎十年史」が不定期連載された。この中で一九七〇～七六年時点のことが当時の資料およびほかのメンバーとの対談を交えて詳述されている。「模索舎十年史」は、タイトルレベルで確認できるものとして、開店してから一年半までの第Ⅰ期が10回、それ以降の第Ⅱ期が12回掲載されている。本稿で最も参考にした資料として、この「模索舎十年史」を取り上げる[8]。そのほかに、ノンセクト学生運動誌『摸索』[9]、『思想の科学』（思想の科学社）、『構造』（経済構造社）などに寄稿した五味の文章を取り上げる[10]。

2　模索舎の設立

模索舎の設立と名称

模索舎の設立が関係者の間で提起されたのは一九七〇年夏である。中江ビル（現在地）との契約では12坪弱で家賃9万円、保証金として280万円を求められたが、同年九月一五日に賃借契約を行い、一〇月二八日には正式に営業が開始されている。保証金、内装・設備費を含めて500万円が必要であったが、資金を集める際の約束事としては、スポンサーなし、ひもつき資金なし、文化人や運動関係の「エライさん」から金を集めずということであった。その結果、設立メンバーやその友人・知人からのカンパをもらい、そして五味正彦らが親・友人たちから借金をして開店までに450万円を集めた(11)。

模索舎外観　東京都新宿区
松井隆志撮影（2021年6月11日）

営業・運営の具体的形態と名称は約50名で討議して決められたが、全員が二〇歳±三歳の若者で、階層は大部分が大学在学中もしくは中退、卒業直後であった。討議の結果、会社として「有限会社ゴミニケート舎」（代表：五味正彦）を一九七〇年一〇月上旬に設立し、借りた空間を壁で仕切って入口左側を「スナック・シコシコ」、右側を書店空間「情報センターへの模索舎」とし、全体を運営する集団を「ＳＭ戦線（シコシコ＋模索舎）」として、すべての決定をこの総会で行うことにした（ここまで「十年史(1)」1980.10.10: 4;「十年史(7)」1981.9.10: 2-4）(12)。「スナック・シコシコ」と「模索舎」の二本柱での営業となったのは、設立に関わったメンバーの間で「喫茶店派」と「ミニコミセンター派」があったためである（岩永正敏・小林健・五味正彦・実方藤男「言い出しっぺの座談会」『模索舎』16号 1982.10.28: 2）(13)。

なお、「模索舎」の名前の由来は中央大学べ平連が発行していた行動誌『摸索』に由来しており、「摸」の字を「模」に変更して用いた。模索舎設立を知らせるビラには「模索舎に情報を集中せよ！」と大きく書かれていたが、五味によればこの「情報」「情報センター」という言葉には以下の意味が込められていた。

> 当時の私たちにとって集中すべき〝情報〟とは、闘いの中で生まれたビラ・ステッカー・パンフ・通信であり、映画・演劇等のチラシ・ポスター・チケット等、そしてこのように形になったものだけでなく、種々な行動のスケジュールというナマ情報だった。闘いの表現と映画・演劇関係の表現がいかなる違和感もなく、シコシコ・模索舎の空間に存在した。……私たちがつくろうとしたのはいわゆる〝本屋〟ではなく、

> 私たちが売りたかったものもいわゆる〝本〟ではなかった。……他人が書いた〝権威〟ある出版社の〝立派〟な〝思想〟書も、闘いの中で生まれたビラやパンフも同価値のもの、私たちが次への一歩を考える（つまり自前の思想をつくる）ための材料＝情報である。[14]（「十年史(2)」1980.11.10: 3）

ここには模索舎設立の理念が時代状況と共に書き込まれている。模索舎とその利用者には、模索舎に情報を集中して、それを全国に拡大するという機能が期待されていた（同：4）。加えて、興味深いのが

> 全く同じ〈本〉が、ウニタ（神田）・文献堂（早稲田）・三月書房（京都）に並べられると〝思想〟になり、模索舎では〝情報〟になった。（「十年史(3)」1981.4.10: 2）

という説明である。つまり、ここでは「本」か「情報」かというのは「形態」の問題ではなく、「関係性」（人と人、物と物、人と物、人と思想との関係性）の問題として捉えられているのである。

　模索舎の設立メンバーは「ベトナム反戦・反安保」を共通の旗印にした当時の大きな運動の流れに参加するなかで知り合った関係であり、模索舎はその中から生まれたという共通認識が存在した。それゆえ、設立メンバーにあっても模索舎を自分たちの所有物とは考えておらず、利用者も店を手伝ったりするのが当たり前であったという。しかし、設立から一〇年という時の経過により「情報」の社会的な意味づけが変化し、またミニコミ・自主出版物発行者の模索舎への関わり方にも連帯感が感じられない事件（後述）が相次いだことで、「情報を集中せよ」という確信が揺らいでいった（この段落は「十年史(3)」1981. 4.10: 2-3）。

　一九七六年頃から模索舎運動についての総括が内部で議論され、設立一〇周年の一九八〇年一〇月二八日から「情報センターへの」という部分を外して「模索舎」と名称変更した（「十年史(1)」1980.10.10: 4）。

　一方で、併設した「スナック」の名称である「シコシコ」とは、全共闘運動や七〇年安保闘争の後退局面を迎えるなかで運動を持続的にシコシコ続けようという意味であった。スナックの併設については、「ミニコミ」という利幅の薄い商品のみでは経営が立ち行かないだろうという理由のみならず、学生運動への規制から大学内の拠点を失い、また喫茶店で嫌な顔をされながら行ってきた討論・オルグ等を心置きなくできる運動参加者のたまり場としての機能が期待された（「ＳＭ戦線　創刊号発行にあたって」『ＳＭ』1号 1971.10.27: 2-3）。

　実際にスナックシコシコではウーマン・リブの忘年会が同年一二月下旬に貸し切りで行われたり、南京大虐殺の写真展が翌年二月に二週間かけて行われたりと様々な企画が実施された。しかし、シコシコは一九七二年五月には閉鎖され、模索舎に一元化された（この経緯は3節参照）。

模索舎設立の背景——問題意識と四つの源泉

模索舎設立の背景にはすでに述べた「情報」への問題意識があったが、もう一つ重要だったのは五味たちがノンセクト学生運動に取り組むなかで感じた弱点への対応であった。模索舎設立が提起される半年前に五味が『摸索』に寄稿した文章には次のように書かれている。

> 我々ノンセクトが運動をやっていて、しばしば方針が出せなかったり、あいまいであることがあるが、この大きな原因は、党派に属している諸君に比べ、過去の闘争の総括やほかの場で進行している闘争の到達点・成果を自分のものにするための経験や情報の不足である。（五味正彦「行動誌としては不十分」『摸索』14号 1970.2.10: 28）[15]

こういった考えは五味だけのものではなく、ノンセクト学生運動の関係者の共通認識であった[16]。この発想が「我々の情報センター」を作り、全国の様々な運動関係者や情報と出会える場を求める動きになっていったのである（『模索舎』16号 1982.10.28: 2）[17]。

模索舎設立が関係者の間で具体的に提起されたのは一九七〇年の夏だが、それから二ヵ月程度で開店にこぎつけるなど、具体化の動きは極めて早かった。その理由は、担い手となる集団がすでに存在していたことにある。模索舎を作り出した背景には四つの源泉がある。

① 首都圏のノンセクト学生集団「べ反学連」
② ノンセクト学生運動行動誌『摸索』
③ ライン出版
④ 十月書房

である。

①の「べ反学連」（ベトナム反戦学生連絡会議）[18]は五味正彦が代表として立ち上げた学生運動団体である。五味のほか、小林健、岩永正敏といったメンバーが後に模索舎で専従を務めている。岩永は大学入学前の世田谷周辺の十人程度の高校生・浪人生で「自由会議」という学生団体を一九六六年五月から一九六七年まで展開していたが、ここに関わっていたメンバーが首都圏の大学に進学し、各大学で「〇〇大学べ平連」を作っていった。大学べ平連の連絡機関「べ反学連」が発足したことで、自由会議ならびにその機関紙「らしんばん」は役割を終えた（岩永については、岩永 2020:67-8）[19]。

②のノンセクト学生行動誌『摸索』は中央大学べ平連の機関紙として発行されていたが、学内の事情により11号で停刊となった後、多くの学生に呼びかけて12号から復刊した（18号まで続く）。模索舎設立の呼びかけ人の一人となる実方藤男はこの『摸索』への寄稿と編集を担っていた。また、復刊に際しては岩永らが編集発行を引き継いで、運動の活動資金作りになる仕組みを整備した[20]。この雑誌は各大学べ平連の参加者が読者であり、書き手にもなれた。

③のライン出版の名称はドイツでマルクス・エンゲルスが関

わった「新ライン新聞」からとったものである。当時、早稲田大学在学中に評論家デビューをしていた津村喬が運動のビラ等に書いていた文章を集めて『魂にふれる革命』という本にして出版するために作られた有志のグループであり、会社の形態はとっていない。ライン出版は取次を利用せずに自分たちで手売りすることを前提に、同書を3千部印刷した。

このライン出版の出版・営業方法には、経済構造社『構造』の営業方針が影響していた。ライン出版には『構造』の編集部で仕事をしていたメンバーがいたが、取次でいじめられたという経験があったため、ライン出版では取次は利用しないこととなった。また、『構造』の営業活動で名古屋や関西に行く際、営業先の「本屋」にライン出版の『魂にふれる革命』の直接取引もお願いしていった。取次を介さない自主出版物は置かない「本屋」がほとんどであったが、名古屋の十月書房・千種正文館、京都の京都書院・ふたば書房・三月書房、大阪のウニタ書舗・梅田の紀伊国屋書店がライン出版の本を扱ってくれた。この経験により、取次を使わない面白さや、いろいろな場や人と出会えることの手応えを感じることができたという。そして、このような書店とのつきあいと、『構造』やライン出版でいろいろな出版社とのつきあいができていたため、模索舎を始める際には取次を介さずに本を集めることが可能となった（この段落は『模索舎』16号 1982.10.28: 3)。

④の十月書房はライン出版の営業でつきあいができた名古屋の「本屋」である。十月書房は五味らと同世代の人物が一人で模索舎設立より少し前から経営していた小さな書店であるが、店が不便な場所にあるため、売っている本のリストをガリ版のビラにして集会で撒いたり、集会に出店するなど積極的な営業活動を展開していた。また、本の仕入れにおいても小さな「本屋」ゆえに取次からの自動配本がなく、取次の窓口へ買い出しに行っていた。模索舎の営業方法である「目録づくりや、集会のビラまき、出張販売をそこから学ん」でいたのである(21)（この段落は『模索舎』16号 1982.10.28: 3-4)。

事実、PR誌『SM戦線』で紙幅の中心を占めているのは自主出版物のリストであり、また模索舎は運動の集会での出張販売を積極的に行っている。

以上で見てきたように、模索舎を生み出した四つの源泉のうち、①〜③は模索舎を作る人材と資源を提供し、④は模索舎の商売の方法論を提供したと言える。特に④の存在は、当時学生もしくは卒業直後の若者たちには「経営」の感覚を持つ者がほとんどいなかったことから重要だったと言える(22)。他方で、①〜③の源泉から具体的にどのように模索舎設立の動きが出てきたのか。それを次項で見ていこう。

ライン出版から模索舎へ

五味は模索舎の前史として書かれた資料としてほとんど唯一のものとして、ライン出版が一九七〇年六月に出した津村喬『魂にふれる革命』(1970)の著者「あとがき」の後ろにある「あとがきのあとがき」の文章を挙げている。これは無記名で掲載されているが、書き手は実方藤男である。ここには運動と出版の関係性を問う問題意識が次のように書かれている。

出版は闘争になりうるか……われわれは出版をしているのではなく、出版運動なのだとひらきなおってみても、売れなくては金を出資した多くの仲間たちに迷惑をかけることになるのだ。……原稿用紙にかかれた文章が、ひとたび活字に組みなおされるとそれだけで、なにか偉い人のかいた立派な文章にみえるとすれば、それはわれわれが現代＝活字文明にかなりの程度毒されていることの証拠ではないか。……われわれライン出版の運動がその荷担者になるのか、それともするどい批判者となるのかの回答は、われわれライン出版と読者諸氏、それに著者との間にいかなるコミュニケイションが形成されるかにかかってこよう。［引用者注：……は中略、以下同］（実方 1970: 301-2）(23)

ライン出版では同書刊行直後の同年八月に今後の活動について話し合う総会を開催した（開催場所は早稲田奉仕園、日付不明）。二冊目を出そうという提案が出る一方で、岩永と実方は『魂にふれる革命』はビラを集めたものを本にしたのだから、それをもう一度ビラに戻してバラまこうと主張した。その議論の中で、ライン出版を出版社にするのではなく、自分たちの手で書店を作っていこうという話となり、それが模索舎の設立の提起となったのである（この段落は「十年史(5)」1981.6.10: 4）。

しかし、実際に「店」を経営していくとなると学生運動の時と同じようにはできない。また、模索舎を生み出した背景にあった社会運動の状況や、模索舎に関わったメンバーが置かれた状況も変化していった。本稿では以降において、模索舎の設立後の展開を検討していくが、その前に「初期模索舎」の大まかな歴史について確認しておこう。

初期模索舎の時期区分

模索舎設立一〇周年を迎えて発行された『模索舎通信』では「模索舎十年史」が連載されていくが、その初回では模索舎の一〇年間を三つの時期に区分している（『模索舎』1号 1980.10.10: 2）。本稿ではこれに準拠して、設立から約二〇年までの「初期模索舎」を次のように位置づける。第1期は、スナックシコシコと模索舎があった一九七〇年一〇月～七二年四月の一年半である。第2期は、シコシコを閉鎖し模索舎に一本化した後から『四畳半襖の下張』に関する「わいせつ」裁判に対応した一九七二年五月～七七年八月の約五年間である。第3期は、模索舎解体も辞さない「総括」を模索舎専従の連名で提起した一九七七年九月から、『模索舎通信』終刊号（50号）が出る一九八九年二月までの約一一年半である(24)。このように時期区分ができる「初期模索舎」であるが、紙幅の都合により本稿では第1期、第2期を中心に取り上げる。

3　模索舎の展開とスナック シコシコの閉鎖

――第1期の終わりまで

前節では模索舎の設立時の目的意識とその背景について明らかにしてきた。本節では、模索舎設立後の最初の節目となる、スナック シコシコの閉鎖までを検討する。

専従職員の労働条件

スナック シコシコの経営で問われたのは「労働」の持つ意味であったが、それを検討する前に模索舎の専従職員の労働条件について見ておきたい。模索舎の専従職員は創設時は5名いたが、1名を除いては準備段階からの参加ではなく、専従にならないかと声をかけられた五味・小林健らの友人・知人、もしくは友人の友人であった。名前やその他の記述から、うち2名が女性であったと思われる（なお、専従以外にアルバイトやボランティアもいた）。

模索舎設立を呼びかけた者が専従を務めなかった理由の一つとして、岩永は「自分がそこで食わなくても、運動しながらなん人かの人間が食えるようにしたい」という思いがあったことを挙げ、五味もこれに同意している。しかし、経営は厳しく、それへの責任を取る意味を込めて小林は一九七一年四月から、五味は一九七二年四月から専従になっている（この段落は『模索舎』16号 1982.10.28: 4）(25)。

また、専従職員の交代についても運動の理念が込められていた。設立当時に関わった50名ほどの集団が人材のプールとして

〝やれる者がやって、つかれたらかわり、場を維持していく〟集団の理念。（模索舎専従一同「〈声明〉模索舎運動の総括へ向けて　私たちは、提起します」『モテック』32号 1977. 10.1: 3）

があった。この方針は第1期では維持されるが、その後は設立メンバーも職や家庭を持つことで交代が難しくなっていった。また、一九七二年夏以降の「わいせつ」裁判は模索舎に構造的変質をもたらし、例えば五味自身も被告人となったことで専従職員を辞められなくなった（「十年史Ⅱ(12)」1986.5.28: 8）。

さて、設立時の専従職員はスナック シコシコの担当が3名、模索舎の担当が2名と役割分担があった。どちらの担当も専従費は高卒初任給程度の3万～3万5千円で、労働時間は一日8時間、週休1日という条件で働くことになっていたが、定休日がなかったために実際にはこの労働条件は守られなかった。特に子育て中の職員も1名いたが、他のメンバーは子持ちでなかったこともあり、この点についての配慮ができていなかったことは当時の大きな問題点であると、五味は一〇年後の回顧で述べている（この段落は「十年史(7)」1981.9.10: 2）。

模索舎運動の中での労働の意味

では、実際に専従として働いていた人には模索舎での労働はどのように認識されていたのか。模索舎開店からおよそ一年後に『SM戦線』が発行されるが、ここには当時働いていた舎員も寄稿している。以下に引用するのは、模索舎で一年半働いてきた「Pe」による文章である（創刊号によればPeの担当業務は「模索舎」）。この文章では、Peが抱くフェミニズムへの問題関心と絡めて、設立時の専従の労働が次のように書かれている。

> 「女」＝「私」が無力、無能、役立たずであること、常にそういう感覚がつきまとっている私にとって、そこをつかんでいない女性解放運動はまやかしにも思えてしまうのですけれど、そういう実感を解き放つ術も知らぬまま、それを逆に打ち払うべく、業務に没頭してしまった、というのが当初の私の、模索舎への専従としてのかかわり方でした。当初の模索舎は見知らぬ領域に足を踏み入れたばかり、右も左もわからぬ頃でしたから休日などはもちろんなく、昼の12時〜夜10時まで、休む暇とてありません。店を閉めてからも12時前に帰れる時はほとんどなく、1時、2時を過ぎることがざらでした。（現在は週一回の休み、8時間労働です）下宿に帰るよりも倉庫に泊まる事の多い一週間であり、そういった生活は、私から模索舎以外の活動を奪っていくものとしてもありそのもたらしたものは、私個人にとどまらず、やはり模索舎をどの様な存在としてどの様に機能させようとするのか、を考える時、広く全体に波及した問題であったといえましょう。何故なら、模索舎が企業体として存在しているという事実は、嫌が応にも資本の論理、利潤追求の論理にまき込む事を強いるでしょうし、模索舎が運動体として、人民のものとして機能しようとする限り、それ（資本の要請）を打ち破る（超えていく）感覚こそが、逆に最も重要なものとして日常的に要請されるからです。……状況を変える、より攻撃的な力を持つ主体として生きるべく、その為にも、模索舎を（新宿を、そして……を）去ろうとする今、もう一度、かつて切り捨ててしまった虐げられた（女の）屈辱の歴史を見据え、その中に生きる準備を開始したいと思います。（Pe「SM戦線一年半——ささやかな個人総括」『SM』2号1972.5.31: 8-9）

この文章はスナックシコシコを閉鎖し、改装して模索舎一本に絞って再オープンした一九七二年五月頃のものである。設立時の過酷な労働状況と、それによって個々人が模索舎運動から得たもの、失ったものを整理した上で、今後の活動をどのように展開していくのか、関係者に再検討が求められていたのである。実際、『SM』同号では同誌編集長の谷平吉も次のように述べている。

> 学生運動をやっていた連中がやりはじめたこの運動［引用者注：模索舎運動］も、一つの転機にきたと感じています。……私は、学生べ平連で3年余り活動してきましたが、この

頃、あの運動が、政治的すぎた運動であったんじゃないかと思っています。……SM戦線で、日常的業務を繰り返してくると、一緒に運動をやってきた人間でも、もっともなことなのですが、人間としてのもろさ、本音がどうしても出てきて、ボロがハッキリしてきます。……そのような事を見なくても済んだのが、少なくとも私のやってきた学生としての運動でした。そのような運動には、ハッキリ限界性があると思います。……昔の私の運動は、肉体的消耗戦だったと感じるのですが、SM戦線で直面しているものは、肉体的消耗よりも精神的消耗のようです。それは、個々人の差はありましょうが、やはり変革の対称（ママ）であろうと思います。（谷平吉「SM戦線に関る一人の人間から」『SM』2号 1972.5.31: 5-6）

第1期の終焉——スナックシコシコをめぐる問題

それでは、なぜ設立から一年半後にスナックシコシコが閉鎖したのか。直接的には赤字が理由であるが、実はシコシコが客にとっても働く側にとっても居づらい空間だったことに原因があった。小林健は働く側にとっての消耗の理由として、夜11時までの営業につきあわなければならなかったこと、そして肉体労働であったことを挙げている。実際に、スナックシコシコの専従は半年サイクルで交代していったという。スナックシコシコは美味しいコーヒーを提供したいという動機で作られたわけではなく、出会いのためのたまり場を確保するために作られたが、現実に求められたことは注文に応じて料理やコーヒーを提供し、皿を洗う仕事であった。一方で、客にとっては対価を払う以上は一定以上のサービスを求めたいという気持ちがあり、それらが齟齬をきたしたのである（この段落は『模索舎』16号 1982.10.28: 4-9）。

一九七一年四月よりシコシコで働いていた今西は、当時を次のように語っている。

シコシコにコーヒーを飲みにくる人も、模索舎にミニコミを買いにくる人も、コーヒーやミニコミ自体が欲しくて、ということよりも、それを通して何かに出会いたいという気持ちがあって、だから、とくに当てがなくても、なんとなく新宿二丁目に足を伸ばすということがあるわけでしょう。だけどコーヒー飲んでも、とくにそこには何もないわけ。それは出す方にしてもそうで、あとは気詰りだったり冗談言いあうにしても、結構圧迫感があったのよ。ミニコミはそうじゃなかった。……その作り手達や様々な運動体がミニコミを通して精一杯自己主張していた。それは売っている側にしてもそうだった。自分たちが扱っているものの手応えをいつも感じることができた。シコシコも模索舎も共に〈出会い〉のための場であるとはいえ、それを媒介するものの重さが全然違っていたのよ。私はウェイトレスやっていたとき、いつも壁をへだてた模索舎がうらやましかったわよ。（永井 1981: 129.「十年史Ⅱ⑴」1984.6.30: 3 に再録）

同じような理想を胸に抱き、同じ労働条件で働いているはずだが、現実には「模索舎」と「シコシコ」とでは、労働の負担感と手応えが違ったのである。岩永正敏はシコシコの管理責任者であったが消耗したため半年間で辞めたというが、

> 僕にとっては、このときの敗北が、大学闘争の失敗よりも大きな意味を持っている。状況がよいときには積極的なリーダーであった自分が、苦境に対してはこうも弱く、半人前以下の対応しかできないことをいやというほど知らされた。（岩永 1982: 52）

と回想している。一方で、模索舎の方は商品が増えて手狭になっていった。模索舎とシコシコで二分された空間と労働を均質化して模索舎の活動を充実化させるため、スナックシコシコは一年半で閉鎖されることになった。シコシコが閉鎖にいたるまでは深刻な会議を何度も繰り返したが、この時には設立当初に確認されていた総会メンバーの分担業務の各種委員会（経営委、メニュー委、企画委、『SM戦線』編集委員）が活動していない状況も議論された。

4　模索舎の抱えた争点――第2期の終わりまで

スナックシコシコを一九七二年四月末で閉鎖し、五月二二日に〈情報センターへのシコシコ・模索舎〉が新装オープンしたが、同年夏に模索舎を揺るがす事件が起こる。同年七月六日に永井荷風作とされる『四畳半襖の下張』の海賊版パンフレットが『東峰企画』から100部持ち込まれて委託販売をしていたことについて、模索舎が「猥褻文書販売罪」の容疑で警察から強制捜査を受け、その数日後に五味・小林が逮捕されるのである（保釈は八月二五日）。当時、専従職員は五味・小林のみで店の経営維持も危ぶまれたが、学生アルバイトとして働いていた藤江賢一を中心に多くの人が支援・協力にかけつけた。今西はこの時は渡仏していた（「十年史Ⅱ(5)」1985.6.30: 4）。

また、反撃のために「模索舎〈わいせつ〉弾圧を契機として、私たちの情報とその流通機構をもっともっと広げていこうとする技術委員会」、略称「モテック」を支援者たちが組織し、同年九月には機関紙『モテック通信』創刊号が発行されている（創刊 1972.9 ~ 終刊 1980.6. 全40号）。この事件が模索舎への「弾圧」と解釈された理由は、『四畳半襖の下張』を同じく販売していた他の業者は逮捕・起訴はされておらず、持ち込んだ『東峰企画』は起訴されていないこと、そして『四畳半襖の下張』を最初に掲載した雑誌『面白半分』の関係者は逮捕されず、その起訴も五味らより遅かったためである。

この事件は模索舎の名前を全国レベルで知らしめたが、その後の模索舎の方向性を決める事件でもあった。本稿ではこの事件についての詳細な検討は紙幅の都合でできないが、以下では三つの点に絞って確認しておきたい。

第2期の争点①――「わいせつ」弾圧から生まれたアイデンティティの再構築

一つめは、この事件が「模索舎」そのものへの弾圧と受け止められたことから、「自主流通」へのこだわりが模索舎の明示的なアイデンティティとなった点である。五味は警察での取り調べを受けるなかで、次のことが気になるようになったと述べている。

警察・検察の取調べという窓口を通して、他人の本・他人の表現を自由に（彼ら流に言えば無責任に）第三者に手渡す模索舎の営為そのものが社会的に問われているのだという感じがしてきたのだ。彼らは僕の説明に対し「世の中の常識に反する」「常識的に言って信じられない」といちいちなんくせをつけたが、それが取調べの手口さ、と言って無視するだけではすまない重要な対決点として浮きあがってきたのだ。言い方を変えると、敵のねらいは模索舎の存在そのもの、この弾圧は彼らの常識と模索舎の存在意義・特徴との闘いなのだ、という判断に傾きだした。「模索舎は持ち込まれたもの全てをいかなるチェックもせずに販売する。これこそが表現の自由の実践じゃないか」。（「十年史Ⅱ⑸」1985.6.30: 3）

同様の主張は、同じく逮捕された小林からも、また五味らが逮捕・拘留中に支援者から出された第一次声明（五味の逮捕から二日後の一九七二年七月二八日付）でも示されていた（『モテック』創刊号① 1972.9: 6）。元々持っていた志向性が、この事件を契機に明示的に共有され、その後の模索舎の方針と化したのである。

一方で、この事件はそれまでの模索舎が設立時から前提にしていた、模索舎の利用者を含めた広義の関係者の間での「暗黙の信頼関係」の破綻も突きつけた。五味は次のように述べている。

模索舎が、態度を一変させ、くりかえし「模索舎をなぜつくったか」「いかなる空間か」自己主張をするようになるのは『四畳半』弾圧以降のことである。『四畳半』の製作・納品者は共に闘うことなく逃亡、という信じられない事態によって、利用者との信頼関係、共に模索舎（的なもの）を育てていこうという暗黙の合意が必ずしも成り立たないことを知らされたことが契機であった。（「十年史⑹」1981.7.10: 7）

これ以降、模索舎は「自主流通」の自主とは何か、その責任を利用者（ミニコミを作成した者、持ち込んだ者を含む）に考えてもらう意味を込めて、模索舎への持ち込みは原則無審査であることを強調するようになる。

他方で、この事件は従来の模索舎の関係者とは別の人々とのつながりをもたらし、新しい運動が模索されてもいった。「モテック」は五味、小林が拘留中にできた集団であり、模索舎からは相対的に自立していた[26]。従来の模索舎の関係者に加え、八月の広島への反戦列車・バス運動を行っていた「東京クラルテ」のグループや、国家による性・性表現の管理に反対する人々（ウーマンリブのグループ「赤い六月」など）を交えながら裁判闘争が展開されていくのである。模索舎のマスコミ対応も、弾圧を機に転換し、ほとんどの取材に応ずるようになったという（「十年史Ⅱ⑿」1986.5.28: 2-8）。

ただし、従来の模索舎の関係者と新しくつながった人々との共闘が摩擦なく進んだわけではない。例えば、五味・小林が拘留中に作られた『モテック通信』の創刊号②では欄外（10頁）にスローガンとして「五味・小林ポルノ二戦士に、はげましのおたよりを出そう！」と書かれていたことに五味は激怒し、運動のやり方を仕切り直していく(27)。

> それまで二ヶ月間の楽しいことならみなどんどんやってみよう、だけではモテックという一つの集団は成り立たないことがわかり、被告とそれ以外のメンバーの共同の運動体モテックの見直しをすることになり、様々なテーマの研究会と総会が設けられ、多い時は三、四十名が参加していたのを記憶している。模索舎スタート時と似たような雰囲気で、考えてみれば僕らの運動っていうのは、いつでもワイワイと自然発生的に集まって、途中で何かおきて、それから集団の性格規定をして、というスタイルのくり返しだ。（「十年史Ⅱ⑾」1986.4.30: 2）

第2期の争点②——「性表現の自由」と男性の性意識

2つめは、「性表現の自由」についての五味らの認識が模索舎内外から問われたことである。国家による法的規制には反対ということで広く合意が取れていたが、他方で男性にとっての「性表現の自由」ばかりが追求されてしまっているのではないか、あるいはそこへの無自覚さが問われたのである。以下に紹介するのは、裁判闘争の中で作られた二種類の『四畳半襖の下張・わいせつ・模索舎　裁判資料集』（以下、『裁判資料集』）の表紙および『モテック通信』27号の表紙原案である(28)。

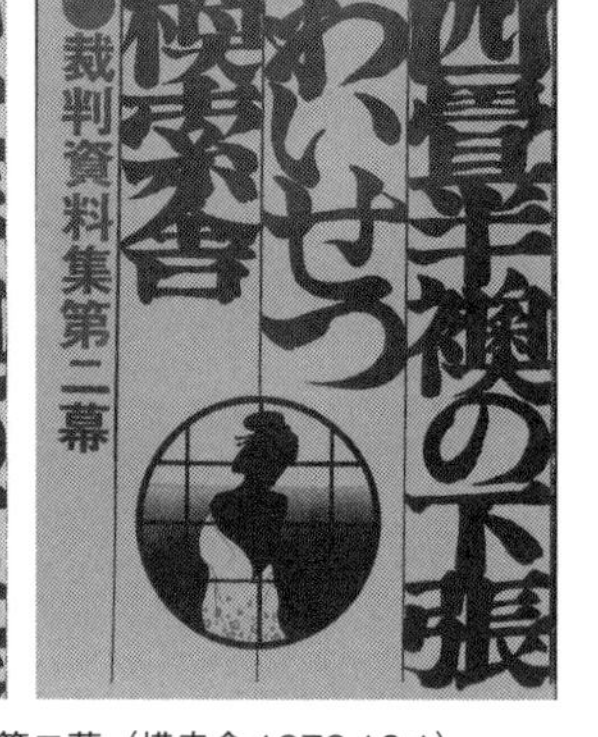

図1　（右）『裁判資料集』第二幕（模索舎 1973.10.1）
（左）同第五幕（模索舎 1976.12.23. 写真は五味正彦氏）

『裁判資料集』は第一幕（1973.10.1発行）、第二幕（1974.6.15発行）、第一幕・二幕合併版（1975.6.15発行）、第五幕（1976.12.23発行）の四冊あるが、第五幕以外の表紙には女性が着物を脱ぐポーズのイラストが

図2 『モテック通信』27号(7・8月合併号)表紙イラスト原案
(出典)同28号(1976.11.1: 12)

描かれている(図1)。この変化の背景にあったのが、『モテック通信』の印刷を請け負っていた「あいだ工房」(リブ新宿センター設立時からの中心メンバーが運営していた女性だけの印刷所)からの抗議であった。一九七六年八月に発行される『モテック通信』27号(7・8月合併号 1976.8.1)の原案が印刷所に送られてきた時には表紙に「ヘルメットをかぶった裸の女」のイラスト(図2)が付されていたが、「なぜ、脱がされるのはいつも女だけ!?」なのか、女性差別へ無自覚に加担しているのではないかとの批判の声があがったのである。五味は「言われるまで、気がつかなかった」と答えたが、差し替え案として五味が提案したものは『裁判資料集』第二幕のものに若干のアレンジを加えたものでしかなかった(29)。この批判を受け、『モテック通信』28号と『裁判資料集』第五幕の表紙では五味の写真が用いられている。

実のところ、模索舎の内部でも五味らが「わいせつ」裁判に対して臨む姿勢から垣間見られる男性の性意識を批判的に見ていた人物がいた。それが今西千賀子である。「わいせつ」裁判について最高裁への上告が棄却されて高裁判決(罰金刑)が確定した一九八〇年一一月二八日の直後に出された『模索舎通信』3号で、今西千賀子は「私の「宣言」」と題して次のような文章を寄せている。

裁判闘争の8年間、模索舎のなかにいて、折にふれて思い出し、こだわり続けていたことがある。もう10年以上も前のことになってしまったが、全共闘運動はなやかなりし頃、某全共闘が、テキ(右翼だか民青だか忘れてしまったが)の女を裸にして盾がわりにして〝闘った〟という逸話だ。見たのか聞いたのか、とくとくとその〝戦果〟を語る男の声を遠くに聞きながら、自分が辱しめをうけているような、体が熱く、冷えていく感覚を今も忘れない。某全共闘が本当にそうやって〝闘った〟のかどうか私は知らない。けれども当時、そういう〝武勇伝〟がまことしやかに話されていたことはたしかだ。もういいかげん女の裸を武器に〝闘う〟のはやめてほしいよ。10年前それがいえたら私はもっと変われたのかもしれない。模索舎のなかまたちに、10年たった今、やっとそういえるようになった。……性表現の拡大・差別撤廃を叫ぶ男は、自らの性意識の変革なしには、いつでも体制とつるむ可能性をはらんでいる、と私は思う。その時、男は女にとってまぎれもなく権力だ……男のあなたたち〔引用者注:五味、小林〕が考え出す方針に協力的ではなかった私だが、模索舎が弾圧されたはずのこの事件で、専従である私がシロのままでいつづける申し訳なさも感じつづけていた。〝わいせつ犯〟にされてしまったあなたたちの性意識に迫り続けることが、これからも私にできる最大の連帯の証だ。ありがた迷惑でしょうがね。（今西千賀子「私の「宣言」」『模索舎』3号1980.12.25: 8）

第2期の争点③
――「自主流通」の新たな模索と社会運動への問い返し

模索舎はこの「わいせつ」裁判の闘争を通して、自主流通の重要性を改めて追求していった。その具体的な取り組みとして、一九七二年末に「模索販売企画」を立ち上げている（五味正彦「新・出版流通の網の目を」『模索舎』41号1986.7.12: 3）。これは模索舎への弾圧に見られるように、「点」として存在しているミニコミ・自主出版物の個別撃破を許さないためにネットワーク化する試みであった（「模索販売企画より」『モテック』12号1975.1.1: 6）。この模索販売企画は最盛期には数百の出版物と、全国の約60の書店、生協、喫茶店等のミニコミコーナーをネットワーク化して取引を行ったが、一九七六年の夏に業務を縮小した（模索舎専従一同「〈声明〉模索舎運動の総括へ向けて　私たちは、提起します」『モテック』32号1977.10.1: 2）。

その直接的な契機となったのは、「『金芝河――良心宣言』パンフ　スミぬり事件」と呼ばれるものである。

金芝河は韓国の詩人で、韓国の朴正熙政権による代表的な民主化運動弾圧事件である「民青学連事件」で死刑判決を受けたことに対して、日本国内で支援運動が展開された。その支援運動である「金芝河らを助ける会」（以下「助ける会」）が作ったパンフレットを日韓連帯連絡会議が一九七五年九月に模索舎に納品し、「模索販売企画」が全国30の書店に配本したのだが、そのパンフレットには金芝河および家族の住所が8ヵ所に渡って記載されていた。実は、パンフレットは「助ける会・東京」（実態は和田春樹が事務局長を務める日韓連帯連絡会議〔以下、日韓連〕と同一）が作成したもので、住所の記載について「助ける会・京都」が批判したのだが、その批判の矛先が模索舎および書店にも向けられたのである。

「助ける会・京都」の批判を受けた京都の「本屋」ではその部分をスミぬりして販売したというが、模索舎は「書店」と「助ける会・東京」と「助ける会・京都」に以下のように意見を伝えた。

書店には「書店は売る売らないの自由はあると思うが、内容に書店が手を加えるのはおかしい」ということ、そして「助ける会・東京」に対しては「線を引かれた」ままの販売を許していることの無責任さ（「助ける会・京都」の批判が正しいのなら回収するべきであること）、「助ける会・京都」に対しては模索舎の「わいせつ」裁判以来の理念と方針を伝え、また「助ける会」の内部で話し合いを行って問題解決に努めるようにということである。

この事件は「模索販売企画」にとって悪い意味での前例となってしまった。制作・発行・納品者が自分の出版物に責任を持ち、迅速にトラブルを当事者間で解決する努力を払えれば良いが、「助ける会」の事案はそうはならなかった。それゆえ、模索舎の手による自主出版物の代理配本（模索販売企画）の今後に自信が持てなくなり、また配本経費が毎年50万円以上の赤字となっていたため、一九七六年で模索販売企画は縮小された。

この挫折は五味にとって非常に大きな意味を持った。なぜなら、五味は模索舎を作る以前から「朝鮮問題」に関心を寄せ、七〇年頃には反入管情報センター、出入国法に反対する連絡会議、外国人登録法に反対する緊急行動委員会、日韓条約一〇年を考える会といった入管闘争に加わっていたからである。五味は日韓連および日韓連帯運動での和田春樹の問題提起を高く評価し、日韓連の出版物の流通拡大に相当に積極的に取り組んでいたため、このトラブルは大きなショックだったのである（「助ける会・京都」からここまでの段落は、五味正彦「模索舎運動の総括作業⑨『金芝河――良心宣言』パンフ　スミぬり事件てんまつ記」『モテック』36号 1978.11.1: 5-11）。

この経験から、五味は社会運動に対しても次のような認識を示すようになった。

いかに立派な出版物を出し、その内容がすばらしくても、集会での演説が心を打つものであっても、その出版物を読者に届け、読者からの反応に又応えていく、コミュニケーションを軽視し、出版物の流通に気を配らないような運動体は、模索舎から見るとインチキくさい。前述した出版界の差別構造になぞらえて言えば、人前で演説ができる人、うまい文章が書ける人がえらい人でその運動体の顔になり、発送・納品・ビラまき・会計などはそういう能力がない人が担うということがよくあるのではないだろうか。自分達の運動体内部にそのような差別をかかえ込んでいて問題を自覚しないとき、販売を依頼した〝たかが〟書店のことなど目が届かないのは当然なのかもしれない。『良心宣言』の問題が発生して、この問題が解決できなくなって以来、僕は〝運動〟のことを考える時、このようなことが気になってしかたがない。（『モテック』36号 1978.11.1: 11）

ただし、ここに書かれている社会運動体が持つ問題は模索舎裁判闘争の中で五味自身が問われていることでもあった。実際に、上記の記述がなされる前号の『モテック通信』35号で、今西は一九七二年以降の「わいせつ」裁判闘争の過程で五味が日常の業務からスポイルされる一方で、自他ともに模索舎の顔として扱われるようになり、また裁判闘争を円滑に進めるために議論の対象を狭めざるを得なかったために自身の考えの表明を自己規制せざるを得なかったことへの葛藤を語っている。そのような内部矛盾が、裁判以前に存在した「私たちの模索舎」「全員がまあ平等だった」点を変質させ、自身を一番消耗させた原因であったと今西は語っている（「模索舎運動の総括作業⑤一二・二模索舎利用者会議の報告（中）」『モテック』35号 1978.8.1: 5）。

第2期の終わり——模索舎解体宣言

模索舎が模索販売企画を縮小させてから一年後の一九七七年九月一五日、専従職員一同の名前で模索舎運動に終止符を打つ「声明」を出す（先述の『モテック』32号）。その理由は第一に、裁判闘争の過程や模索販売企画の縮小によって模索舎創設時にあった多様な可能性が失われ、活力がなくなったことが挙げられる。第二に、設立時には二〇歳前後だった創設者集団は七年の歳月の中で仕事や家庭を持つようになり、模索舎の専従として現メンバーと交代することが事実上不可能になったからである。第三に、ミニコミの変質（ミニコミがマスコミの登竜門のようになってしまっていることや、自主流通の意味を充分に考えない発行者・利用者）から、模索舎の当初の意義が失効しているのではないかという疑問が解消されなかったからである。つまり、専従任せに甘えて模索舎を存続させるのではなく、「ミニコミ・自主出版物の作り手、読み手と模索舎との間にどのような関係がつくれるのか」について議論をしようと呼びかけるのが主旨であったのだが、今西はこの声明をお金の問題というよりも「運動としての区切りをつけたいと思って問題提起をした」と位置づけている（「模索舎運動の総括作業④12・2模索舎利用者会議の報告（上）」『モテック』34号 1978.3.1:3）。

声明を読んだ利用者からの反響や、「総括」を踏まえての討論がその後の『モテック通信』40号まで掲載されるが、模索舎裁判の実質的終結で『モテック通信』は廃刊となり、第2期が終わりを迎えるのである。

5 七〇年代の社会運動の中の模索舎と、模索舎第3期の行方

本稿を閉じるにあたり、模索舎と社会運動、ミニコミの流通について二点確認しておきたい。第一は、模索舎が七〇年代の社会運動をどのようにつないだのかである。一九七〇年代はウーマン・リブが現れ、また公害問題に対峙する住民運動が台頭してきた。全国の住民・市民運動の交流誌である『月刊地域闘争』編集・発行元のロシナンテ社は模索舎と同年の誕生で、いわゆる「新しい社会運動」が現れた時代だが、別言すれば各領域の社会運動がその後深化することで、六〇年代に比して領域を超えた横のつながりが見えにくくなったのである。そのような時代にあって、模索舎は様々な領域の運動や利用可能な資源を可視化してつなぐ社会運動であった(30)。

まず、模索舎の日常営業の中では全国各地で行われる集会、デモ、講演会等についてわかる範囲で問い合わせに応じ、パンフレットの作り方への助言や印刷所の紹介なども行っていた（五味 1977:6）。次に、情報のリスト化が挙げられる。『SM戦線』では創刊号②（1971.10.27:26-34）より「組織・運動体・研究会リスト」が連絡先と共に組まれており、これらの運動体が利用できる印刷所や書店も紹介されている。そして、模索舎に納品された自主出版物のリストは『SM戦線』『モテック通信』『模索舎通信』『模索舎年鑑』に月ごと、年ごとに掲載され

ている。
この中で特筆すべきは、『SM戦線』5号（『モテック通信』9号との合併号、1974.6.15）に約20頁に渡って掲載された「おんなの解放・リブ資料集」である（同：4-25）(31)。これは「わいせつ」裁判でつながりができた「赤い六月」の協力によって製作可能となった。溝口ほか編（1994: 50）の紹介によれば、「赤い六月」は一九七二年五月の第一回リブ大会で「中年リブを創りたい」との呼びかけを契機に結成されたグループである。同大会ではリブの運動を創る側の内部批判が必要だという問題提起がなされ、『通信赤い六月』1号（1972.10）ではリブのミニコミやパンフを読み込んで何が欠けているのかを確認していく作業の必要性が主張されている（溝口ほか編 1994: 51-2を参照した）。その思惑と模索舎の存在意義が一致した結果が「おんなの解放・リブ資料集」の作成だったと言えるだろう。

また、様々なミニコミを一ヵ所で売買交換―流通を可能とする模索舎という空間自体も重要であった。特に、対立する諸運動の情報が模索舎という同一の空間に留め置かれたという点は、特筆すべきだろう。新左翼セクト間の対立や、ウーマン・リブのグループ同士の確執は模索舎にも持ち込まれ、敵対するグループの発行物を置かないように圧力をかけられたこともあったが、模索舎は「出版流通の自由」の理念を押し立てることでそれらの介入を許さなかった（五味・今西「〝無責任〟な納品者と私たち（上）」『モテック』37号 1979.1.1: 4-6）。

第二に確認したいのは、模索舎解体宣言で断たれたかに見えた「模索舎運動」の行方である。五味は第3期に模索舎の立て直しを模索し、一九八八年三月にはかつて挫折した「模索販売企画」のリバイバル版ともいうべき「ほんコミニケート社」を模索舎内に設立する（模索舎創立50周年記念事業実行委員会 2020: 24）(32)。これは百部から一万部の「ほん」（≠本）のための流通・販売網の構築であり、「だれにでもできる本屋」「だれにでもできる出版社」の設立を促す試みである。「模索舎運動」は伏流水のように第3期の模索舎に流れ続けていたのである。五味はこの活動に専念するために一九八九年六月に模索舎を退舎するが、この第3期の活動とその後の「模索舎運動」の展開の検討については他日を期したい(33)。

付記

『SM戦線』（1971.8～1975.10）、『モテック通信』（1972.9～1980.6）、『模索舎通信』（1980.8～1989.2）、中央大学ノンセクト学生運動の機関紙である『摸索』は、立教大学共生社会研究センターに所蔵されている「五味正彦コレクション」を利用した。同コレクションは故・五味正彦が所有していた資料群であり、ご遺族ならびに社会運動論・日本社会科学史の研究者であった故・道場親信をはじめとする関係者の協力により立教大学共生社会研究センターへ寄贈されたものである。

注

（1）ミニコミとは、マス・コミュニケーションに対応した「ミニ・コミュニケーション」という和製英語の略である。『メディア用語基本事典』では、「自主制作による少部数の雑誌をはじめとする出版物のことで、造語であるミニ・コミュニケーション雑誌の略。主なものに、同人（マンガ）誌・タウン誌などがある。日本では、一九六〇年の安保反対運動をきっかけに、マスコミが取り上げない言説を表現するための雑誌・パンフレットをミニコミ誌と呼ぶようになった。そして、ベトナム反戦運動や公害問題をめぐる市民運動が盛んになるのに伴い、ミニコミ誌は市民同士の討論の場であると同時に、相互を結びつけるための手段としても活用されるようになった」（野原 2011:261-2）と定義が与えられている。この記述の中のどの部分を強調するのかは時代的変遷や論者の立ち位置に左右されるが、最大公約数の説明としては適切であろう。

（2）戦前―戦後の連続性については、蔡（2012）の第一章、第二章を参照されたい。取次とは、出版卸問屋をさす取次会社の略称。

（3）設立から一九七七年まで五味が代表を務めたが、七七年の「総括」を機に代表制を廃止し、専従全員の共同責任体制になった（『十年史Ⅱ(3)』1985.1.25:4）。

（4）今西が模索舎に入舎したのは一九七一年四月であり、退舎したのは一九八六年一〇月末であるが、「退舎―出戻り回数最多保持者」であるとの指摘があり（「編集後記」『模索舎』42・43合併号、1986.11.12:7）、ずっと勤めていたわけではない。なお、今西の退舎の理由は明らかにされていないが、退舎の翌年には鍼灸学校に入学したことが『模索舎』46号（1987.6.19:5）で報告されている。

（5）『SM戦線』とは、併設のスナックシコシコ（S）および模索舎（M）の略称であり、最初に発行したPR誌という位置づけであった。

（6）『モテック通信』とは、模索舎〈わいせつ〉弾圧に抗して支援する組織（略称モテック）の機関紙。創刊号には二つのバージョンがあるが、その理由は最初に作成された創刊号はガリ切りと謄写版印刷に不慣れな人が作ったために読みづらかったからである（『十年史Ⅱ(11)』『模索舎』38号 1986.4.30:2）。

（7）『模索舎通信』は、模索舎設立一〇周年を迎えて一九八〇年八月から発行された。

（8）「模索舎十年史　第Ⅱ期」原資料にはナンバリングは入っていないが、模索舎創立50周年記念事業実行委員会（2020:7）の記述方法に倣い、資料の区別のために便宜上(1)～(12)と入れた。なお、「模索舎十年史」に言及する際、執筆者名は省略するが、五味以外の書き手が入っている場合には明記する。

（9）『摸索』は中央大学べ平連の機関紙であったが11号で停刊し、復刊した12号（1969.10）～18号（1971.5）には「学生による総合的行動誌」であると表紙に掲げている。各大学べ平連の参加者が読者であり、書き手にもなれる雑誌であった（岩永 2020:68）。12号では五味正彦「叛逆の世代――被害者＝加害者であることの拒否」、岩永正敏「6・15＝新しい行動の模索――反戦市民運動の成立と方向(1)」が掲載されている。同誌は全18号あるが、末尾で触れる「五味正彦コレクション」では1号、8号、9号、10号が欠けている。8号は立教大学共生社会研究センター所蔵の「吉川勇一氏旧蔵「べ平連」関連資料」にて確認できた。

（10）これらの資料を用いて記述する際、出典をそれぞれ『SM』『モテック』『模索舎』「十年史」などと略記し、「十年史」は『模索舎通信』掲載号の発行日とページのみを示した。

(11) 一九七〇年当時の物価は、大卒の国家公務員上級職採用試験に合格した公務員の初任給が3万6100円である（週刊朝日編 1995: 77）。

(12) 模索舎設立のための討議のメンバー数は前者の資料では「約10名」と記載、後者の資料ではこれを誤植として「約50名」に訂正している。

(13) この座談会は『模索舎』16号の記事である（同：2-4,9 に掲載）。以下、同資料の引用では掲載誌の号数、発行日とページ数のみを示す。

(14) ここで設立時の資料ではなく設立一〇年後の回顧的な資料を引用するのは、設立時の文章について五味自身が「いずれもおそまつな内容」「自己主張がほとんど感じられない」「当時のことを考えると設立前後はほぼ連日、ケンケンガクガク議論をし、実際の作業も夜中までという状況で、くたびれはて、外側へ向けての自己主張まで気が回らなかった」（「十年史⑹」1981.7.10: 4-6）と述べているためである。

(15) 本文では無記名だが、これは五味が書いたものとして「十年史⑽」に一部再録されている（同 1982.10.28: 2）。

(16) 専従職員を務めた森本滋樹は再録された五味の文を読んで「私も感じていたし、感じている。私の知る多くの人もそう感じているだろうし、実際に口に出している」と述べている（森本滋樹「単なる、追体験としてではなく」『模索舎』23号 1983.12.23: 2-3）。

(17) なお、五味は「ミニコミセンター派」ではなく「喫茶店派」であった。

(18) 「ベトナム反戦学生連絡会議」は正式名称の「ベ反学連」を解釈した言葉である（五味正彦「ベ反学連の立場から」『思想の科学第5次』81号 1968: 51）。

(19) 岩永正敏はベ反学連事務局、『摸索』編集部、ライン出版専従であり、模索舎の設立メンバーとして一九七一年に専従職員（スナックシコシコ担当）を勤め、シコシコ閉鎖後は小林健とともに南青山でレコード店「パイドパイパーハウス」を経営した（「十年史⑷」1981.5.10: 4）。

(20) 編集委員会から各運動体に卸す価格が50円で、売価は100円以上とした。差額が各運動団体の活動資金となった（岩永 2020: 68）。

(21) この経緯を小林、岩永から聞いた五味は「前に書いた「三つの源泉」のところは直さなきゃならないかな」と述べている（『模索舎』16号 1982.10.28: 4）。

(22) 岩永（1982: 51）によれば、実家が薬局を経営していた五味正彦と、出資メンバーで銀行に就職した1名の聞きかじりの知識が、初期模索舎の経営方針の基礎だった。

(23) ライン出版発起人の石垣雅設の説明によれば、この文章は同書の最後の頁が空いたために、実方によって書かれたものである（「十年史⑸」1981.6.10: 3）。

(24) 第3期の終了時期については、「編集前期」『模索舎』42・43号（合併号、1986.11.12: 2）と『模索舎』50号（終刊号 1989.2: 3）の「第Ⅲ期の終焉が二〇年を待たずして、より早くやって来た」との記述を踏まえた。

(25) この資料では小林は一九七二年、五味が一九七一年に専従になったと書かれている。元専従職員の細田信昭に確認したところ、設立当時の関係者の証言から推測すると五味と小林の順番は逆ではないかとの指摘を受け、本稿ではそれを踏まえた。岩永は七一年四月に半年間勤めたシコシコの専従を辞めたと書かれている（岩永 1982: 52）。

（26）モテックが結成されたのは一九七二年八月一二日である（「経過報告」『モテック』創刊号② 1972.9.25: 2）。

（27）創刊号が二種類あることについては注6を参照。「ポルノ二戦士」と書いたのは「桃色戦線」を名乗るグループである。

（28）『モテック』31号（1977.4.1: 1）での説明によれば、第六幕まで大まかな編集は終わっていたが、製作・印刷費がなかったために第三・四幕は発行されていない。第五幕は弁護団、被告の最終弁論・最終陳述を載せていたため、高裁判決に間に合わせるために借金をして発行された。

（29）あいだ工房からの批判とその経緯の説明は『モテック』28号（1976.11.1: 2-5, 12）に掲載されている。

（30）『月刊地域闘争』では第87号（1978.3）～第96号（1978. 12）まで8回に渡り、模索舎の日常や出来事を綴った「模索舎だより」を連載した。

（31）この資料集は「赤い六月」のほか、「リブ新宿センター」「3ポイント」が作成に協力し、抜き刷りとして一冊80円で販売された。

（32）ただし、『ほん・コミニケート』創刊準備第1号が出るのは、一九八七年八月一五日である。

（33）五味の退舎（予定）時期は『模索舎に納品されたミニコミ・自主出版物月報'89』5号（1989.6.19: 12）に書かれている。

引用・参照資料

『SM戦線』（1971.8～1975.10. 全7号＋ニュース2号）
『モテック通信』（1972.9～1980.6. 全40号＋号外4号）
『模索舎通信』（1980.8～1989.2. 全50号）
『摸索』（中央大学べ平連機関紙）2号（1968.10）～8号、11号（1969.6）、復刊12号（1969.10）～18号（1971.5）
「模索舎十年史」（全10回）、「模索舎十年史　第Ⅱ期」（全12回、注8参照）は、『模索舎通信』1号（1980.10.10）～39・40合併号（1986.5.28）に掲載されている。文中で言及した「模索舎十年史」は以下の通りである。

「模索舎十年史⑴」『模索舎通信』1号 1980.10.10
「模索舎十年史⑵」『模索舎通信』2号 1980.11.10
「模索舎十年史⑶」『模索舎通信』5号 1981.4.10
「模索舎十年史⑷」『模索舎通信』6号 1981.5.10
「模索舎十年史⑸」『模索舎通信』7号 1981.6.10
「模索舎十年史⑹」『模索舎通信』8号 1981.7.10
「模索舎十年史⑺」『模索舎通信』9号 1981.9.10
「模索舎十年史⑽」『模索舎通信』16号 1982.10.28
「模索舎十年史　第Ⅱ期⑴」『模索舎通信』26号 1984.6.30
「模索舎十年史　第Ⅱ期⑶」『模索舎通信』29号 1985.1.25
「模索舎十年史　第Ⅱ期⑸」『模索舎通信』31号 1985.6.30
「模索舎十年史　第Ⅱ期⑾」『模索舎通信』38号 1986.4.30
「模索舎十年史　第Ⅱ期⑿」『模索舎通信』39・40合併号 1986.5.28

参考文献

岩永正敏（1982）『〈就職しないで生きるには〉④輸入レコード商売往来』晶文社

――（2020）「模索舎誕生の前夜に――「一般学生」という存在からの異議申し立て」鹿砦社編集部編『１９７０年　端境期の時代』鹿砦社：66-70.

五味正彦（1977）「ぼくにとっての「わいせつ」裁判」小中陽太郎・五味正彦・柘植光彦編『対決・刑法１７５条』亜紀書房：3-27.

実方藤男（1970）「あとがきのあとがき」津村喬『魂にふれる革命』ライン出版：301-2.

週刊朝日編（1995）『戦後値段史年表』朝日新聞社

蔡星慧（2012）『出版産業の変遷と書籍出版流通〔増補版〕』出版メディアパル

永井迅（1981）「中間報告（案）――模索舎10年」『季節』6　エスエル出版会：127-33.

野原仁（2011）「ミニコミ誌」渡辺武達・山口功二・野原仁編『メディア用語基本事典』世界思想社：261-2.

秦洋二（2015）『日本の出版物流通システム――取次と書店の関係から読み解く』九州大学出版会

溝口明代・佐伯洋子・三木草子編（1994）『資料　日本ウーマン・リブ史Ⅱ』松香堂書店

模索舎創立50周年記念事業実行委員会（2020）『模索舎全発行物リストβ版』

【特集　メディアがひらく運動史】

境界を越える対抗的公共圏とメディア実践
――画家・富山妙子の「草の根の新しい芸術運動」を中心に

李　美淑

はじめに――「対抗的公共圏」とメディア実践

公共圏とは、民主主義の根幹となる批判的コミュニケーションの場、すなわち、政治的、文化的、社会的な協議の場を意味する。そして、社会運動は、「自律的に組織化された公共圏」であり、現代の市民社会の核心をなしている（Habermas 1992＝2003: 97）。しかし、公共圏概念に対して、ナンシー・フレイザーは、「対話者」の差異を括弧にいれて、あたかも平等の協議が可能と想定していることに問題を提起する（Fraser 1992＝1999）。すなわち、「マス」＝「ブルジョア男性国民」を前提とする「支配的公共圏」に異議を申し立てたのである。システムの機能不全――貧困、失業、環境汚染、差別、排除、抑圧、人権侵害などの不条理――が「もっとも感受性に満ちた生活世界」で経験されるとするならば、従属的な社会集団の構成員たちは、「マス」の利害関心に支配された公共圏に対抗できる社会的空間、すなわち、「対抗的公共圏」を構築することで、支配的公共圏では矮小化、周辺化されがちな苦痛をくみ上げ、社会問題として練り上げることができる。その点、対抗的公共圏は、「マス」＝「ブルジョア男性国民」を前提とする支配的公共圏を民主化させる核心的な機制になりうる。

対抗的言説の生産、流布、拡大のために、人々は様々なメディアを用いる。フレイザーは、二〇世紀後半のフェミニストの運動が、雑誌、書店、出版社、映画・ビデオ配給ネットワーク、公開講座、調査研究所、会議、フェスティバル、集会所などを通じて、討議され、流布したことから、「対抗的公共圏」の概念を導出している（Fraser 1992＝1999: 138）。こうした直接的かつ間接的な討議の場を構築するには、メディアは欠かせないものとなっている。そこで本稿では、「対抗的公共圏」の構築におけるメディア実践に注目したい。メディア実践に注目することは、メディアを「内容」や「資源／道具」としてのみ扱うことを越え、人びとが「メディアとともに何をしているのか」という側面にも目を向けさせる（Couldry 2012）。社会運動は、マスメディアの資源を用いながらも、機関紙などの出版、映画の上映、劇の上演、詩の朗読、生活記録、集会など、様々な表現を実践しており、その表現様式はメディアによっても構成されている。こうしたメディア実践のなかで、人びとはどのような経験を積み重ね、どのような変革を成し遂げてきたのか、そして、それが含意する政治的、社会的意義は何であったのか、を問うていきたい。

本稿では、「対抗的公共圏」の構築におけるメディア実践の事例として、画家・富山妙子の「草の根の新しい芸術運動」を分析する。富山妙子は、一九二一年神戸市で生まれ、満州で女学校時代を過ごし、戦後は「鉱山画家」として炭鉱を回った。一九六〇年代に第三世界を旅した後、一九七〇年代からは韓国をテーマに、韓国民衆との連帯を求める「日韓連帯運動」を芸術運動の側面から先駆的に形成してきた。また、一九八〇年代以降は植民地支配と戦争責任、二〇一〇年代は福島原発などをテーマとしながら、帝国主義、植民地主義、近代主義を批判してきた画家である。

しかし、戦後日本の芸術運動や文化運動の文脈で、富山妙子を論じた研究は乏しい状況である。以下では、第三世界と民衆文化運動の文脈のなかで富山妙子について論じた後、一九七〇年代初期から一九八〇年代末までの富山妙子の作品活動に焦点を当て、富山妙子のメディア実践を通じた「対抗的公共圏」の形成、とりわけ、スライド作品の制作や上映運動を含む様々なメディア実践による「草の根の新しい芸術運動」の拡大と越境を分析することにしたい。

1　第三世界と民衆文化運動

民衆文化運動は、一九六〇〜八〇年代にかけて、アジア、アフリカ、ラテン・アメリカの各地域で、民衆を文化創造において主体化した文化運動である。『新日本文学』の特集「いまこそ民衆文化を――たたかう文化の形成のために」において、里見実は「民衆文化運動」を、「民衆が、自分たちを文化の作り手として、再発見する運動」「人々が、文化を供給される存在として、ではなく、文化をつくりだす存在として、自らをとらえかえすこの運動」（里見 1985: 14）としている。列強による帝国主義、植民地主義の下で土着の歴史と文化を否定された経験を持つ第三世界では、戦後も継続する植民地主義や帝国主義との様々な対決が起きていた。そこで、民衆文化運動は「文化帝国主義に対するたたかいの過程でかたちづくられたもの」で、「ブラジルの経験に呼応するかたちで、しかしそれぞれの地域の固有な背景と経験を踏まえ」、第三世界の各地――チリ、ペルー、ザンビア、ボツワナ、ケニヤ、インド、フィリピン、そして韓国など——で繰り広げられたという（同）。

韓国では、一九六〇年代に民衆文化運動の萌芽が生まれ、一九七〇～八〇年代の民主化運動のなかで花開いた。一九六〇年、政権側の不正選挙をきっかけに起こった4・19学生革命が、権威主義的な李承晩（イスンマン）政権を退かせた。翌年、朴正熙（パクジョンヒ）の率いる5・16軍事クーデターにより軍事政権による支配が始まるが、4・19以後、韓国では「民族」と「民衆」が主たる言説として再登場(1)し、知識人と学生の間では「民衆」が主体となる民族革命と統一がうたわれた（キム 2015: 54）。民衆として「農民」が注目され、大学生たちは農村奉仕活動（「農活」）を組織し始め、民衆の哀歓が表現されている民謡、パンソリ（歌と民俗打楽器による物語の演奏）、グッ（巫儀）などに対する関心も大きくなっていった（キム 2015）。一九六三年には、ソウル大学で、マダン劇（マダンは広場の意）の元祖と言われる「郷土意識招魂グッ」が上演され、民衆文化は学生たちの示威行動の場でも登場し始めた（陳 2005; キム 2015）。

「郷土意識招魂グッ」は、一九六四年五月二〇日、「日韓屈辱会談反対総連合会」により、朴政権の「民族的民主主義」の葬儀としても上演された。詩人・金芝河（キムジハ）はその行事の弔辞を書いている。東学農民運動に思想的土台を持っていた金芝河は、風刺と諧謔とともに、パンソリなどの民衆文化の表現様式を取り入れた作品を発表していく。特に、最初のマダン劇と言われる「ジノギ（鎮悪鬼）グッ」（一九七三年、金芝河作・演出）は、一九七〇年代、農村を含む各地で巡回公演された。パンソリ、グッ、タルチュム（仮面劇）、プンムルノリ（農楽舞）、マダン劇などの郷土文化を取り入れた民衆文化運動は、文学、演劇、歌、美術など多岐にわたる領域で展開され、集会やデモのなかで発展していった。

一九八七年、韓国の民主化運動は「民主化宣言」を勝ち取り、それまでの反体制的な「巨大な単一運動」は「市民運動」に分化し、民衆文化もより「複合的な表現の時代」へと移行した（曺 2012; 古川 2018）。韓国美術史専門の古川美佳は、民衆文化（民衆美術）は次世代の担い手に引き継がれ、今日のキャンドル集会やデモの「広場」で集団的な歌や踊り、風刺画やパフォーマンスなどの形で表れているという。

こうした第三世界の民衆文化運動を遡ると一九二〇年代ヨーロッパのプロレタリア文化運動と似た面があり、日本も同様のことがいえる。サークル時代と言われる一九五〇年代の文化運動は、ヨーロッパの影響を受けた一九三〇年代のプロレタリア文化（文学）運動の復活期（敗戦～1951）、転換期（1952～1954）、発展期（1955 以降）を展開したと説明されている（竹内・確井 1960; 藤村 2014）。一九五〇年代の文化運動は、地域や職場の人びとで構成されたサークルという集団によって実践され、生活記録運動、詩や文学運動、うたごえ運動、演劇、美術など多岐にわたっていた（藤村 2014: 428）。一九五〇年代の文化運動は、「文化の生産者と消費者という枠組みを取り去った／取り去ろうとした」（同：432）もので、現実の記録のなかで見える／発見する問題に討論のなかで向き合おうとしたのである。

一九五五年、日本労働組合総評議会（総評）は、それまで文化運動に消極的だったことを反省し、中立系組合、サークル運動の人びとと協議し「国民文化会議」を結成した。一九五七年の国民文化会議では、「国民文化の創造」を共通テーマにあげて、議論が交わされた（竹村 2001）。そして、一九六〇年代以後、高度経済成長を背景に、文化運動は衰退していったといわれる。

日本における戦後文化運動は、生活世界からの現実問題を意識化する民主主義の可能性を持ちつつ、「戦後ナショナリズム」の限界を持っていた。その限界は、「帝国のコロナイザー（植民地者）として破壊してきたものについての自覚がすぽっと落ちた後に、今度は逆に自分たちに欠如しているような、ナショナルな何かというものを考えていくときのモデル」として、中国や朝鮮の民衆の民族的な主体性をモデルにしたのである（岩崎ほか編 2009: 15）。元植民地の民衆との「関係性」を脱落、忘却することで、第三世界の民族主義をモデルに「国民文化」をうたうことができたのである。しかし、それは「国民国家」建設のプロジェクトに回収され、高度経済成長を背景に運動の土台を失ってきたと考えられる。

一方で、サークル時代の空気を吸いながらも、一九六〇年代の第三世界の民衆文化運動の影響を受け、新たな文化運動、芸術運動をうたった人々がいる。そのなかには、アジア民衆の民族解放運動と連帯し、アジアとの「関係性」に敏感に反応し、その「関係性」から投影される日本／日本人のあり方を問題視した人々がいた。そして、画家・富山妙子もその一人である。

2　画家・富山妙子とはだれか

——第三世界への越境の経験と「近代」への問い

富山妙子は、帝国日本の植民地、満州で女学校時代を送った。女学校時代、すでに画家を志望していた富山は、西洋近代美術に憧れていたという。富山はハルビン女学校時代を回想するなかで、一五歳だった「わたしはヨーロッパに留学したような気分で、スケッチブックをもって街を歩き」まわり、「西洋美術はゴッホから始まって、その頃はもっぱらマティスの色彩に共感し、モジリアニにうっとりし、シャガールの絵に心酔した」（富山 2009: 22-3）と述べている。帝国日本から植民地へ渡った「植民者」の子女としての富山は、西欧風の街ハルビンで西洋美術に憧れる、第一世界の少女であったといえる。一九三八年、女子美術学校への進学のために東京に戻った富山は、その後、疎開地の名古屋で見た赤い鉱山の風景に魅了され、戦後、「炭鉱」をテーマにほぼ十年間鉱山を回りながら取材・記録活動を行った（富山 1960; 2009）[2]。

一九五〇年代に始まる石炭から石油へのエネルギー転換により、石炭産業は衰退していった。富山は、炭鉱労働者たちの南米への集団移民の航路に同行し、沖縄、香港、シンガポール、そして、アフリカ、ラテン・アメリカへ続く南半球への旅（一九六一年一〇月から約一年間）のなかで、「継続する植民地主義」（岩崎ほか 2005）の現実、アパルトヘイト、そして、第三世界の美術表現に接し、西洋が描く「近代」とは異なる物語を「肉体化」（菊池 2006）する契機を得た。とくに、「旅行の帰途、メキシコで見た壁画は大きな示唆だった」、「私は西洋中心の美意識や、タブローという表現に縛られていたことに気付き始めた」という（『富山妙子スクラップブック』6-015_02. 以下、『スクラップブック』）(3)。

一九六七年九月から約四ヵ月、インドを始めとする西アジア、中央アジアへの旅では、ガンジーの思想を含め、アジアの美術表現と宗教について考える契機を得た。富山は、インドでは、神を「哀れなる者たち、貧しき者たちに置き換え、変える思想があるとわたしには驚きだった」（富山 2009: 131-2）という。第三世界、アジアの「宗教」に対する新たな発見は、後に富山が金芝河の詩と出会い、金芝河の思想と芸術に惹かれていく背景を物語る。金芝河の詩や戯曲作品は、「神は娼婦の腐った子宮の中におわす」（『張日譚』）という表現のように、社会のなかでもっとも虐げられている者たちのなかに、キリストの真なる姿が現れるとしたのである。

一九六〇年代の第三世界への越境の経験は、西洋中心の近代主義への問いとともに、帝国日本下の植民地経験は何であったのかを省察する契機を富山に与えた。富山の数々の著作物に表明されているように、植民地満州の風景は、富山の創作活動の根っこ、または「原風景」として位置づけられていく(4)。富山は、植民地満州をめぐる回顧のなかで、当時、「ロシア風の建物のスケッチをしたが、みじめな中国人の生活は絵にならないものと決め込んでいた」、「日本から多くの画家たちが、エキゾティックなハルビンを描きにやってきたが、誰もみじめな中国人の姿には素通りしていった」（富山 1980b: 96）と、街のあちらこちらで飢え死したり凍死した人びとを見てみぬふりをする日本人の様子を記している。近代西洋美術では「絵」にならないとして消されていた風景が、戦後、富山の創作活動に蘇ったのである。

一九七〇年代以後、富山は、韓国の民衆、韓国の民主化運動と連帯する「日韓連帯運動」を、芸術運動の側面で先駆的に実践することとなった。一九七〇年代は金芝河の詩によせる作品、一九八〇年代初期は、光州5・18民衆抗争（光州事件）をテーマとした作品、一九八〇年代半ばには、朝鮮人強制動員、日本軍「慰安婦」をテーマとした作品、一九九〇年代には帝国日本の推し進めた近代を批判的に描く作品（「二〇世紀へのレクイエム・ハルビン」シリーズ）、二〇一〇年代には3・11をテーマに原子力に象徴される近代を批判的に描く作品（「海からの黙示」シリーズ）などを制作してきた。以下では、一九七〇〜八〇年代を中心に、富山妙子のメディア実践を分析していく。

3　画家・富山妙子と韓国——「絵画観」の変革とともに

「まず行動、その結果が絵になる」

一九七〇年代初期の韓国訪問は、富山妙子にとって、画家として「絵画観」を変革する決定的な契機となった（李 2020）。

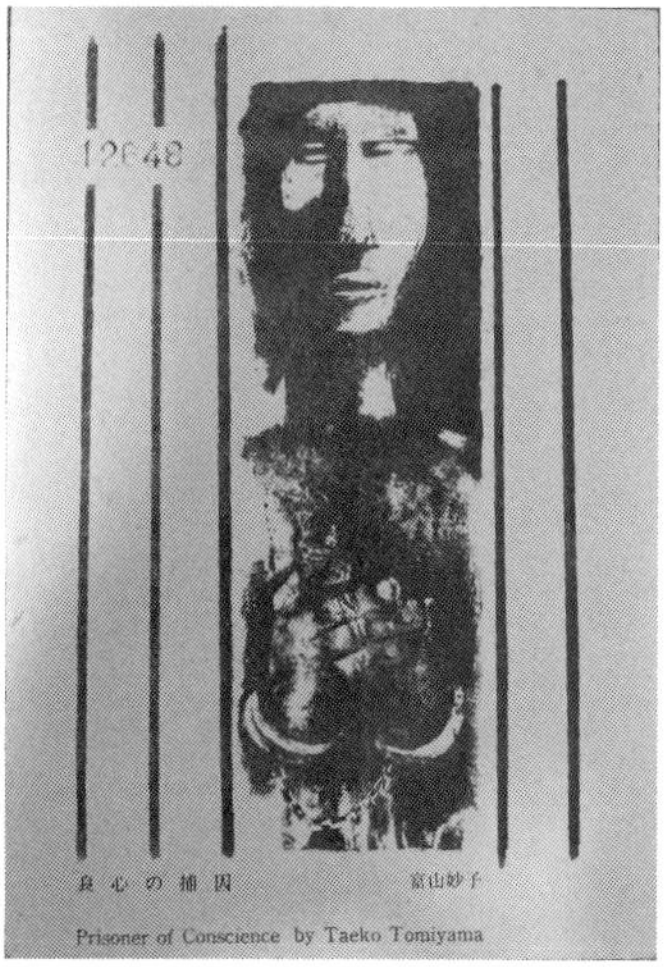

図1 「良心の捕囚」はがき
アムネスティ・インターナショナルのはがきに「良心の捕囚Ⅰ」が使用された。
富山妙子氏提供（以下同）

図2 富山妙子個展（1972）
案内はがき
1972年の個展の案内はがきに「良心の捕囚Ⅱ」が使用された

一九七〇年の韓国訪問では、ハルビン女学校時代の朝鮮人同級生たちと再会し、植民地時代および朝鮮戦争時における身の上話を聞きながら、ともに涙を流す感情の共有があった。また翌年の訪問では、前年の訪問記「傷ついた山河」（富山 1971）を読んだ人から頼まれ、「在日橋胞留学生スパイ団事件」で拘束され、自白の強要、拷問の末、石油ストーブで焼身自殺を図った在日韓国人の徐勝に面会した。富山へのインタビュー記事[5]によると、富山はやけどで変わり果てた徐勝との面会で涙がこぼれるばかりであったと言いながら、「私は炭鉱を描きつづけ、それからラテン・アメリカ、中近東などを描きましたが、それはいつも傍観者でしたが、こんどはどうにもならぬ深いかかわりをかんじました」という。そして「私の絵画観は変革され、まず行動がありその結果が絵になるというようになりました」と語る（『スクラップブック』1-018）。その作品が一九七一年、自由美術展に出品した「良心の捕囚」（Ⅰ・Ⅱ）（図1）である。

ここで、それまでの油絵やペン画ではなくリトグラフ（石版画）を選択したことについて、富山の美術表現を研究してきた徐潤雅によると、魯迅の版画運動に示唆を受け、民衆に近づくための技法として版画を選択したという（徐 2016: 62）。リトグラフの白黒の技法は、油絵では表現できない、「民衆」の苦難と桎梏の表現に近づけたと思われる。リトグラフという新たな試みとして現れた「行動の結果が絵になる」という絵画観の変革は、「政治犯」釈放を求める行動として、すなわち、人権や民主主義を願う韓国の民衆（金芝河や徐勝ら）に対する連帯的行動の結果として、絵が生まれたと解釈できる。こうした「連帯」のメディア実践は、絵のみならず、詩の朗読会や演劇という表現様式を用いても行われた。

富山は、一九七二年四月一八日、アムネスティ・インターナショナル日本支部の有志、劇団民藝の米倉斉加年ら、劇団三十人会などの新劇の文化人らとともに、「詩人金芝河救援委員会」を結成する。一九七二年五月、銀座の画廊で開かれた富山妙子個展「金芝河の詩によせるリトグラフ」（図2）に、韓国で金芝河に面会したデンマークの記者が訪ねてきて、金芝河作品の演劇上演に関するアイデアを提供した(6)。このアイデアは吉松繁牧師によって具体化され、「詩人金芝河救援委員会」では、「詩人金芝河・劇と朗読の集い」というイベントを開き、パンソリの表現技法が採用されている、金芝河の戯曲「銅の李舜臣」を上演した（72年9月）。

「連帯」を通じた「対抗的公共圏」の構築へ

行動する画家としての活動は、たやすいものではなかった。画家でありながら、「詩人金芝河救援委員会」（「政治犯」釈放運動）などに関わっていた富山は、「人がみたら、絵以外のことをやっているというかもしれないけれど、逆にいえば、これは絵をかくためにやっているということになってきた」という（富山 1973）。主流の美術界、芸術界から見れば、「芸術」をすべき画家が、「絵以外の」活動をしているとの非難の声を意識していたことがうかがえる。こうした主流の観点に対し、富山は「絵画のための絵画は歴史としては非常に短い」としながら、「解放としての芸術」を訴える（同）。

しかし、「韓国」をテーマにする作品活動は、富山にして様々な困難と葛藤に直面させることとなった。近代西洋美術の美意識を模範とする美術界、芸術界は、芸術とは無関係のような「韓国」のテーマ、それも「政治」と絡んで「政治犯」釈放を願う富山の美術／芸術に対して、冷たい反応を見せたのだ。一九七二年五月、銀座の画廊での個展「金芝河の詩によせるリトグラフ」では、当時「画廊にとって韓国は、芸術とは縁遠い、文化果つるイメージ」（富山 2009: 166）であり、富山が画廊に訪問する客に「政治犯」釈放を訴えるビラを渡したり、署名用紙を置いたりしたのを嫌がられたという。また、一九七四年九月、銀座の画廊での個展「パブロ・ネルーダとキム・ジハの詩によるリトグラフ展」（9月19日～24日）でも、画廊側から抗議を受けた。富山は、当時のことを次のように記録している。

七二年と七四年に銀座の画廊で開いた「金芝河の詩によせて」という個展では、二度とも画廊側とぶつかってしまった。それは画廊で政治犯釈放の署名をして政治的なものを持ち込んだこと。見に来る人々がチョゴリや「ゲバ学生風」やヒッピー風で、画廊側の気に入らぬこと。展覧会場で現体制を倒すような討論をしたことなどが、画廊側に「イロをつけ」画廊の「品位」を傷つけることであるようだ。高麗や李朝の古美術ならともかく、日本人にとって韓国は「醜」の世界である。その韓国の獄中にいる政治犯となると美術の世界では「うさんくさい存在」である。こうした世界では帝国主義時代そのままの西欧追従、アジア蔑視の価値観が、美意識とな

って根強く生きつづけている。（富山 1980a: 105-6）

このように、富山の「絵画観」の変革によって、「政治色」を嫌い、西欧追従、アジア蔑視の価値観が支配的な美術界や芸術界と対抗、葛藤することになったのである。

こうした葛藤や摩擦に一層の拍車をかけたのは、一九七六年二月、日本テレビ側から依頼を受け、収録をすませていた『宗教の時間』における「暗黒の中のキリスト者・金芝河」編の放送中止であった。「国際親善をそこなう」という理由から放送局の自己規制によって「放送中止」になり、富山の作品活動は、美術界や芸術界だけでなく、主流の言論界からも追い出されたかたちとなった。これに対して、同番組の出演者の一人であった中嶋正昭牧師を含むキリスト者有志、担当ディレクターの協力を受けて、同番組の「スライド」での再現を試みることになった（富山 1976a; 2009）。

図３　詩画集『深夜』表紙（土曜美術社 1976）

図４　「しばられた手の祈り」レコードジャケット

「スライド」という新しいメディアへの挑戦とともに、一九七六年一一月には、金芝河の詩をもとに制作したリトグラフに音楽レコードをつけた詩画集『深夜』（土曜美術社、図３）を出版した(7)。この『深夜』は、全体をとおして日本語と韓国語を併記しており、レコードは、一九七四年の民青学連事件で投獄された金芝河と朴炯奎牧師が獄中でともに作った讃美歌「しばられた手の祈り」を収めている。これは、林光（編曲・伴奏―ピアノ）、黒沼ユリ子（伴奏―ヴァイオリン）の協力のもと、在日韓国人知識人の鄭敬謨が歌った録音である（図４）。まさに詩画集制作それ自体が国境を越える連帯の実践であり、詩と絵と音楽が重なったかたちの新しい試みであった。

こうしたメディア実践を通じた、金芝河および韓国の民衆との「連帯」は、「日本／日本人」のあり方への問いを内包していた。

富山妙子と米倉斉加年の対談「朝鮮民族と真の連帯を〝加害者〟としての日本人」（『社会新報』1974. 9. 18）で、富山は一九七〇年の韓国訪問におけるハルビン女学校の朝鮮人同級生たちとの再会を振り返っている。「韓国にいって、彼女たちの人生を見るとそこには加害者としての日本の存在を知らされるのです」としながら、植民地支配、朝鮮戦争において日本が果たした米軍基地としての役割や朝鮮特需の「朝鮮ブーム」について指摘している。また、詩画集『深夜』のあとがきとなる「わが深夜の記」では、富山は次のように述べる。

韓国の人びとに闇をあたえているのは誰であろうか。それは高度経済成長という幻想に酔いしれるわれら日本人たちである。わたしたち日本人は、つねに隣国の人びとを犠牲にしながら、うすぼけたネオンの光をもとにしてきた。昨日も、今日も。（富山 1976c）

ここで富山は、韓国の独裁政権と癒着し、「高度経済成長」の背後で、「経済侵略」を通じて植民主義を継続する日本／日本人のあり方への批判的問いを発している。この点で富山は、美術界／芸術界の西洋中心主義や韓国蔑視のみならず、戦後「被害者」として日本／日本人像を描き出すことを中心としていた「支配的公共圏」に対抗していたといえる。

このように、富山は、韓国の民主化運動に連帯するメディア実践を行うなかで、日本における「支配的公共圏」に対峙、葛藤し、日本／日本人のあり方を問う「対抗的公共圏」を形成していった。

一九七六年の一連の新しい試みは、富山にとって「スライド」というメディアを通じた「新しい芸術運動」を広げるきっかけとなった。一九七六年九月、富山はちょうど休養のため計画していたアメリカへの旅に、スライド「暗黒の中のキリスト者・金芝河」を持っていった。旅先でキリスト教ネットワークを通じ、上映会と講演の機会を得た富山は、「日本ではどこからも締め出されているのに、アメリカに来ると意外なことの続出だった」（李・朴・富山 1985: 12）という。「解放の神学」に触発された様々なクリスチャン・グループやアジアの留学生たちが、富山をミサや礼拝や大学に招いたのである（富山 2009）。

米国では、公民権運動、マイノリティーの権利獲得運動、チリ、メキシコ、ブラジルなどラテン・アメリカからの移民たちによる祖国解放運動など、社会変革を求める運動が様々な形で行われており、人権や民主主義を求める芸術作品を受け入れる土台が形成されていた。そこで、「ギャラリーで展覧会を開いて、壁にかけて客を待っているのではなく、同じ思いの人々のなかへ絵を持って入ってゆこう」（同：180）と、帰国後、詩と絵と音楽によるスライド制作と自主上映運動を、連帯のメッセージとして繰り広げることとなる。

4　草の根の新しい芸術運動へ

スライドの制作と自主上映運動

詩画集『深夜』の出版記念会（76年12月7日、東京・日本YWCA会館）では、詩の朗読、音楽上演、展示会などが行われた。記念会の案内チラシには、「いま私たちは民族の障壁を越え、ジャンルのワクをとり、専門家と非専門家の壁をくずし、人間解放の場に立って、芸術のあり方を問い直すのです」としたうえで、「資本の論理」に繰り込まれている芸術のあり方に抗し、「作り手と受け手の新しい連帯の場をつくり、ともにたたかう中から芸術のあり方を模索したい」としている。自由美術家協会を脱退した富山は、米国でのスライド上映の経験のうえで、こうした新たな芸術の場として、一九七六年末、「火種プロダクション」（火種工房）を設立し、スライドというメディアを用いた新たな芸術運動を始めることとなった。

スライドというメディアは、映画の大衆化、テレビの普及のなかでも、制作コストが低く、利便性も高いという特徴を持っていた。展示のためのリトグラフ作品は、たやすく運べるものではなく、映画やテレビ番組といった映像作品は、制作コストも時間もかかる。しかし、スライドは、これらのメディアと比べ、制作コストも低く、当時、世界のどこでもある程度の機関なら備わっていた映写機に掛ければ見せることができたので、利便性も高かった。まさに、ポータブル・メディア(8)としてのスライドは、富山にとって格好の媒体であった。

「火種プロダクション」を立ち上げた富山は、『深夜』の出版記念会で初めて出会った、音楽家・高橋悠治と協同し、後に数々のスライド作品を制作していく。詩と絵と音楽によるスライド制作として、最初にでき上がったのが『しばられた手の祈り』（1977．140コマ、40分）である。『しばられた手の祈り』は、詩画集『深夜』付録のレコードに収録された讃美歌のタイトルを援用し、土本典昭監督の協力を得て制作された。金芝河の「苦行1974」「黄土」「最終陳述書」に基づく富山のリトグラフを、「苦行1974」のナレーションと音楽とともに再構成し、スライドとカセットテープを制作したのである。富山は、スライド『しばられた手の祈り』の完成とともに、草の根による「新しい芸術運動」として、早速「自主上映運動」を訴えた（初上映77年3月12日、東京・文京区民センター）。自主上映を訴えるチラシ（図5）では「集会、学生寮、国際会議などでご利用ください」と書かれており、スライドの上映方式は、購入者が自主的に巡回上映するか、「火種プロダクション」から借りて上映する形を取っていた(9)。

スライドを上映する市民グループには、「日韓連帯運動」に直接関わっていたものもあれば、関わりはなくても、韓国の政治状況や民主化運動に関するスライドの上映を通じて、日韓関係および日本社会のあり方を改めて考えるきっかけをつくりた

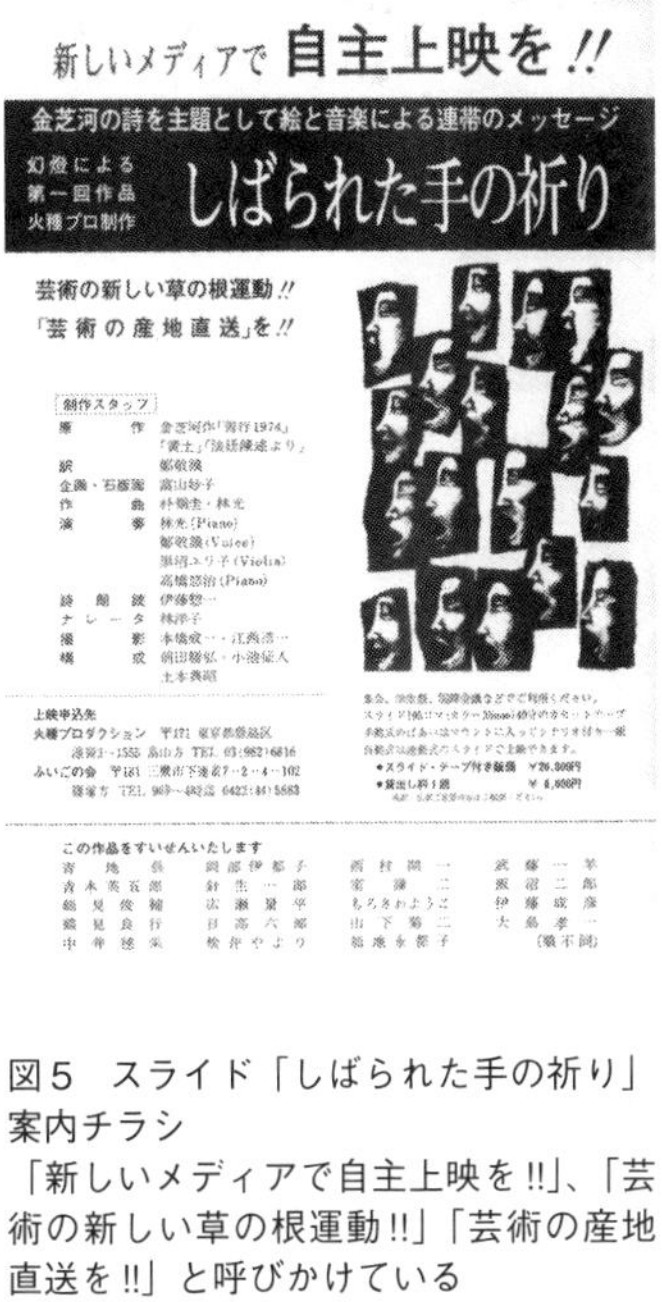

図5　スライド「しばられた手の祈り」案内チラシ
「新しいメディアで自主上映を!!」、「芸術の新しい草の根運動!!」「芸術の産地直送を!!」と呼びかけている

いと考えたグループもあった。例えば、富山のスライドを上映した、大阪文学学校の「絵と音楽と詩の夕べ――金芝河の詩を主題とした連帯のメッセージ」の案内チラシでは、「富山妙子のスライドを通して、金芝河の詩と彼が獄中に閉じ込められている背後によこたわる、日本と韓国との政治的・歴史的・文化的な関係を問い、私たち一人一人のあり方、個と社会との関係をより今日的に問う」(『スクラップブック』2-061)との趣旨が述べられている。続いて、富山の芸術表現を、「リトグラフ(石版画)によって、民衆の語り口を持った視覚的表現をここ ろみ、それをスライド化し、声と音楽を与えることによって、スライドの概念を変革し、新しい芸術の形式を生み出しました」と評価している。

大学の学生グループも、大学内でスライド上映会を行った。大学内で退潮気味のサークル文化運動を盛り上げる場としての意味もあった。例えば、スライドを借りて上映会を開いた筑波大学社会問題研究会は、富山にあてた手紙で、上映会に30人ほど参加したこと、そして、学生の反応から「スライドであることが、映画と違って、一枚の絵を見て、そこから自分自身のイメージを広げることができる点ですばらしい」という感想を伝えている。金芝河のいう「政治と芸術の統一」を、このスライドから見ることができたとしたうえで、現状の筑波大学では「政治問題を扱うサークルには教官も上からの圧力をきらってなかなか顧問になってもらえず、そのため、いまだに公認のサークルになれず、地下サークルとして活動」しており、今回の上映会も表面上は学生有志主催という形で行っているという。大学で「政治」が忌避されるなか、「闘いの中から生まれるような文化・芸術運動を広く共有することがさらなる統一した闘いのための団結・連帯を深く、強くするひとつの手段」になりうることを願っているとして手紙は終わる(年度不明、6月4日。『スクラップブック』2-081_01~04)。

金芝河は、「苦行1974」のなかで「政治的想像力」、すなわち、政治と芸術の統一を唱えており、富山の問題意識はそれに共鳴していた。日本では「新劇界でも文学界でも、創造活動をやるためには政治にかかわりたくないというような議論が通用」(藤島 1974: 9)し、こうした状況に芸術や文学の存在意義の破綻を憂慮していた人びとにとって、第三世界の民衆文化運動は、日本の文化運動や芸術運動を再生させる一つのきっかけとしてとらえられたこともうかがわせる。

韓国の民衆文化の表現技法を取り入れた金芝河の作品は、富山の絵と高橋の音楽とともにスライド作品として再構成され、新たな民衆芸術を生み出していった。そして、スライドの自主上映運動は、日韓関係のみならず、日本の状況や「政治」と文化運動・芸術運動のあり方を問いながら、「対抗的公共圏」の輪を形成していったと考えられる。

「境界」を越えるメディア実践

「詩と絵と音楽による」スライド制作と上映運動は、富山にとって、近代西洋美術の美意識や近代主義に対する批判、そして「資本の論理」で動くような「画家」「美術界／芸術界」のあり方に対する批判と拒否という意味が込められていた。富山は、美術のなかの近代主義を「絵画世界に文学性、政治、宗教など持ち込むことへの拒否反応」としたうえで、「彼らが嫌うものをすべて、私は絵のなかに持ち込んでいる」（富山 1980a: 106）という。

> 西洋中心の「美の階層序列」からすれば、「朝鮮」は最下層に属している。そのうえ絵画が絵画世界だけで結実しないで、文学性、政治性――マルクス主義ならともかく、時代逆行とみえる宗教まで持ち込む、ごった煮のようなもので、芸術の純度と完成度の低いものであるということになるのだろう。（中略）つねに支配階級のおこぼれに依存している画家――私は画家を廃業しようと思った。金芝河の詩にはそれにふさわしい、発表の仕方や生活のあり方があるはずである。かつて女である私は仕事を貫くため家庭を捨てた。そうしてなった絵かきをこんどは廃業しよう――それが金芝河の詩とともにあゆんだ私のたどり着いた地点であった。（同、傍点原文）

金芝河の詩をもとに制作したリトグラフは文学性、宗教、そして、政治性を帯びたものであり、それを受け入れられない美術界／芸術界そのものを越えることを、「画家」の廃業という強い用語を用いながら、決心したという記述である。金芝河の詩とその芸術活動に感銘を受け[10]、金芝河の詩をもとに作品活動を展開した富山にとって、西洋近代主義を基本とする日本の美術界／芸術界には「居場所」がなく、むしろそれを越えたところで、すなわち、「新しい芸術運動」を通じて、「画家」でない画家、「芸術」に見えない芸術をめざすことを決心したのである。

富山の草の根の新しい芸術運動は、「詩」／「絵」／「音楽」などの表現のジャンル、専門家と非専門家、民族などの壁を越え、同じ思いの人びとや仲間の協力のもと、芸術のあり方を模索することを訴えていた。それは、詩画集『深夜』の出版記念会の案内チラシに続き、スライドの自主上映を訴えるチラシなどでも反復して表れている。

> 私たちは獄中の金芝河の暗闇の中からの叫びに自らを問い、芸術もまた時代変革の担い手でありたいと願うのです。いま私たちは民族の壁を越え、ジャンルのワクをとり、専門家と非専門家の壁をくずし、人間解放の場に立って、芸術のあり方を問い直すのです。もはや現体制下の芸術は仲介人である興業主、画商、マスメディアなどによって商品化され、すべてが〝資本の論理〟に繰り込まれてきています。こうしたなかで、私たちは作り手と受け手の新しい連帯の場をつくり、ともにたたかう中から芸術のあり方を模索したいと思います。

こうした富山の芸術運動における「越境性」は、国境を越えた上映運動という形でも現れた。一九七七年に東京で初めて上映された『しばられた手の祈り』は、以後、東京都内のみならず、横須賀、京都、大阪、北海道など各地で上映されていく。そこで、PARC（アジア太平洋資料センター）の協力のもとで英語版（77年12月末）、スペイン語版（78年4月）も完成し、海外における自主上映運動も広がった。一九七八年夏の上映活動は、フィリピン、タイ、オーストラリア、ニュージーランドでも行われ、とりわけ、フィリピンでの反響は大きかったという。

高橋悠治が発行するミニコミ誌『水牛』第2号（1978.12.二）では、「金芝河のスライド『しばられた手の祈り』アジア各地をまわる」と題した記事で、フィリピンでの反響に「めざましいものがあった」としながら、「フィリピン大学のある研究室で、さまざまな学部の教師たちが30人ほどあつまって、ひそかに上映会」をもち、「その評判をつたえきいた人びとによっておなじ大学のなかで、たてつづけに、七、八回の上映会が組織されたという」と伝えている（高橋1978）。当時、フィリピンにおける民衆の闘いは、カトリック左派、『解放の神学』運動が大きな役割を果たしており、カトリック信者でもある、金芝河の詩のなかにフィリピンの人びとが共感し、共鳴できるメッセージがあったのだ（李2021: 100）。すなわち、トランスナショナルな活動家たちや世界的なキリスト教ネットワークを通じ、国境をも越えることで、韓国の抵抗詩人の言葉が、富山の絵と高橋の音楽とともに、アメリカ、ヨーロッパ、アジアの活動家たちと共鳴、共振し、トランスナショナルな公共圏を形成する可能性も見せていたのである（李2018, 2021）。

富山妙子は、『しばられた手の祈り』以後、金芝河の詩による絵と音楽のコンポジションとして、『めしは天』（1978. 10分）、『蜚語』（1979. 14分）を次々と制作していく。『めしは天』と『蜚語』もまた、自主上映の呼びかけのなかで、各地で上映されていった。

「アジアのフェミニスト」としてのメディア実践

富山妙子にとって、韓国の民衆との連帯は、女性解放運動としての性格を合わせ持つ。富山は、一九七〇年代初期、韓国を訪問するたびに脳裡に残る光景があったという。それは「女のわたしにはやりきれない光景」として「空港で、夜の盛り場でぶつかる日本男性たちの「妓生観光」の群れ」（富山2009: 167）であったという。韓国の金芝河や民衆の闘いに心動かされながら、過去の植民地支配から継続するポスト・コロニアルな現実が、富山妙子の眼に鮮明に映し出された。アメリカの第二波フェミニズムの影響を受けた日本の「ウーマンリブ運動」が高揚するなか、富山らは一九七四年『女性解放とコミューン新しい地平』（以下、『新しい地平』）というミニコミ紙を発刊し、「時代と女性」という連続セミナーや合宿イベントを開くなど、女性解放運動に参画した。

しかし、一九七六年、富山妙子は『新しい地平』を中心とした活動をやめる。富山は、『新しい地平』の最終号（10号特集「社会変革と女性解放」1976. 7. 15）の記事「愛・痛みへの連帯」で、その間の女性解放運動に対し「先進国の、中産階級女性の運動にとどまるのか」と批判的に問いかけながら、真の女性解放を求めるのであれば、「第三世界の人々と手をたずさえ、根源的な社会構造への変革を迫る」べきとし、女性解放運動の変革を求めている。

> 女性解放が、強者が弱者を強奪してきた力の文明、弱肉強食の文化や権力構造に対しての否定であれば、韓国や東南アジアの国々に対して、戦時中は武力で、戦後は経済侵略者である日本人のあり方をまず問うことが、私たち女に課せられた課題であるだろう。（富山 1976b: 3）

ここで、富山の求める女性解放は、ポスト・コロニアルな現実に対し、それを当然として無知または無関心である「帝国的」な姿勢から脱し、民族解放を求めるアジアの民衆、そして韓国の民衆との連帯を形成し、真の人間解放を求めていくという、「脱帝国女性主義」の思想を持つものである（李 2020）。一九七四年の「アジア人会議」において、松井やよりとともに女性の視点の欠落を問題提起したことを一つの契機に、富山はほかの女性たちとともに、一九七七年「アジアの女たちの会」（松井やより、富山妙子、山口明子、湯浅れい、安藤美佐子、五島昌子、加地永都子）を結成した。「アジアの女たちの会」主催の『しばられた手の祈り』の上映や、韓国・統一紡織の女性労働者たちの闘いを演劇化し上演する活動（79年3月10日）などに関わった。「アジアの女たちの会」は、後に国境を越えて、アジアを含む世界の活動家たちとともに、日本軍「慰安婦」問題における「対抗的公共圏」を形成していくことになる。

メディア実践の越境――スライドとともに映画・演劇へ

スライド制作と自主上映運動は、光州5・18民衆抗争、いわゆる「光州事件」をテーマにした富山の作品でも継続された。一九八〇年五月、韓国・光州では、戒厳令解除と民主主義回復を求める学生、市民たちを、全斗煥（チョンドゥファン）が率いる新軍部勢力が暴力的かつ残忍に鎮圧し、多くの犠牲者を出した（5月18日～27日）。富山は、韓国の独裁政権を政治経済的に支えている米国・日本の「帝国」的な態度に対する批判的な眼差しとともに、光州の人びとの悲しみと闘いを、「倒れた者への祈祷」というリトグラフの連作として描き上げた[11]。

「倒れた者への祈祷」は、スライド制作（1980）とともに、映画化も試みられた。『自由光州』（1981. 25分）は、小松原時夫（製作）、前田勝弘（監督）、富山妙子（原画）、高橋悠治（音楽）、鄭敬謨（チョンキョンモ）（訳詩・朗読）などの協力のもとに制作された。タイの民衆文化をカラワン楽団をとおして日本に紹介していた高橋悠治は、韓国の詩人・高銀（ゴウン）の軍法会議の最終陳述や富山の絵の背景音楽として、「鳥よ鳥よ、青い鳥よ」などの韓国の民謡と「われらの願いは統一」という韓国の歌を編曲して用いた。

スライド作品『倒れた者への祈祷　1980年5月・光州』が主に絵と音楽で構成されているのに対して、映画『自由光州』は様々なドキュメンタリー・ニュース映像と新聞記事の画像も入れ、ナレーションとともに、光州市民の闘争と軍部による弾圧を描いている。『自由光州』の最後の部分では、日本（政府）のあり方に対する批判も行っている。ナレーションで、光州で新軍部による虐殺が行われるなか、日本政府の唯一の意思表示は、「日本進出企業の警備強化を徹底せよ」であったとし、日本が新軍部勢力をもっともはやく認め、援助という形で支持したことを指摘している。そこで、「光州決起を頂点とする韓国民衆の闘争は日本の政治に、また日本の民衆すべてに本質的な選択を迫ることであろう、誰と一緒にどこへ進むのか」と問いかけている。

一九八〇年代半ば以後、富山は帝国日本の「加害」と「責任」をより明確に表現する作品活動を行っていく。富山は、「遥かな遠いむかしの戦争が私のなかで過去のことにならなかったのは、韓国をテーマとして絵を描いているうちに、深い傷痕を知ったから」（富山 1992: 2）としている。作品活動、連帯活動を通じて、在日朝鮮人や韓国人の「身の上話」を直接的かつ間接的に聞くなかで、韓国民衆の生に刻み込まれた「痛み」と、日本社会における「忘却」がますます対比されていった。そこで、画家としてできることは「忘却のなかに消されようとしている朝鮮人死者たちの生の痕跡を引きよせることくらい」（同 : 4）しかなかったと述べている。

こうした問題意識とともに、富山は、朝鮮人強制動員と日本軍「慰安婦」をテーマとして作品活動を行っていく。朝鮮人強制動員のテーマでは、筑豊炭鉱の地底の朝鮮人死者たちの声を聴くという設定の「地の底の恨」（油彩画）などの作品が制作される。このシリーズは『しばられた手の祈り』でも協力を得た、土本典昭により、『はじけ鳳仙花　わが筑豊わが朝鮮』（1984. 48分）というドキュメンタリー映画も制作された（製作・前田勝弘、重松良周、監督・土本典昭、絵・富山妙子、音楽・高橋悠治、語り・李礼仙など）。

また一九八六年には、同年インドネシア・バリ島での取材活動のなかで知った、南太平洋に沈んだ日本軍艦の話と、死者の魂が戻ってくるという現地のガルンガン祭りをモチーフにして、富山は、日本軍「慰安婦」をテーマにした作品制作に取り組む。「ガルンガン祭りの夜」（油彩画）という作品では、絵の真ん中に韓国の民族的な宗教儀礼を連想させるムダン（巫女）が描かれており、仮面劇やグッなど韓国の民衆文化の表現様式を取り入れていることがわかる。

これらの作品シリーズは、「68／71黒色テント」による演出で、演劇「海鳴り花寄せ」（87年5月28日～31日）として上演された。また、演劇の様子をドキュメンタリー映画の中に入れ込んだ『海鳴り花寄せ　昭和日本・夏』（87年7月、63分、原案・企画・富山妙子、音楽・高橋悠治、監督・青池憲司、製作・前田勝弘他）も制作された。このドキュメンタリー映画の上映会は、富山の個展や講演とともに、東京、大阪、京都などで開催された。上映会では、詩朗読のほかに、韓国の伝統楽器のチャング、ピリなどを用いた公演もともに行われることがあった（87年11月、大阪造形センター）。

その翌年、富山は、イギリス・ロンドンで開かれる韓国民衆版画展（カトリック国際関係研究所主催）および個展に合わせ、日本軍「慰安婦」をテーマとしたスライド『海の記憶』（88年、25分）を制作した。

『海の記憶』は、「第二次大戦中日本軍に徴用されアジア各地の戦場に送られた朝鮮人従軍慰安婦に捧げる」というメッセージから始まる。戦場に連れていかれた姉、キム・スンドギが生きているか、死んだのか、「どうか探してほしい」と頼まれた巫女（ムダン）が、太平洋の海底で「あなたは誰？」と聞きながら、死者の声／語りを聞くという設定である（富山 1989）。朝鮮人強制動員と日本軍「慰安婦」をテーマとした作品イメージを再構成し、太鼓、鐘、風の音を背に、「東西南北を吹く風にのり、アジアの空をかけめぐる」巫女、「半世紀まえ太平洋の底に沈んだ、たくさんの人間たちのことを、戦争のことを」聴いてきたムダンを媒介に、「慰安婦」となった死者・犠牲者たちの「語り」を伝える内容となっている。

富山作品における「シャーマン」のモチーフを分析した真鍋祐子は、西洋式の表現様式では描き切れない民衆の生と情緒を「土地の記憶に刻まれた伝統的、土着的な形式によって表現」（真鍋 2017a: 8）しようとしたとする。そして、富山が「ひとりの媒介者、表現者として、シャーマンの役柄をはたしていた」（真鍋 2017b: 13）のではないかという。

ここまで見てきたように、韓国の民衆との連帯を求めた富山妙子の「草の根の新しい芸術運動」というメディア実践は、韓国の民衆文化の表現様式を取り入れつつ、詩、絵、音楽、語りといったジャンルを越え、またスライドのみならず、演劇や映画に広がっていった。富山はこれらのメディア実践を通じて、西洋近代主義／アジア（韓国）蔑視／「被害者」像を中心とした「加害」の忘却という、日本の「支配的公共圏」に対して、「対抗的公共圏」の輪を形成しようとしてきた。

おわりに——メディア実践が拓いた日韓連帯運動

本稿では富山妙子の「草の根の新しい芸術運動」を中心に、韓国の民衆との「連帯」を求めた「対抗的公共圏」がどのように形成、拡大し、越境していったのかを分析してきた。一九七〇年代初期、金芝河の詩との出会いや韓国訪問を契機に絵画観の変革を体験した富山は、「行動の結果が絵になる」と同時に、「絵を描くために行動することになった」という。すなわち、富山にとって、社会運動（連帯）のためのメディア実践が、メディア実践のための社会運動（連帯）となった。

こうした絵画観の変革とメディア実践は、しかし、日本の美術界や芸術界のみならず、主流言論界からも排除されることとなった。その根底に、帝国主義時代に続く西洋中心の近代主義／アジア蔑視の「支配的公共圏」があることを感知した富山は、それに対抗する言説空間を形成、拡大するため、「詩」／「絵」／「音楽」などのジャンルを越える新しい芸術運動としてのス

富山妙子氏と筆者（2019年・岡村淳氏撮影）

ライド制作と自主上映運動を行った。富山の「草の根の新しい芸術運動」は、様々な文化活動の実践者たちとの協力と協同によるものであり、展覧会、朗読会、上演、上映会などを「自主」的に企画し、また、「見る／聞く／感じる」ためにそこに参加した人々による、集合的なメディア実践によるものであった。こうしたメディア実践を通じて、散在する「対抗的公共圏」が繋がり、「日韓連帯運動」を構成しながら、拡大していったといえる。それは海外でのスライドの上映運動でも見られるように、国境を越えるトランスナショナルな公共圏を下から構築する可能性も孕むものだった。

「草の根の新しい芸術運動」は、資本の論理に形式化される芸術に対する、戦後サークル文化運動の批判的意識と共通しながらも、より直接的には第三世界の民衆文化運動に共鳴していた。メキシコの壁画や金芝河の作品などに影響、感銘を受けながら、第三世界、とりわけ、韓国の民衆との連帯に「人間解放」と「解放としての芸術」を求めた作品活動は、富山をして、韓国（アジア）と日本の「関係性」、韓国（アジア）に対する継続する帝国主義、植民地主義というポスト・コロニアルな現実を問い続けさせた。その点、第三世界の民衆文化運動に共鳴した「草の根の新しい芸術運動」は、サークル時代の文化運動が持っていた限界を越えることができたと考えられる。

しかし、この芸術運動がはたして日本における「支配的公共圏」を変革する機制になりえたかどうかを考えると、疑問は残る。確かに、「日韓連帯運動」のなかでは、一九八〇～九〇年代にかけて、植民地支配や戦争責任に関する議論が活発になり、「河野談話」や「村山談話」といった社会変革への兆しが見えていた（李 2018）。しかし、その後の反動の流れのなか、植民地支配や戦争責任に関する議論は矮小化、周辺化、排除されていったとみられる。

政治と芸術の統一をうたった金芝河の「政治的想像力」、それに深く共鳴した富山妙子の活動(12)は、芸術のみならず、社会全般において「政治」的なものが排除、忌避される今日、どのような示唆を与えることができるのであろうか。まずは、これまで注目されなかった、第三世界や韓国との連帯のなかから、日本／日本人のあり方を変革しようとした市民運動、芸術運動、文化運動の歴史を記録し、学ぶことから始めることではなかろうか。

本稿は、「草の根の新しい芸術運動」を、富山妙子のみならず、様々な実践家たちとの協力、協同によるとしながらも、研究事例として富山妙子を中心に記述しているところに、限界を持っている。また、富山妙子の作品における韓国およびアジアの民衆文化の表現技法についての精緻な分析にまでは至っていない。その点で、こうした限界をこれからの研究課題として、本稿はそのための第一歩としたい。

注

(1) 解放後、噴出した民族と民衆という用語は、米国中心の秩序に急速に再編されていった韓国社会において、また、民族統一や民衆革命が共産主義と同一とされた李承晩政権の反共体制において、容認されないものとなっていった（キム 2015: 55）。

(2) 富山は当時、「炭鉱」を「作品」として完成させることはできなかったという。富山が「炭鉱」というテーマに戻るのは、一九八〇年代、朝鮮人強制動員をテーマとした作品活動であった。

(3) 二〇一五年、光州広域市に「韓国5・18民主化運動記録館」が開設され、同館所蔵資料である『富山妙子スクラップブック』を参照した。

(4) 「芸術とは寒い中で震えている人に贈る炭である」『文化運動』第7号（1981）を含め、数多くの富山妙子の著作物やインタビュー記事、そして自伝となる『アジアを抱く』（2009）に表明されている。

(5) 「傍観者ではいられぬ　まず行動、つぎに描く」韓国5・18民主化運動記録館所蔵『スクラップブック』1-018を参照。

(6) 詳しくは、李（2018: 98）および「対談・富山妙子・米倉斉加年　朝鮮民族との真の連帯を」『社会新報』（1974. 9. 18）を参照（富山・米倉 1974）。富山妙子は、筆者のインタビューおよび『スクラップブック』において、日本での上演は、一九七一年韓国・梨花女子大学における「銅の李舜臣」の地下上演を引き継ぐ意味であると言及している。デンマークの記者から、梨花女子大学での上演について聞き、連帯的な行動として、企画したと推測される。梨花女子大学では、一九七〇年六月「ナポレオン・コニャック」、「銅の李舜臣」が初公演であり、演出者の金芝河が反共法違反で逮捕され、演出者不在のなかで上演された。その後、「銅の李舜臣」は様々な大学で上演された。

(7) この深夜というタイトルは、魯迅の芸術運動である版画運動の弟子、柔石の死刑に対して、魯迅が慟哭のなかで綴った文章として知られる「深夜に記す」からつけたものである。

(8) 富山は、「仏教がより人々の中に根を下ろしてゆく」手段として絵巻物が使われていたと指摘したうえで、スライドは現代の「映像絵巻」であると例えている（富山 2009: 179-80）。

(9) チラシの説明では、「スライド105コマ（カラー 35mm）40分のカセットテープ、受動式のばあいはマウントに入ってシナリオ付き一組、自動式は適動式のスライドで上映できます」としている。スライドのコマは、最初の140コマから再編集されているようである。火種プロダクションのチラシは富山妙子氏提供および韓国5・18民主化運動記録館所蔵『スクラップブック』を参照。

(10) 富山は金芝河が詩集『黄土』の序文で「民族の悪夢の詩」、「降神の詩」、夜明けに向かっての「行動の詩」、そして「愛の詩」として詩を書くとしたことに対し、「この四つを柱としたことは素晴らしいことだ、わたし自身もそういうものでかきたい、と思ったわけです」と述べる（富山 1973）。そのほか、詩画集『深夜』（1976）のあとがきとなる「わが深夜の記」にも金芝河および韓国の民衆から受けた感銘を述べている（富山 1976c）。

（11）富山によると、一九八〇年六月の半ばごろから、光州へのレクイエムとして、作品制作に没頭し、三週間ほどで一気に描き上げ、高橋悠治が急遽ピアノ曲を作曲してくれたという（富山 2009: 186-7）。

（12）富山は、金芝河の「苦行1974」における、政治と芸術の統一としての「政治的想像力」という言葉が、脳裏にひらめいた、胸にやきつけられたとして、生半可な折衷ではない、「真の意味における政治と芸術の統一」を表現するものであったとする。韓国5・18民主化運動記録館所蔵『スクラップブック』2-006_01~02.

参考文献

曺喜昖（2012）「「巨大な単一運動」から「差異の複数運動」へ」『インパクション』185: 10-31.

陳大哲（2005）「韓国の文化政策とマダン劇――七〇年代の伝統文化への回帰現象をめぐって」『東北亜文化研究』9: 361-84.

藤村真依（2014）「一九五〇年代日本の文化運動の展開と衰退――サークル運動を中心に」『日本文化研究』49: 425-45.

藤島宇内（1974）「金芝河のたたかい」パンフレット『民藝の仲間一五七』: 8-10.

古川美佳（2018）『韓国の民衆美術――抵抗の美学と思想』岩波書店

花田達朗（1996）『公共圏という名の社会空間――公共圏・メディア・市民社会』木鐸社

針生一郎・金潤洙・富山妙子（2000）「座談会　現実のタブーに挑戦する民衆芸術――第3回光州ビエンナーレ・『芸術と人権』展をめぐって」『世界』10月号: 253-62.

岩崎稔・上野千鶴子・北田暁大・小森陽一・成田龍一編（2009）『戦後日本スタディーズ①　40・50年代』紀伊国屋書店

岩崎稔・大川正彦・中野敏男・李孝徳（2005）『継続する植民地主義――ジェンダー／民族／人種／階級』青弓社

菊池亮（2006）「「帝国」を追いかけて――富山妙子の仕事」『VOL』創刊号　以文社: 199-201.

李應魯・朴仁景・富山妙子（1985）『ソウル―パリ―東京　絵と民族をめぐる対話』記録社

李美淑（2018）『「日韓連帯運動」の時代――一九七〇～八〇年代のトランスナショナルな公共圏とメディア』東京大学出版会

――（2021）「画家・富山妙子とトランスナショナルな連帯――越境する作品、共振する感覚」『東洋文化』101: 77-106.

真鍋祐子（2017a）「シャーマンを生きる――富山妙子の画業に寄せて（前）」『あいだ』（あいだの会）232: 2-11.

――（2017b）「シャーマンを生きる――富山妙子の画業に寄せて（後）」『あいだ』（あいだの会）233: 12-9.

里見実（1985）「なぜ、いま民衆文化運動か――支配文化に抗する自由な連合のために」『新日本文学』1月号: 14-9.

徐潤雅（2016）「富山妙子の表現と一九七〇年代の韓国――詩画集『深夜』とスライド「しばられた手の祈り」を中心に」『待兼山論叢』50: 49-76.

高橋悠治（1978）「金芝河のスライド『しばられた手の祈り』アジア各地をまわる」『水牛　アジア文化隔月報』第2号 12月1日

竹村民郎（2001）「戦後日本における文化運動と歴史認識」『現代社会研究』2: 15-29.

竹内真一・碓井正久（1960）「わが国における労働者サークルの歴史的発展過程」『東京大学教育学部紀要』4: 48-69.
富山妙子（1960）『炭坑夫と私』毎日新聞社
――（1964）『中南米ひとり旅』朝日新聞社
――（1971）「傷ついた山河」『展望』71年2月号
――（1972）『わたしの解放――辺境と底辺の旅』筑摩書房
――（1973）「私の世界・その解放としての芸術　インタビュー富山妙子さんに聞く」『詩のしんぶん』第2号 4月25日
――（1976a）「金芝河・その闇と光――解放の美学」『情況』6月号: 134-51.
――（1976b）「特集　社会変革と女性解放 愛・痛みへの連帯『女性解放とコミューン　新しい地平』10号（7月15日）: 2-7.
――（1976c）「わが深夜の記」金芝河・富山妙子（1976）『深夜金芝河+富山妙子詩画集』鄭敬謨訳 土曜美術社
――（1980a）「金芝河のメッセージ　私の七〇年代の記」『新日本文学』35(2): 101-7.
――（1980b）「消された歴史から――私の受けた教育」『季刊女子教育もんだい』4: 88-98.
――（1981）「芸術とは寒い中で震えている人に贈る炭である」全国勤労者サークル協議会運動委員会『文化運動』第7号: 2-4.
――（1989）『戦争責任を訴えるひとり旅――ロンドン・ベルリン・ニューヨーク』岩波書店
――（1992）『帰らぬ女たち――従軍慰安婦と日本文化』岩波書店
――（1996）「韓国から立ち上がる現代民衆美術」『世界』3月号: 254-60.
――（2009）『アジアを抱く――画家人生　記憶と夢』岩波書店
富山妙子編（1971）『反権力の証言――市民が追求する』合同出版
富山妙子・米倉斉加年（1974）「対談　朝鮮民族と真の連帯を〝加害者〟としての日本人」『社会新報』9月18日号
富山妙子・韓明淑（1997）「対談　50年の闇の中から――「従軍慰安婦」問題を語る」『世界』10月号: 41-58.
Couldry, Nick (2012) *Media, Society, World: Social Theory and Digital Media Practice*. Cambridge: Polity Press.
Fraser, Nancy (1992) "Rethinking the Public Sphere: A Contribution to the Critique of Actually Existing Democracy." Craig Calhoun (ed.) *Habermas and the Public Sphere*. Cambridge, MA: MIT Press: 109-42.（＝1999 山本啓・新田滋訳「公共圏の再考――既存の民主主義の批判のために」クレイグ・キャルホーン編『ハーバマスと公共圏』未来社: 117-59）
Habermas, Jürgen (1992) *Faktizität und Geltung: Beiträge zur Diskurstheorie des Rechts und des demokratischen Rechtsstaats*. Frankfurt am Main: Suhrkamp.（＝2002, 03 河上倫逸・耳野健二訳『事実性と妥当性』上・下　未来社）

韓国語文献

キム・ミジョン（2015）「一九六〇年代民族民衆文化運動とオ・ユンの美術」『美術史論壇』40: 53-76.
李美淑（2020）「境界を越える連帯と再帰的民主主義――画家・富山妙子の「脱帝国的女性主義」認識と活動を中心に」全南大5・18研究所編『5・18とその後――発生、感応、拡張』全南大学校出版文化院：171-208.

資料

『富山妙子スクラップブック』（計6冊）韓国5・18民主化運動記録館所蔵

『女性解放とコミューン　新しい地平』市民に権利の回復を！市民連合　発行人・富山妙子（1号1974～10号1976）

引用・参照した富山妙子作品

「良心の捕囚」（Ⅰ・Ⅱ）（リトグラフ1971）

『深夜　金芝河＋富山妙子詩画集』（1976）詩・金芝河・石版画・富山妙子　鄭敬謨訳　土曜美術社

『しばられた手の祈り』（スライド1977）詩・金芝河「苦行１９７４」「黄土」「最終陳述書」訳・鄭敬謨　石版画・富山妙子　作曲・朴炯奎・林光　演奏・林光・鄭敬謨・黒沼ユリ子・高橋悠治　詩朗読・伊藤惣一　ナレーター・林洋子　撮影・本橋成一・江西浩一　構成・前田勝弘・小池征人・土本典昭（初上映1977.3.12）

『めしは天』（スライド1978）詩・金芝河　詩朗読・鄭敬謨　絵・富山妙子　音楽・高橋悠治　構成・内海成治

『蜚語』（スライド1979）詩・金芝河　訳・李銀子　絵・富山妙子　音楽・高橋悠治　朗読・伊藤惣一　撮影・本橋成一　映像・前田勝弘　構成・大岡竜一

『倒れた者への祈祷　１９８０年５月・光州』（スライド1980）音楽・高橋悠治　絵・富山妙子　撮影・内海成治（デジタル版ＤＶＤ『記憶の海』Voyager 2020に収録）

『自由光州』（映画1981）原画・富山妙子　音楽・高橋悠治　訳詩・朗読　鄭敬謨　監督・前田勝弘　製作・小松原時夫　火種プロダクション

「地の底の恨」（油彩画1983）

『はじけ鳳仙花　わが筑豊わが朝鮮』（映画1984）絵・富山妙子　音楽・高橋悠治　語り・李礼仙ほか　監督・土本典昭

「ガルンガン祭りの夜」（油彩画1986）

『海の記憶』（スライド1988）絵・詞　富山妙子　音楽・高橋悠治　撮影・本橋成一　照明・加藤弘純　語り・新井純（デジタル版ＤＶＤ『記憶の海』Voyager 2020に収録）

富山妙子ホームページ　https://tomiyamataeko.org/

富山妙子展

「記憶の海へ——富山妙子の世界」延世大学校博物館（ソウル）２０２１年３月12日～８月31日

同シンポジウム　延世大学校博物館・東京大学東洋文化研究所共催（２０２１年３月12日、同館）https://www.youtube.com/watch?v=s9KXZxyL58g

【特集　メディアがひらく運動史】

地方都市における自主上映者の肖像
——長野県松本市における映画上映運動の個人資料を手がかりにして

相川　陽一

1　記録映画の自主上映運動

本稿は一九六〇～七〇年代にかけて叢生した市民や学生らによる映画の上映運動を対象に、作品の制作者と各地の観客を媒介する主体として、〈自主上映者〉が果たした役割とは何かを、主として一次資料に基づいて考察する。本稿が捉える〈自主上映者〉とは、映画作品の制作者（作り手）と連携しながら、地域の公共施設等を活用して観客（受容者、オーディエンス）を集め、上映会を開催する発起人や運営者をさす。

本稿の目的は、自主上映を構成するアクターとして自主上映者に焦点をおき、作り手と観客をつなぐ能動的な媒介者として自主上映者を位置づけることにある。すべての自主上映がこのような性格を持っていたわけではないだろうが、筆者が出会い、後に寄贈を受けた個人資料と証言から垣間見えた記録映画の継続的な自主上映史について、個性記述を行っていく。本稿は、これまで、あまり陽の当たらなかった地方都市における自主上映者というアクターに、一次資料と聞き取りを通じて接近していく試みである（1）。

自主上映は、映画の作り手が新たな映画の制作費や生計を得る手段のひとつであると同時に、大手制作会社や配給会社によってなされる映画の制作や配給のあり方へのオルタナティブを示す、映像メディア実践の意図も有していた。自主上映者は、作り手と観客の両者を媒介する存在である。しかし、それは制作者の代理人や作品の情報伝達の役割を果たす透明な媒介者ではない。例えば戦後日本の記録映画史上で大きな位置を占める小川プロダクションの制作した記録映画作品が単なる現地情報の伝達手段ではなかったように（仮にそうだったとすれば、これらが半世紀もの間、繰り返し国内外で上映されることはなかっただろう）、自主上映者は、たんなる媒介者ではなく、映画空間の能動的な作り手となった。

例えば、自主上映者は地域でいち早く作品を観て、制作者と連絡を取り、さまざまなメッセージを自身の裡に育て、それらを上映したい地域で発信する。そこで、自主上映者は、自身の作品解釈から生み出した上映会の切実さ、地域や社会へのメッセージ、映画芸術として優れている価値などを伝えようとする。映画作品に関する芸術的な判断基準があることが特徴で、ときには、映画を社会運動の手段化することをめぐって議論も起こった。そこでは、映画愛好者であると同時に、同時代の社会矛盾への憤りから異議申し立て運動に共感し、何らかのイッシューを他者と共有しようとして葛藤する自主上映者の主体像も浮かび上がる。

本稿では、一九六〇年代後半から二〇〇〇年代まで、約四〇年にわたり、地方都市で記録映画の上映会を行ってきた自主上映者の個人資料を主要な手がかりとして、記録映画の自主上映史を跡づける。一九六〇年代後半から一九七〇年代にかけての日本社会は、大都市圏を中心に大学闘争等の異議申し立て運動が叢生した時期であり、メディアと社会運動という視点からは、何らかのイシューを社会に広めることを目的とした記録映画の自主上映が学生や労働者等によってなされていた。例えば、一九六六年に開始された成田空港反対運動を農民の側から撮った小川プロダクションの三里塚シリーズ、東プロダクションや青林舎の制作した水俣シリーズは、映画の作り手が媒介者となって各地で上映会が企画され、自主上映者を生んだ。今日、上映運動の研究は蓄積されつつあるが、多くは大都市圏が対象である（注1参照）。本稿では、記録映画を観る機会が大都市圏と比較して相対的に少なかったと思われる地方都市を対象に、自主上映史を跡づける。

本論に入る前に、この研究の背景には、映画の制作者や自主上映者によって自主上映にかかる資料が長年保存され、それらを研究者が整理してきた経過があることを記す。筆者は二〇世紀後半の社会運動資料の保全という観点から、松本市における映画の自主上映資料の収集からデジタル化に至る過程をアーカイブズ学の観点で共同研究者とともにまとめてきた（相川・森脇2021）。社会運動史の研究では、研究の前提となる資料保全が重要であり、研究者自身が資料保全に関わる必要があることも付言したい。

2 自主上映者に出会う

——二〇〇四年松本市　三里塚シリーズ全作品上映

二〇〇四年春、小川プロダクション（以下、小川プロ）の記録映画「三里塚シリーズ」（1968~1977）の全作品上映会が長野県松本市で開催された（図1）。筆者はこの上映会に参加し、主催者である松本映画研究会の代表で、兼業農家の百瀬範明（のりあき）氏と初めて対面した。その後、長野県内の大学に赴任したことを

機会に、二〇一八年に百瀬氏と再会した。

　三里塚シリーズは、小川プロが一九六〇年代後半から一九七〇年代に制作した記録映画シリーズである。同シリーズは小川プロスタッフと各地の自主上映者らにより、数多く上映され、海外上映もなされ、一九七〇年代以降も大都市圏の映画館等で上映されている。同シリーズは三里塚闘争（成田空港反対運動）が展開されてきた千葉県成田市や芝山町の農村が撮影地であった。かれらは成田市や芝山町の村落に住み込んで映画づくりを行い、現地農民と支援学生等による反対運動や村落生活を記録した作品を制作し、一九七〇年代半ばからは拠点を山形県に移した。リーダーの小川紳介は一九九二年に亡くなり、小川プロは一九九四年に解散し、同プロスタッフ等が結成した小川プロダクション作品管理協議会も一九九八年に解散している（成田空港地域共生委員会歴史伝承部会 1999）。小川プロが所有していた三里塚シリーズ関係資料は、成田空港地域共生委員会歴史伝承部会に寄贈されている(2)。

　筆者は二〇一八年に百瀬氏と再会した際、同氏が膨大な映画資料を保管していることを知り、同氏から継続的に資料の寄贈を受けて、現在も資料整理と聞き取り調査を続けている。寄贈を受けた資料は、百瀬範明氏旧蔵資料と呼称し、本稿では百瀬資料と略記する。二〇一八～二〇年の二年間で、百瀬資料を研究に活用するために必要な最低限の資料整理は実施してきたが、本稿に取りかかった二〇二〇年一〇月以降も新たな寄贈があり、整理途上の資料もある。以上の条件のもと、本稿は、整理を終えた資料から得た知見をもとに、百瀬氏が地域の仲間とともに進めた自主上映運動の展開史をたどっていく。

図1　「三里塚シリーズ」上映会チラシ
松本市中央公民館（2004年1～3月）
（資料）百瀬資料より。以下の出典も同

3　自主上映者の肖像
——一九七〇年代・松本シネクラブ（ＭＣＣ）からの出発

百瀬氏と松本シネクラブ

まず、百瀬氏の足跡を概観する。百瀬氏は、一九四九年に松本市の農家に生まれ、今日まで生家に暮らしている(3)。同氏は中学校在学時に、都内の映画館で映画に触れたことをきっかけに映画に関心を持ち、高校進学後に『キネマ旬報』の定期購読者となった。高校卒業後は市内の企業に就職し、後に農業協同組合の関連事業所に長年勤め、農業も営んできた。

図2　松本シネクラブの機関誌『MCC』創刊号1面（1968年12月号）

松本市は、長野県内で長野市に次いで第二位の人口規模を持つ都市で、百瀬氏が映画の自主上映を始めた一九七〇年時点の総人口は約16万2千人である（国勢調査より）。当時、市中心部には縄手通り等を中心に映画館が林立し（まつもと一箱古本市実行委員会編 2020）、テレビの普及で映画産業は斜陽化しつつあったが、市内の高校に映画研究会が組織され(4)、松本中央劇場(5)などの映画館も関与した映画サークルとして「松本シネクラブ」が一九六八年に結成された(6)。同クラブは映画について語り合う例会や自主上映を行う特別例会を開催し、一九六八～七三年まで機関誌『MCC』を発行した。創刊号1面（図2）には、松本中央劇場の経営者の藤本徳次氏と松本深志高校教員の藤岡改造氏が顧問として寄稿し(7)、百瀬氏も寄稿者となった。同クラブ(8)は最盛期に120名の会員を擁し、規模を縮小しながらも現存している(9)。

百瀬氏は高校卒業後の一九七〇年代前半から松本市内を中心に多くの映画の自主上映を行い、自身も農家であることから、小川プロ作品を重視した。自主上映の出発点となったのは松本シネクラブでの上映経験である。百瀬氏は同クラブで運営委員(10)や幹事(11)を務め、一九七〇年に自身が中心となって映画『夜と霧』（アラン・レネ監督 1955）を上映した。

百瀬氏にとって自主上映とは、地域を変革しようとする試みだった。同氏は『MCC』創刊号に寄せた文章を「私は東京にあこがれている」との一文から始める。ここには上映本数の多寡ではなく、多くの映画が上映されても、自身が観たい作品は上映されないとの意味が込められている。同氏は「地方だから仕方ないのかもしれない。では地方に住む者は、一生見たい作品を見ずに終るのか」と問いかけ、文末はこのように結ばれている。

> ATGチエーンで公開される前、松本でも『戦艦ポチョムキン』を見る機会に恵まれた。それは劇場公開でなく、自主上映であった。今や、興行者側の善意に甘えてだけいる時代は過ぎた。全国でもその機運が盛り上がり、各地でシネ・クラブ運動がおこっている。私のあこがれの東京でも、積極的な活動が行われている。松本にも、シネ・クラブが生まれた。将来「松本シネ・クラブ」の持つ意味は大きく、サロン的な小さな世界にだけとじこもる事は許されないであろう。(12)

松本シネクラブに集った人々の動機づけはさまざまだった。名画の鑑賞や映画に関する談話の機会を求めた人々、高校卒業後も映画サークルに関わり続けたかった人々、そして映画の自主上映を通して地方文化や鑑賞者の日常生活に変革を起こそうとの意図を持った人々が共在していた。

一九六八年の結成から一九七〇年代にかけて松本シネクラブ内で映画と社会の関係をめぐってどのような議論や論争が展開されていたのだろうか。サロン的な運営方法に関する議論が行われていたことが先に引用した『MCC』から垣間見える。後に松本シネクラブの代表になり、現在も百瀬氏と親交を持つ嶋田嘉一郎氏も、一九七〇年の『MCC』にこのように寄稿した。

図3　松本シネクラブ資料　紙ファイル（表裏）
第1回訪問時（2018年12月）に百瀬氏より寄贈

> 映画に娯楽性を求めるならば、娯楽を本来の姿にひき戻し（現在の既成の娯楽は、社会矛盾をどうしようもないものだとして、少しでも、それから遠ざかり、目をつむり、忘れようとして、逃避するものだと考えられている）映画を我々の目として現在の社会矛盾を分析し、告発すべきではなかろうか。そう考えてくると、各映研（シネクラブも含めて）が、シネクラブのもとに結集して、少しでも住みよい社会を作る為に、文化の向上をはかることが出来たら又そうあらねばならないという結論に達するものである。⒀

その後、百瀬氏は『MCC』No. 34（1971年12月号）に「解体せよ!!MCC!!」と寄稿し、「サロン的ファンクラブを打破」できなければ「劇場に身売りすべきである」と提起した。映画愛好者の集まりに居場所を得ながらも、それに飽き足りない思いもあったことがうかがえる（図3）。

小グループによる自主上映の展開

百瀬氏は一九七一年から「シネマ・4・27」「シネマアクター72」「松本自主映画の会」などのグループを数名の有志で結成し、一九七二年から一九七四年にかけてNDUや小川プロ等の作品を市内各所で数多く上映した。百瀬氏が中心となって行った一九七〇年代の自主上映運動は、数名の小グループで行った一九七〇年代前半と市内外の諸団体のつなぎ役を担った一九七〇年代後半に大別することができる。

百瀬資料から、同氏が自主上映で代表者や事務局などを務めた作品のうち、上映年月日を特定ないしは推定できた映画作品や上映会場をまとめたのが次頁の表である。同氏は一九七〇～二〇〇九年まで、三九年にわたり、松本市内外の仲間といくつも小グループを結成し、多くの映画作品を松本市内外で上映した[14]。

表は、上映年月日が特定ないしは推定できた事項のみ記しており、チラシやポスター等が残されていても上映時期が判明しないケースは除いているため、あくまでも二〇二一年一月時点の判明分である。たとえば、小川プロ作品のうち『どっこい！人間節 寿・自由労働者の街』（1975）や山形シリーズの『ニッポン国古屋敷村』（1982）の松本上映ポスターが百瀬資料に残されているが、上映時期が判明しないため表から除いている。一九八〇年代以降の上映記録は未判明分も多くあるため、聞き取り調査を継続しながら、地元紙やタウン情報誌等からの情報補充を続けている。そのため、以下の記述は主として一九七〇年代に限定していく。

映画の商品化への抵抗としての自主上映

百瀬氏が自主上映に込めた意味づけとはどのようなものだったのだろうか。一九七〇年代前半に百瀬氏はいくつかの文章を書き残している。

まず、一九七〇年の『ＭＣＣ』への寄稿文を参照する。百瀬氏は次のように述べる。

> 今、我々は自らの手により映画に接する場を作り出さなければならない。受け身的観客としてではなく、創造的観客として、映画を映画とみる運動が必要だと思う。
>
> 私は新しい視点から映画を見直したい。興行ルールにのらない作品の中から輝く作品を発見したい。混乱した映像の中から素晴らしい新鮮な映像を捜したい。もう一度映画を通じて自分を発見してみたい。自分を作り出していきたい。[15]

百瀬氏は、翌一九七一年一一月に沖縄戦での集団自決を取り上げた記録映画『それは島』（間宮則夫監督 1971）をはじめとする三作品[16]の連続上映会を行った。このときの上映報告文に、「映画の商品化の否定」と「ささやかな地域的運動」という語句が現れる。

> 映画の商品化を否定し、私たちの観たい映画を私たちで上映し私たちが観ていきながら、映画を問いなおし明日の私たちの映画を考えていこうと思います。私たちの観たい映画のほとんどが映画資本におさえられていて、また財政的にも、私たちの上映できる作品は限られています。プログラムが、参加数が会の存在を決めるものではないという姿勢から、ささやかな地域的運動として始めようと思います。[17]

「映画の商品化を否定」とは映画に関わる経済行為を全般的に

百瀬範明氏が関わった自主上映作品一覧（判明分のみ）

上映年月日	会場	上映作品	開催主体
1970年 8月23日	松本市厚生文化会館	夜と霧	松本シネクラブ映画研究会
1971年11月21日	松本市厚生文化会館	沖縄，生きる，それは島	シネマ・4・27
1971年11月22日	松本市厚生文化会館	沖縄，生きる，それは島（討論会）	シネマ・4・27
1972年 4月15日	松本市厚生文化会館	三里塚・第二砦の人々	シネマアクター72
1972年 4月16日	諏訪市大手町公民館	三里塚・第二砦の人々	諏訪地区上映実行委員会，シネマアクター
1972年 5月20日	信州大学教養12番	戦艦ポチョムキン，人間みな兄弟	シネマアクター72
1972年 5月27日	信州大学教養30番	河：あの裏切りが重く，ある機関助手，信濃風土記・小林一茶	シネマアクター72
1972年 5月28日	松本市宮村町公民館	河：あの裏切りが重く，ある機関助手，信濃風土記・小林一茶	シネマアクター72
1972年 6月10日	松本市勤労者福祉センター	モトシンカカランヌー	シネマアクター72
1972年 6月10日	信州大学教養12番	松本4.28	シネマアクター72
1972年 7月 9日	松本市厚生文化会館	パルチザン前史，ブラックパンサー	シネマアクター72
1972年 9月23日	松本市勤労者福祉センター	在韓被爆者無告の26年・倭奴へ，さんや'68冬	シネマアクター72
1972年10月 1日	松本市厚生文化会館	日本解放戦線三里塚の夏	シネマアクター72，グループシコシコ
1972年10月 8日	松本市厚生文化会館	日本解放戦線三里塚の夏	シネマアクター72，グループシコシコ
1972年10月14日	信州大学教養12番	赤軍－P.F.L.P世界戦争宣言，9.3あさま	松本地区上映委員会（シネマアクター72が参加）
1972年10月15日	松本市厚生文化会館	三里塚・第3次共生測量阻止闘争，9.3あさま	シネマアクター72
1972年10月22日	松本市厚生文化会館	三里塚・第二砦の人々	シネマアクター72
1972年10月29日	松本市厚生文化会館	三里塚・岩山に鉄塔が出来た	シネマアクター72
1970年 1月22日	銀映座	空，みたか？	松本上映委員会
1973年 1月30日	信州大学教養12番	三里塚・岩山に鉄塔が出来た	寒風社，シネマアクター72
1973年10月17日	松本市厚生文化会館	アジアは一つ，沖縄公用地暫定使用法	シネマアクター
1973年11月19日	信州大学教養12番	塹壕，続塹壕	上映軍団ATK
1974年 6月 8日	松本市厚生文化会館	三里塚・辺田部落	松本自主上映の会
1974年 7月 2日	松本市民会館	襤褸の旗	「襤褸の旗」松本上映委員会
1976年 1月23日	松本市厚生文化会館	不知火海	映画「不知火海」を上映する会
1976年 1月24日	松本市厚生文化会館	不知火海	映画「不知火海」を上映する会
1977年10月15日	松本市厚生文化会館	医学としての水俣病：第1部，第2部，第3部	映画「医学としての水俣病」を上映する会
1977年10月16日	松本市厚生文化会館	医学としての水俣病：第1部，第2部，第3部	映画「医学としての水俣病」を上映する会
1989年 2月 2日	豊科町南安曇庁舎	ニッポン国古屋敷村	南安曇農業改良普及所，南安曇生活改善グループ連絡協議会
1999年 2月 7日	松本市中央公民館	越後奥三面：山に生かされた日々	『越後奥三面』を観る会
2000年 1月27日	松本市中央公民館	忘れられた子供たち：スカベンジャー	『忘れられた子供たち』上映実行委員会
2002年 3月23日	松本市中央公民館	神の子たち	『神の子たち』上映実行委員会
2002年 3月24日	松本市中央公民館	神の子たち	『神の子たち』上映実行委員会
2003年12月 7日	松本市中央公民館	満山紅柿	松本映画研究会
2004年 1月18日	松本市中央公民館	日本解放戦線三里塚の夏，日本解放戦線三里塚	松本映画研究会
2004年 2月 1日	松本市中央公民館	三里塚・第三次強制測量阻止闘争，三里塚・第二砦の人々	松本映画研究会
2004年 3月 7日	松本市中央公民館	三里塚・岩山に鉄塔が出来た，三里塚・辺田部落	松本映画研究会
2004年 3月21日	松本市中央公民館	三里塚・五月の空 里のかよい路	松本映画研究会
2004年11月 7日	松本市中央公民館	鉄西区・第一部	松本映画研究会
2004年11月14日	松本市中央公民館	鉄西区・第二部	松本映画研究会
2005年 1月30日	松本市中央公民館	生命：希望の贈り物	松本映画研究会
2006年 9月 3日	松本市中央公民館	三池：終わらない炭鉱の物語	松本映画研究会
2009年 1月10日	松本市勤労者福祉センター	NAKBA	松本映画研究会
2009年 2月 2日	松本市勤労者福祉センター	NAKBA	松本映画研究会

（資料）百瀬資料より筆者作成

否定する意味ではない。自主上映は、制作者からフィルムを有償で借りる活動であり、金銭のやり取りが伴った。後述するように、百瀬氏は、制作者とともに、自主上映を持続できる経済基盤の確立に苦闘していた。また、「ささやかな地域的運動」という語句からは、観たい映画を地元で上映する取り組みを小さくとも続けていこうとの意思をうかがわせる。同氏は以後、戦争、社会紛争、公害などを主題とした映画を一九七〇年代から松本市内で上映する活動を始めていく。

百瀬氏は一九七二年に、自主上映を行う小グループとして、シネマアクター72を信州大学生二名とともに結成し、松本市厚生文化会館や信州大学の教室を会場に、小川プロダクションやNDU作品等を頻繁に上映し、諏訪方面で企画された小川プロ作品の上映への協力なども行っている。一九七二年に上映したNDU作品『モトシンカカランヌー』(1971)の上映趣意書には、先述の上映姿勢がより明確に示されている。

我々は与えられる映画によって支配され、我々の感性を育てられてきた。そのように作られた感性は今、我々をがんじがらめに縛りつけている。我々シネマアクターは、そこを断ち切ったところから生活の中に表現を、生きた映画を、我々の映画を求めて模索を始め、試行錯誤を繰り返している。我々は「観るもの」との出会いによって、活動を行って来たが、それは我々自身を「視ること」であり、それによって我々を変革させていく。(18)

4 「三里塚シリーズ」の自主上映

一九七二年『三里塚・第二砦の人々』上映会

百瀬氏が一九七〇年代に行った自主上映の中でも、特に注力したのが小川プロ作品の「三里塚シリーズ」であった。上映主体は先述のシネマアクター72や松本自主映画の会等だった。これらは少人数のグループで、百瀬氏が中心となって動いていた。上映にあたり、同氏は上京して小川プロのスタッフに相談に行ったという。

三里塚シリーズの松本上映にあたり、百瀬氏が小川プロに送付した書簡や上映レポートが現在に残されている。通常、この時期の書簡類は、下書きやカーボンコピーを除けば、発送者の手元に残らず、内容を確認することはできないが、小川プロは多くの資料を保管しており、筆者蔵の百瀬資料と空と大地の歴史館収蔵の小川プロ資料を重ね合わせることによって、一九七〇年代の松本市での小川プロ作品の自主上映にかかる経過の一端を把握することができる。ここではシネマアクター72が開催した一九七二年四月一五日の松本市での『三里塚・第二砦の人々』(1971)上映会と翌一六日に諏訪市内で諏訪地区上映実行委員会が主催し、シネマアクター72が開催協力した同作品の上映記録を見ていく。

百瀬氏から小川プロ宛の上映報告書には、四月一五日の松本上映は「参加人数60名(大学生7割、高校生2割、一般1割)」

で、翌四月一六日の諏訪上映は「参加人数22名（高校生7割、一般3割）」と記載され、いずれの会場にも警察官が付近で参加者数を調査していたと記されている(19)。いずれの会場でも観客の多くは若者であった。松本上映の報告文では「穴の中のシーンのところで、若干の親しみのある笑い起る」と記され、これは農民が土地収用への抵抗として地下壕を掘り、その中で生活する場面への観客の反応と推測される。他方で、報告文からは、観客の反応を一枚岩で括ることができないことにも気づかされる。ここでは上映後に苦悩する自主上映者の姿も想像される。

電柱にステッカーを張り、チラシまき、券の前売りをして、多くの人々にPRしたが、参加者は少なかった。「三里塚」の敵権力とマスコミの報道によって作り上げられたイメージの解体は困難である。意識的にとらえる人は別として「でも空港はどこかにつくらなければいけないでしょう」「どっちも暴力はいけない」「三里塚の極限状態は私たちには関係ない」というような高校生の正直（?）な言葉におどろいてしまった。映画とは何をなしうるか。高校教員（中年）が三巻中頃で「これは良い映画だ」といってためらっていたカンパをしてくれた。（同上報告書）

三里塚シリーズを観客はどのように受容したのかという問いに応えるためには、観客の反応が記された多くの一次資料をできるかぎり網羅的に精査する必要があり、時期や地域差を想定した観客分析が必要である。松本上映や諏訪上映は自主上映者と小川プロの双方に資料が残された稀有なケースかもしれないが、小川プロ作品の観客への受容を論じるためには、各地の自主上映資料を掘り起こしつつ、同プロが集積した観客に関する資料を網羅的に検討する必要がある。

小川プロ作品の観客に関する先行研究で、阿部マーク・ノーネスは、三里塚シリーズの一作目にあたる『日本解放戦線・三里塚の夏』（1968）の観客の感想文等を集計して観客分析を試み、同作品の観客が三里塚闘争への共感を示し、支援活動への関与意欲を示した者が多かったと述べている（ノーネス 2010: 55-7; Nornes 2006: 98-101）。

だが、この見解を小川プロ作品の受容のあり方として一般化することは困難である。この見解の根拠として使用されている資料は関東圏で上映会を行った運動体が作成した質問紙への回答票だが、質問文に誘導質問文が含まれている。また、研究者が約400の回答票から200票を有為抽出しており、研究者側の恣意が介在することも排除できない分析方法である。日本国内の研究者が小川プロ資料の整理や活用を積極的に行わないなかで、限られた調査期間で遠方から調査を行った事情を考慮したうえでも、先述の観客分析には課題点があると指摘せざるを得ない。今後、こうした課題を克服するために、社会学、歴史学、アーカイブズ学、映画学等の専門家が連携して小川プロと各地の自主上映者が残した資料を研究していく必要がある。

シネマアクター72の三里塚シリーズ上映は、ときに冷ややかな反応に直面しながらも、百瀬氏と同世代の若者との出会いも生んだ。シネマアクター72が上映仲間の信州大学生の卒業によって解散を余儀なくされた時期に発行されたビラから、松本市内で三里塚シリーズの上映が他に行われていたこと、先行者と百瀬氏たちとの出会いがあったことが記されている。どちらのグループも数名規模と思われるが、人口約16万人の地方都市にあっても、自主上映者間に偶然の出会いがあり、そこから連携関係が生まれたことを示す資料である。

我々は連日連夜のステ張り・ビラ入れの宣伝活動のなかで、我々の上映会より少し以前に『三里塚・第二砦の人々』がすでに松本で上映されていたことを知った。その上映をした諸君とはいつか会えるであろうと思っていた時、我々の上映会を知って彼らの方から尋ねてきた。彼らは「グループ・シコシコ」といって「全三里塚作品上映会（準）」を作って、連続上映を企画しており、試写会として『第二砦の人々』を上映したところであった。彼らは我々がこの作品だけを取り上げて上映することに対して、我々の意図・考えを問いに来たのであった。我々の上映に対し、一応納得してもらい、我々としても連続上映の時は協力したいと伝えた。彼らは、「試写会参加諸君へ」というチラシを作り、我々シネマアクターの上映会への参加を呼びかけ協力してくれた。(20)

シネマアクター72の自主上映運動は、継続のための資金を必要とする経済活動でもあった。ときに、観客の獲得をめぐって制作者と課題を共有することもあった。百瀬氏は小川プロスタッフに宛てて上映運動の苦境を伝える書簡を送っており、そのことが小川プロスタッフから届いた返信の内容から推定できる。一九七二年一〇月に松本で上映された映画『岩山に鉄塔が出来た』（1972）の準備過程でのやりとりで、百瀬氏は小川プロスタッフの野坂治雄氏からこのような返信を受け取っている。

どの上映会も五〜六年前とは異なり、映画をやれば人が集る状況ではないようです。恐らく出逢いが（上映を担っていく人々と観に来てくれた人々と映画との）深く密になっていくことはますます少数化することだという確信を強引に持っていくことすら大事なのではないかと思います。小川プロのスタートの時、『青年の海』の第一回試写会に人は何人来たというのでしょうか。たった二人ですよ。しかも友人二人です。『圧殺の森』という映画に人々が来るなどということはスタッフの誰が甘い期待をしたでしょう。私たちはこのような状態から生まれた映画運動であることをとても大事な基点にしていこうと思っています。もちろん多くの人々が来てくれること、より多くの人々が映画を観てくれることを期待し、活動することを一日も忘れたことはありません。ただ、ぼくたちはたとえ観に来る人が一人になったとしても上映はやり続けるつもりです。(21)

野坂氏は、同じ書簡で「本当に映画を創ることなどより、映画を人々に受け渡していくことの方がどれ程困難かわからないと思う時があります」とも記している（同）。フィルム借用にかかるやりとりの中で、自主制作、上映上映の方式を取る映画作品ならではの課題が双方で共有されていた証左と言えよう。

一九七四年『辺田部落』の上映会

シネマアクター72は上映仲間の信州大学生の卒業に伴って、結成から二年弱で活動を休止した。先述のように、その後、百瀬氏は松本自主映画の会を結成し、一九七四年に映画『三里塚・辺田部落』（1973. 以下、『辺田部落』）の松本上映に注力した。同作品は、三里塚シリーズの第六作に位置づけられ、それまでの作品とは異なり、空港反対運動に向き合う村落社会の日常生活が前面化する構成になった作品である。百瀬氏は農家として『辺田部落』に特別の思い入れを持っていた。約十年後の一九八三年時点に一九七四年当時をふりかえった記録だが、百瀬氏は同作品への思い入れをこのように記す。

> 辺田部落は松本で上映される動きもなく、戸村選挙[22]があって、やっと僕は上映を決意した。一年近く想い続けてきた熱い気持をこの上映会に注いだ。一八〇人位来てくれただろうか、（目標は三〇〇人だったが）熱気のムンムンする上映会で、新しい人とも出会った。さらに須坂、長野、大町、塩尻、岡谷とそれぞれの地区の人たちの手によって上映の場が創られ、僕らはフィルムを持って回った。二〇〇人位の人たちに観てもらっただろうか。僕は『辺田部落』が好きである。[23]

シネマアクター72の上映活動は概ね松本市内に限られていたが、『辺田部落』の上映は県内の複数地域で実施され、松本市よりもより人口規模が小さく、大学等の機関が立地していない地方中小都市でも上映が行われたことがうかがえる。

しかし、一九七四年の『辺田部落』自主上映の当時、百瀬氏たち自主上映者の心境には苦しいものがあったことが、百瀬氏から小川プロ宛に送られた書簡からうかがえる。上映当時、百瀬氏は『辺田部落』松本上映に向けてこのように述べている。

> ポスター、パンフできましたので送ります。思うような宣伝もできず、組織も頼れず、苦しい状況です。いらだちとあせりの中で、肉体的にも精神的にも疲れ、頭が痛い状態です。この上映を通し、いろいろ考え、今後の僕の活動にプラスの方向に持っていきたいと思います。どんづまりの状態で上映を保障できるか疑問もありますが、何とか努力していこうとしています。[24]

少人数で企画する自主上映は、赤字を伴うこともあり、労力と費用の両面で楽な活動ではなかった。だが、松本自主映画の

図4　『辺田部落』上映会チラシ　松本市厚生文化会館（1974年6月8日）

会はさまざまな工夫を凝らして『辺田部落』上映を実行した。図4は、一九七四年六月八日に松本市厚生文化会館で開催された『辺田部落』上映の宣伝チラシである。松本自主映画の会は、このチラシを自主制作した。また、特別鑑賞券（前売り券）も赤色と青色の二種類でケースを自作した。

小グループでの自主上映は、先述のように苦難が多く、観客から共感が返ってくるとも限らない場であった。それでも三里塚シリーズを継続上映しようと思ったのはなぜなのか。このことを直接に記した一次資料にはまだ出会えていないが、二〇一八年に実施した聞き取りで、百瀬氏はこのように応えてくれた。

そうだね。あの時は小川プロ。三里塚の映画があるっていうことを知ってて、それで自分たちも見たいなっていう気持ちがそこにあって。そこで、政治集会みたいなところで小川プロの作品が上映されたようなことはあるかと思うんだけれども、もっと広い範囲で見てもらおうかな、なんて思って、それであれ（上映）したんだけども。三里塚の映画を上映するってことで、何で上映するんだっていうふうな、そういうことを尋ねてきた人もいましたよね。それでその人たちとまた一緒になって三里塚の映画を連続上映なんかもやったりして。（2018年12月7日、百瀬範明氏への聞き取り記録より。聞き手：相川陽一）

三里塚に関しては自分の家が農業で、土地を取られるってことに対して共感する部分があったんですよね。それでなかなか見る機会もないってことで、また多くの人に見てほしいなっていうような気持ちの中で三里塚の上映。（2019年1月19日、同）

政治集会以外の場で、しかも映画を観ることに特化した場で上映することへのこだわり、そして、ともに農民であるところから発する共感が、三里塚シリーズの自主上映に取り組んできた百瀬氏を支えていたといえよう。三里塚闘争への関心を松本の人々に喚起することも意図しつつ、政治集会ではないところで上映することを意識していることの意味を考える必要がある。百瀬氏にとって小川プロ作品は、主義主張のみの伝達や動員のための手段ではなく、自主上映会は運動への共感を喚起する場であると同時に、芸術作品としての価値を共有する場としても意図されていたのではなかろうか。

飛び交うフィルム

メディア研究の視点から、当時の自主上映運動をふりかえるとき、経験者にとっては自明なことともいえるが、自主上映の実施にあたってはモノとしてのフィルムのやり取りが必要であった。重量物でもあるフィルムが制作者等から自主上映者に貸し出され、各地を飛び交っていたことにも触れておきたい。

一九七〇年代前半に小川プロの事務所があった都内から松本市まで、映画フィルムを輸送する際には、鉄道が利用されていた。都内から国鉄中央線経由で送られたフィルムは松本駅留で百瀬氏のもとに届き、返送されていた。例えば、一九七二年一〇月五日消印で小川プロから百瀬氏に宛てた電報文には「フィルムマツモトエキドメデオクツタカクニンシテクダサイ」オガワプロ」とある(25)。このようなやり取りが各地でなされていたのだろう。空と大地の歴史館収蔵の元小川プロ資料内には、小川プロが各地とフィルムのやり取りを記した領収証等があり、鉄路や空路を使用していた経過を探索中である。

また、自主上映者はモノとしてのフィルムの取り扱いに習熟している必要もあった。上映現場ではフィルムにトラブルが起きる可能性があったからである。小川プロは各地の自主上映者からフィルムを返却する際に、上映会の入場者や観客の反応等を記す上映報告書を同封する仕組みを設けており、上映報告書内に「プリント点検」欄が設けられ、「1　2000 ftリール」「2　巻き戻し」「3　損傷」の有無を上映者が記入する方式だった。「プリント点検」欄にはフィルム損傷が「有」の場合の記入項目として、「損傷の様子」「損傷時の状況」「処置」の3項目があった。小川プロが保管していた上映報告書内には、一九七二年四月一五日から同一六日にシネマアクター72が松本市と諏訪市で行った映画『三里塚・第二砦の人々』の上映報告書の「プリント点検」欄に、百瀬氏の筆跡で、「損傷の様子」欄に「三ヶ所」、「損傷時の状況欄」に「フィルム切れ（1巻目最初）」、「処置」欄に「映写開始直後 接合」と記されていた。百瀬氏が上映現場でフィルムを補修したことがうかがえる(26)。

5　『不知火海』自主上映へ

地域の諸団体のつなぎ役として動く

一九七〇年代半ばから、百瀬氏の自主上映運動は、松本圏域のさまざまな運動体をつなぐ取り組みとなった。画期となった自主上映運動は、青林舎の水俣シリーズの松本上映である。

百瀬氏は、一九七四年に『辺田部落』上映を行った後に、一九七五年秋から一九七七年にかけて映画『不知火海』（1975）と『医学としての水俣病』三部作（1974. いずれも土本典昭監督、青林舎）の松本市での上映に取り組んだ。これは小グループではなく、「映画「不知火海」を上映する会」を作り、協力・推薦団体として地域の反公害団体や労働組合と松本シネクラブ等の映画サークルが参加した。この自主上映運動は、数名の信州大学生と行ってきたそれまでの運動よりも、関与する主体が格段に増え、規約等を有する公的団体も参画した。このこともあったためか、上映活動に関する詳細な報告書が残されている(27)。

また、これまでの百瀬氏の自主上映では見られなかった動きとして、水俣シリーズの上映に際して、松本市と同市教育委員会の後援も得た。行政機関の後援経緯は同作品に優秀映画観賞会での認定がなされたことが要因と推測され、名義のみ後援を許可する旨の書類が残されている。『不知火海』上映運動は地域の反公害団体や労働組合と連携し、幅広い主体の参加を経て、百瀬氏にとって、これまでにない規模のものとなった。

「映画「不知火海」を上映する会」の構成団体は、上映報告書の掲載順に、昭和電工塩尻工場粉塵公害被害者同盟、公害環境対策市民の会、松本地区労働組合評議会、松本市職員労働組合、信州大学公害問題研究会、松本シネクラブである。反公害団体と松本シネクラブが並んでいるところに、取り組む分野の垣根を超えた連携が地域内で一時的にせよ、成立していたことをうかがうことができる。

このうち、昭和電工塩尻工場の粉塵公害に取り組んでいた三浦敏正氏は一九七五年一一月二九日に開催された『不知火海』試写会に参加しており、この上映を通じて百瀬氏と交流が生まれた。三浦氏は東京大学の教室を使用して行われていた自主講座「公害原論」に塩尻市から通っており、最も遠くから通う受講者だったという(28)。昭和電工は、新潟水俣病の原因企業でもあり、生じていた公害の様態は異なれども、松本圏域の反公害団体が水俣シリーズの上映に呼応した(29)。

水俣シリーズ上映運動の軌跡

三里塚シリーズの自主上映運動と同様に、水俣シリーズの上映も、自主上映をめぐる経済の問題を捨象することはできない。百瀬氏は青林舎スタッフと自主上映をめぐる費用の相談とともに、自主上映の場づくりに関して書簡を交わしており、同スタッフからの書簡には、自主上映の場や団体を制作者と各地の自主上映の担い手が連携して維持する必要も述べられている。

> 御手紙拝見いたしました。困難な中での種々の活動、本当に頭の下がる思いです。私たちも、映画をつくるだけでなく、その普及の問題についても一貫して様々な試みを行ってきましたが、どれもうまく完遂出来たとは思えません。現状は〝制作〟〝批評〟はそれなり動きえてはいても、結局〝普及〟の問題は未解決のままとりのこされているという次第〔原文略字〕です。さらには一人一人の〝個人〟の力を頼らざるをえず、加えて、そこに経済の問題が登場する、というより、時としてはそれこそが中心課題になるというシンドサがあります。(30)

この書簡の作者は、後にキャメラマンとなり、水俣に関する記録映画の連作をはじめ多くの記録映画に携わってきた一之瀬正史氏である。同氏は制作者と自主上映者の相補的な関係構築を目指すかのように、「私たちの、各地で上映を担って下さる方に対す基本的態度」を「特に経済問題について」と付記して、このように記している。

a)青林舎のみが〝フィルム代〟という名目で上映収入の全てを吸い上げることは一切しない b)上映主体の次の何らかの活動を保障していく意味で、上映収入の一部をこれにあてる c)私たちの映画を上映してくださることで、上映主体が後退的に解散する方向は避けたい（積極的解散は時としてありうる？） d)私たちの映画を上映して下さることで、映画の内実だけでなく、上映主体自体が、少しづつでも地域に根が張れる一助になれれば……。

映画『不知火海』の上映運動の軌跡について先述の上映報告書（注27）を手がかりにふりかえると、上映運動は、一九七五年一一月八日の「映画「不知火海」を上映する会」の結成に始まり、翌一九七六年一月二三日、一月二四日に上映が行われ、二月一八日に最終会合を開催して上映する会を解散している。百瀬氏は事務局員として参加し、諸団体の間をつなぐ役割をはじめ、上映運動の中心的な役割を担った。この報告書によると、両日の入場者数は396名で、チケット売り上げ数は692名であった。ここから、カンパの意味でチケットを購入した団体もあることが推測される。入場者396名のうち200名は信州大学関係者であった。また、チケット代金の回収金額の合計は約32万円で、うち約14万円が信州大学の関係者であった。当時の松本市の社会運動における同大学の存在の大きさをうかがわせる。

大学関係者に比較すると入場者数は多くはなかったが、高校生への呼びかけも試みられた。協力団体となった松本シネクフブで顧問を務めていた藤岡改造氏は、勤務先の松本深志高校宛に前売り券販売の依頼状を作成するなどの取り組みを行い(31)、高校関係者の入場もあった。松本シネクラブから反公害団体や労働組合員、大学生、高校生まで、百瀬氏が一九六〇年代後半から松本市域で築き上げてきた人的なつながりが集大成されたかのような上映主体と入場者の構成であった。この取り組みは、翌一九七七年に連作『医学としての水俣病』松本上映につながっていった。

水俣シリーズ以後の上映活動

一九八〇～九〇年代にかけての上映活動の概況は、未確認の事項もあり、別稿を作成する必要があるが、百瀬氏は一九七〇年代半ばから後半に取り組んだ『不知火海』上映で生まれたつながりをもとに、小川プロが山形に拠点を移した後に制作した作品『ニッポン国古屋敷村』（1982）を一九八〇年代に松本市内で上映した。また、同作品は行政機関の主催する行事でも上映され、同氏の自主上映運動では、これまでにない場での上映となった。それが一九八九年に豊科町で開催された「あずみの

百瀬範明氏。自身で撮影した8ミリフィルムを再生する
相川陽一撮影（2020年12月14日）

農村婦人の集い」（南安曇農業改良普及所、南安曇生活改善グループ連絡協議会共催）での『ニッポン国古屋敷村』の上映であり、上映に先立ち、「映画を通じて農業問題を考える」の演題で百瀬氏が農業問題研究家として講演を行った(32)。

その後、二〇〇〇年代に百瀬氏は職場を早期退職し、有志で松本映画研究会を結成して、松本市内の公民館等で自主上映を活発に行い、二〇〇四年には本稿前半で言及した三里塚シリーズ上映を約三十年ぶりに行った。

一九七〇年代の自主上映と二〇〇〇年代の自主上映では、同じ作品を上映していても、上映に向かう動機づけや目的は異なる可能性があり、三里塚シリーズの二〇〇〇年代の上映活動の解明は今後の課題である。

百瀬氏の自主上映史をふりかえる際に、同氏による映画制作の試みにも触れておきたい。二〇二〇年一二月、百瀬氏の書斎より、一九七〇年代前半に自身が撮影した数本の8ミリフィルムが見つかった。これらは一九七二年にシネマアクター72が制作し、松本市内で上映を試みた『松本4・28』と『あさま9・3』であった（表）。百瀬氏宅にある映写装置を用いて前者の作品の冒頭部分を再生したところ、保存状態は良好で、松本市内でのデモ行進等の様子が撮影されていた（写真）。現在、これらの8ミリフィルムを借用し、デジタル化を進めている。

6　結語——百瀬資料からの提起

一九七〇年代を中心に、百瀬氏が中心的な役割を務めた自主上映運動を跡づけてきた。本稿では、主として一九七〇年代の松本市で展開された記録映画の自主上映運動を事例に、映画を観るという行為が地域住民の発意による自主上映の形態で行われる場合に、映画の制作者と観客という二元論的な主体の把握方法では捉えることのできないアクターが創出されたことを述べた。制作者や映画作品に共感し、それらを地域に広める活動を自主的に展開した自主上映者というアクターである。かれらは制作者と観客の間に在って、自身が能動的な媒介者となり、作品のみならず、自主上映が行われる地域の諸課題も込めたメッセージを地域社会に発信してきた。自主上映運動からは、上映趣意書、ガリ版刷りのビラ、制作者と自主上映者が交わした書簡、フィルム借用にかかる請求書や領収証、上映会の収支報告など、映画資料と社会運動資料が混然一体となった資料が生み出された。百瀬資料からは、自主上映運動に向かう動機づけや自主上映運動の過程で形成された人的なつながりなどが時期を追って垣間見えた。

本論文を閉じるにあたり、筆者が整理活用を進めている松本市での記録映画の上映運動資料から提起し得る論点を示したい。

第一に、記録映画研究やメディア研究の観点からは、記録映画の自主上映にかかる主体把握において、制作者と受容者に関係主体を単純化せず、両者をつなぐ媒介者の位置に自主上映の企画者の存在を見出すことができるのではないか。本稿では、自主上映者に焦点を当て、自主上映運動の地域展開を追った。

第二に、社会運動史の観点からは、職業的活動家ではなく、モラトリアム期にある大学生でもなく、賃労働や育児等を背負った一人ないしは少数の住民有志が、労苦も経て自主上映運動を続けたことの意味を解明するという課題がある。このことにより、「若者の異議申し立ての時代」として記憶される一九六〇~七〇年代の運動主体を大都市圏の大学闘争の担い手に閉じ込めることなく、主体の「すそ野」の広さを示すことができるのではないか。そして、本稿で記述した二〇〇〇年代まで続いてきた記録映画の自主上映運動は、一九六〇~七〇年代の時期における青年の政治的主体化が一過性のものに終わらず、地域で持続した事例としても位置づけることができるのではないか。

第三に、地域内外での人的なつながりの観点から、松本市における一九七〇年代の自主上映運動を捉えることの意義がある。自主上映運動の地域展開の視点から、大学や文化施設が多数立地する松本市の文化運動史を跡づけることも可能だろう(33)。そして、百瀬氏は、長野県内外で頻繁に手紙をやりとりしており、映画作品に関する情報交換や議論を交わしていた。長野県内では、上田市、塩尻市、木曽地域等とのやり取りの記録があり、遠くは鹿児島県との情報交換も行っていた。ときに孤立しながらも、自身が暮らす地域の内外で情報交換や討論を続けてきた自主上映者間のつながりを可視化することも必要であろう。今後は、本稿で扱った松本市の上映運動史を二〇〇〇年代まで跡づけながら、他の地域の事例との比較を試みていきたい。

謝辞

自主上映資料を寄贈いただき、インタビュー調査にご協力いただいた百瀬範明氏に心より御礼を申し上げる。成田空港 空と大地の歴史館には資料調査の機会をいただいた。一之瀬正史氏より書簡の引用に許可をいただき、山上徹二郎氏（株式会社シグロ）には一之瀬氏をご紹介いただいた。野坂治雄氏より書簡の引用に許可をいただいた。記して感謝申し上げる。本論文はJSPS科研費18K00969, 21H00569, サントリー文化財団研究助成「学問の未来を拓く」、国立歴史民俗博物館総合資料学奨励研究（公募型）、長野大学研究助成金による研究成果である。

注

（1）非映画館型の自主上映会は、大手配給会社が扱わない映画作品等を鑑賞するために、市民の発意によって公共施設等を会場に開催され、二〇二〇年代の現在もコミュニティシネマ活動として各地で実施されている（村山2004）。戦後における自主上映の展開について近年の先行研究には、一九五〇年代を対象として一次資料と聞き取り資料に基づいた考察を行った佐藤洋（2010）、一九六〇年代後半から活動したＮＤＵ（日本ドキュメンタリストユニオン）の自主上映を対象に映画学と社会運動の社会学の知見を駆使した畑あゆみ（2011）、関西圏での一九七〇年代の自主上映を扱った田中晋平（2017; 2019a; 2019b）や小川プロダクション作品の上映空間を取り上げた田中晋平（2020）の研究などがある。本稿で扱う小川プロダクション作品の自主上映も、東北地方を拠点に地域に上映を働きかけた制作者自身による文章が残されており、それ自体が自主上映とは何かを問う論考ともなっている（湯本 1971）。戦後日本の記録映画史において多々言及される小川プロについては、映画監督の小川紳介の存命中からアプローチを重ね、資料調査と聞き取り調査を併用してなされたノーネスの研究がある（Nornes 2006; ノーネス 2010）。これらをふまえたうえで、本稿は一九六〇～七〇年代の地方都市における記録映画の自主上映活動を跡づけていく。

なお、本稿の主題とは異なるが、松本市が戦後日本の自主上映運動にとって重要な意味を持つ地域であることが一九五〇年代の自主制作、自主上映の映画作品を論じた佐藤洋の研究で言及されている（佐藤 2010）。佐藤は松本市の映画館経営者である藤本徳次氏が、一九五〇年代の自主制作映画に資金提供を行っていたことなどに言及している。

（2）同部会は、二〇〇四年から航空科学振興財団歴史伝承委員会に再編され、二〇〇九年からはＮＡＡ（成田国際空港株式会社）歴史伝承委員会となった。筆者は二〇〇三～〇九年三月まで同部会および同委員会の調査研究員であった。同部会の発足から二〇一四年までの活動経過は、新井勝紘の論考を参照されたい（新井 2014）。新井は、同部会、同委員会で座長を務め、ＮＡＡが設置し、ＮＡＡ歴史伝承委員会が運営の一角を担う「成田空港　空と大地の歴史館」（以下、空と大地の歴史館）の名誉館長を務めている。同部会、同委員会が収集し、寄贈を受けた資料の所蔵機関（所有者）は千葉県知事を代表とする「地域振興連絡協議会」であり、空と大地の歴史館は資料の保管、管理等を行う収蔵機関である。

（3）以下は、二〇一八年一〇月までに寄贈を受けた百瀬資料と二〇二〇年一二月までに百瀬氏から聞き取った証言に基づいた記述である。百瀬氏の来歴や上映運動に関する情報については、同氏より掲載の許可を得た。

（4）百瀬資料内には、松本深志高校や蟻ケ崎高校、松本工業高校等の学園祭で配布されたと思われる、各校の映画研究会による上映活動資料がある。信州大学にもシナリオ研究会や映画研究会が存在したことが同資料からうかがえる。

（5）松本中央劇場内には36席の中劇シネサロンがあり、自主上映の場にもなっていた。

（6）長野県内の自主上映運動においては、市民、住民の有志や団体による自主上映会に作品を提供する事業体に有限会社長野映研があり、現在も県内の主要都市である長野市、松本市、上田市に事業所を設置している。

（7）百瀬資料より。藤本徳次「発刊に寄せて」『ＭＣＣ』Ｎｏ．１（１９６８年12月号）、藤岡改造「シネクラブの夢」『ＭＣＣ』Ｎｏ．１（68年12月号）。

（8）松本シネクラブの創設や運営には、中劇に勤務していた小林創氏が関与しており、同氏の収集、作成した資料は須坂市に寄贈され、「小林創映画コレクション」として展示等に活用されている。新型コロナウイルス感染症の流行に伴い、同コレクションの閲覧はできていないが、収束後に実施予定である。

(9)「尽きぬ銀幕愛　半世紀経ても　松本シネクラブ結成五十年」『市民タイムス』2018年10月11日号。

(10) 百瀬資料より。「新役員紹介」『MCC』No.6（69年5月号）。

(11) 百瀬資料より。「新役員決定」『MCC』No.25（71年4月特集号）。

(12) 百瀬資料より。百瀬範明「（無題文）」『MCC』No.1（68年12月号）。

(13) 百瀬資料より。嶋田嘉一郎「〝映研に思う〟」『MCC』No.19（70年6月号）。

(14) 一九八〇～九〇年代にかけて上映を休止しているようにみえる期間があるが、上映時期や上映において担った役割を確認中の作品もあり、この時期が自主上映の休止時期とまで言い切ることはできない。一九七〇年代と二〇〇〇年代にある程度網羅できているが、一九八〇～九〇年代の動向把握は現在進行中である。

(15) 百瀬資料より。百瀬範明「映画研究会報告――新しい運動を……」『MCC』No.23（70年10月）。

(16) 筆者はこの連作を未見だが、制作者の一人である間宮則夫氏による談話が、西谷・仲里編（2008）に収録されている。

(17) 百瀬資料より。百瀬範明「上映報告と新たなる映画運動を求めて」（作成年推定71年）。

(18) 百瀬資料より。シネマアクターM（百瀬範明氏筆名）「『モトシンカカランヌー』上映にあたって」（ビラ、刊行年推定72年）。

(19) 百瀬範明発小川プロダクション宛「上映報告書」『上映報告第二号』簿冊収録資料（空と大地の歴史館収蔵 元小川プロダクション資料 箱No. 014）。以下の引用まで同資料より。

(20) 百瀬資料より。百瀬範明「シネマアクター解体No.2　73年6月14日」（ビラ）。

(21) 百瀬資料より。小川プロダクションスタッフ野坂治雄発 百瀬範明宛 書簡（72年10月26日）。

(22) 一九七四年の参議院議員選挙に三里塚芝山連合空港反対同盟の戸村一作委員長が立候補したことを指す。

(23) 百瀬資料より。百瀬範明「「ニッポン国古屋敷村」上映決意経過」（83年3月14日）。

(24) 百瀬範明発 小川プロダクション宛 書簡（74年5月26日）空と大地の歴史館収蔵 元小川プロダクション資料 箱No. 028.

(25) 百瀬資料より。小川プロダクション発 百瀬範明宛 電報（72年10月5日）。

(26) 百瀬範明発 小川プロダクション宛「上映報告書」『上映報告第二号』簿冊収録資料（空と大地の歴史館収蔵 元小川プロダクション資料 箱No. 014.）

(27) 百瀬資料より。映画「不知火海」を上映する会『記録映画――不知火海 上映活動・報告』（76年3月）。ガリ版刷り資料の筆跡から百瀬氏の作成資料と推定した。以下の「映画「不知火海」を上映する会」および活動の記述も同資料より。

(28) 三浦氏の自主講座「公害原論」との関わりは、友澤悠季（友澤 2015: 46）に教示を得た。

(29) この点は今後、関係者への聞き取り調査も実施して解明したい。『不知火海』や続く『医学としての水俣病』上映は共同研究者の森脇孝広が調査を続けており、別稿にて詳述予定である。

(30) 百瀬資料より。青林舎スタッフ一之瀬正史発 百瀬範明宛 書簡(75年7月)。以下の引用も同。

(31) 百瀬資料より。藤岡改造「映画『不知火海』前売り券販売のお願い」(70年12月17日)。

(32)「農業の将来を模索 農村婦人の集いで意見交換」『市民タイムス』1989年2月3日号9面。

(33) 本稿では十分に触れることができないが、松本市では、二〇二一年現在も市民、住民の有志による自主上映が継続されている。現在の松本市における映画の自主上映は、NPO法人コミュニティシネマ松本CINEMAセレクトが担っている。松本CINEMAセレクトは松本中央劇場で勤務した経験を持つ宮嵜善文氏が理事長を務め、約三十年にわたり、市中心部の公共施設で自主上映を続けている。宮嵜氏は作品選定から現場のモギリなどのさまざまな役割を担い、多い年で年間二百本ほどの作品を上映しており、劇映画から記録映画まで幅広く上映している。その上映姿勢は社会運動と映画の関係を考えるうえで示唆に富む。例えば二〇二一年三月に映画『アリ地獄天国』(土屋トカチ監督2019)と『フツーの仕事がしたい』(土屋トカチ監督2008)を上映した際の宣伝資料には「私たちが上映するのですから、「主義・主張」がどんなに共感しても『映画』になっていなければ上映しません」と記されている。これらの作品が社会問題や社会変革に向けたメッセージを発しつつ、映画作品としても価値を有していることを述べている。松本市には自主上映の取り組みがコミュニティシネマとして現在も根づいていることを付記したい。

参照文献

相川陽一・森脇孝広(2021)「戦後日本における記録映画の上映運動に関する資料収集と整理について——松本市における小川プロダクション作品の上映運動を中心に」『記録と史料』31: 16-29.

新井勝紘(2014)「現代をどう展示するのか 成田空港問題「歴史伝承館」を例に「成田」の歴史をどう伝えるか——成田空港歴史館(仮称)建設までの過程と課題」『博物館問題研究』32: 3-25.

佐藤洋(2010)「映画を語り合う自由を求めて——映画観客運動史のために」黒沢清ほか編『日本映画は生きている 第3巻 観る人、作る人、掛ける人』岩波書店: 13-41.

田中晋平(2017)「一九七〇年代後半の関西における自主上映について」『芸術』40: 87-97.

——(2019a)「グループ無国籍の自主上映と一九七〇年代の新開地」板倉史明編著『神戸と映画——映画館と観客の記憶』神戸新聞総合出版センター: 196-215.

——(2019b)「ミニシアター/シネコンからその先へ——震災以前と以降の神戸の映画上映空間」板倉史明編著『神戸と映画——映画館と観客の記憶』神戸新聞総合出版センター: 242-61.

——(2020)「小川プロダクション『どっこい!人間節 寿・自由労働者の街』の上映活動をめぐって」『映像学』104: 158-78.

友澤悠季(2015)「反公害住民運動における経験の交流——電話交換台としての自主講座「公害原論」とともに」『環境教育』25(1): 36-47.

成田空港地域共生委員会歴史伝承部会（1999）『一九九八年度　歴史伝承部会調査報告書』成田空港地域共生委員会歴史伝承部会
西谷修・仲里効編（2008）『沖縄／暴力論』未来社
Nornes, Abé Mark（2006）Forest of Pressure: Ogawa Shinsuke and Postwar Japanese Documentary, University of Minnesota Press.
ノーネス・阿部マーク（2010）「小川プロ、その運動としての映画における音楽性」黒沢清ほか編『日本映画は生きている　第7巻　踏み越えるドキュメンタリー』岩波書店：37-70.
畑あゆみ（2011）「「運動のメディア」を超えて――一九七〇年代前後の社会運動と自主記録映画」藤木秀朗編『観客へのアプローチ』森話社：385-411.
まつもと一箱古本市実行委員会編（2020）『松本の本』第2号 思雲堂
村山匡一郎（2004）「非商業上映の歴史――戦後の啓蒙運動からコミュニティシネマまで」財団法人国際文化交流推進協会編『地域における映画上映状況調査　映画上映活動年鑑2004〔非映画館編〕』財団法人国際文化交流推進協会：94-102.
湯本希生（1971）「東北の農民と「三里塚」――地方上映運動とは何か」『現代の眼』12(4)：168-177.

【特集　メディアがひらく運動史】

地域のウーマンリブ運動資料のアーカイヴィング実践がもつ可能性——二〇〇〇年代京都市における活動経験とその先にある地平

村上　潔

はじめに

ウーマンリブ運動は、ビラ・パンフレットを中心とする多彩な・多量の活字メディアを活用して発展した。それらはいまでは貴重な歴史資料となり、フェミニズムの研究・運動に関わる人々が歴史を参照する際に適宜引き出される記録物としての役割を担っている。

リブ資料といえば、『資料　日本ウーマン・リブ史』全3巻（溝口ほか編 1992; 1994; 1995）を思い浮かべる人が多いだろう。おおよそ、リブに関係する文献の引用の出典はここである場合が多い。たしかにこの資料集は大変便利なものだが、であるがゆえに、リブ資料の「原典」に対する意識は、研究者・アクティヴィストいずれのなかでも総体的にあまり強くないのではないかと思う。つまり、文面の内容についてはみな強い興味・関心をもつことに比べて、その資料そのものの「残されかた」については、相対的に関心が薄いということだ。

しかし、それはリブ運動を研究する・普及させる実践においては、「弊害」となる。二〇〇〇年代にリブ運動資料の収集・整理を行なった井上輝子らは、

この運動にかかわった草の根女性の数は厖大であり、数量を把握し、また個々人の存在を確認することは、きわめて困難である。多種多様のインフォーマルな印刷物も、全国に散在したまま所在が不明であったり、あったとしても未整理である場合が多い。そのために、これまでのウーマンリブ運動研究はきわめて限られた資料に基づくものであったといえる。

［…中略…］

ウーマンリブ運動を歴史化、理論化していくためには、前提として原資料を発掘・収集し、閲覧に供するべくデータベース化する必要がある。（井上ほか 2006: 135）

と指摘している。こうした問題意識、もしくは危機感のようなものは、現在も共有すべきものとしてあるだろう。

本稿では、以上の認識の上に立ち、リブ資料のアーカイヴィングとその活用について、筆者が直接関わった一つの事例をもとに論じてみたい。残されていた資料をどう「発見」するか、その資料を誰が・どう整理するのか、整理した資料をどう保管・公開するのか、その活用についてどんな展望が描けるのか。そうした諸問題を、一連のものとして全体的に考えていく。

精緻な理論的考察を成し得るものではないが、限られた（人的・経済的・環境的）条件のもとで、いかにして効果的な運動資料の活用を模索したのか、それはどこまで達成され、何が課題として残されたのか、またそうした過程で浮かび上がってきた「リブ資料ならでは」の特徴・魅力・可能性とは何なのか。こうした点にもできる限り言及していきたい。

本稿の内容が、これから自分が拠点とする地域のリブ資料を発見・整理・公開・活用していきたいと（漠然と）考えている人たちを触発し、またその人たちに何らかの気づきや学びを与えることができれば、幸いに思う。

1　リブ運動資料をアーカイヴィングする

いうまでもなく、すでに現時点で、私たちはリブ運動資料を日本全国の一定の地域で閲覧・利用することができる。以下、簡単に列挙してみよう。

A　大学

まず、〈立教大学共生社会研究センター〉（平野 2016）〈法政大学大原社会問題研究所〉などに代表される、大学内の専門諸機関がある。図書館の書庫などに部分的・断片的に収蔵されているケースも含めれば、多くの大学図書館に何らかのリブ運動「関係」資料は収められているだろう。ただ、まとまったかたちで確認するとなると、専門的な研究機関を利用するのが効率的である。そうした場は、アーカイヴとしての機能だけでなく、教育機関としての機能も前提としてもっている。社会運動資料に特化したアーキヴィストが勤務していることも、大きな強みとしてある。現物にあたることができずとも、目録やWeb上のデータベースなどを通じて、資料の「存在」を確認することができるという点も、こうした機関が果たしている貴重な役割の一つだろう。

B　各地域の男女共同参画センター（旧：女性センター）

国立の女性教育機関、ならびに各主要都市に存在する国公立の男女共同参画センター（旧：女性センター）にも、リブ運動資料は収められている。〈国立女性教育会館（ＮＷＥＣ）〉、〈東京ウィメンズプラザ〉、〈かながわ男女共同参画センター〉、〈愛知県女性総合センター　ウィルあいち〉、〈大阪府立男女共同参画・青少年センター（ドーンセンター）〉といった機関が代表的な例として挙げられる。

こうした機関の強みは、大学図書館と比較して「敷居が低い」ところにある。利用者の制限が少なく、各地域に在住・勤務する市民であれば、容易に立ち寄り・利用することができる。また、生涯教育的な理念が打ち出されていたり、障害者対応などインクルーシヴな環境づくりが意識されていることから、多様な人々が集い、交わり、出会う機会が創出される潜在力がある。新聞や、行政の広報などにニュースが掲載されることで、活動の内容や収蔵資料の価値が広く市民に伝えられる機会が多い。こうした点がＢの特徴として指摘できる(1)。

Ｃ　市民アーカイヴ

社会運動関係資料の保存と公開について、民間のアーカイヴの存在ぬきに考えることはできない。その草分けとして一九七六年四月に設立され、二〇〇一年一二月まで運営された〈住民図書館〉（1976. 4～2001. 12）の存在は、いうまでもなく非常に大きい（道場・丸山 2013）。〈住民図書館〉では、「女性」というカテゴリーのなかにリブ運動資料が収められていた。

現在活動中の市民アーカイヴとしては、〈市民アーカイブ多摩〉（2014.4～）の存在が大きい(2)。所蔵資料目録を確認する限り、歴史的なリブ運動資料の名前は発見できないが、リブ周辺の、またリブの影響を受けた運動の機関誌などは散見される。

文字通りリブ運動の拠点であったミニコミ図書館として、札幌の〈喫茶ひらひら〉（1974～1998）の存在は、いまも記憶されてしかるべきものとしてある。「ミニコミ喫茶」を名乗り、全国のリブ運動資料が集積され、北海道のリブ運動・社会運動の関係者たちが利用する、情報・交流拠点として長く機能していた。また自らも『ひらひらニュース』を発行するなど、アーカイヴであるだけでなく、メディアとしての役割も果たしていた。まさに、「リブのアーカイヴ」の理想的なモデルとして位置づけられるだろう。

加えて、Ｗｅｂ上の女性運動ポータルサイトの存在が挙げられる。二〇〇九年に設立され、二〇一三年に認定特定非営利活動法人となった〈ウィメンズアクションネットワーク〉（ＷＡＮ）のＷｅｂサイト上には、《ミニコミ図書館》が設けられている。ここに収蔵されているのはおもに日本の「女性史」関係の資料であるが、『資料　日本ウーマン・リブ史』全3巻をＰＤＦデータで閲覧できる点が強みとしてある。今後、リブ関係の資料が増補される可能性もある。

上記のような存在はあり、それらを活用できる環境はあるものの、しかしそれで十分ではない。当然ながら、東京を中心とする大都市以外の地域ではアクセスの範囲は狭まるし、存在した歴史資料を現在ある機関が網羅しているわけでもない。アーカイヴィングの取り組みは、各地で、多様な主体によって、今後も継続して、より大きな規模で行なわれるべき課題であることは間違いない。

その際、草の根の、ＤＩＹの——自発的・協同的でかつ非事業的・非専門的な——実践の可能性と必要性について改めて考え、取り組んでいくこと、取り組みを啓発していくことが課題となる。なぜなら、まず一つには、現状の予算不足・人員不足や制度上の制約から、公的な機関が自らアーカイヴィングに取り組むことは単純に困難であることが理由としてある。そうした枠組みや「しがらみ」のない、自由に動ける存在ができる範囲で自ら動く、という流れが主軸とならざるをえない。

そしてもう一つ、たんに残る資料がより多いほうがよいということだけでなく、そのアーカイヴィングの実践自体が取り組んだ人間にとっての「教育」的機能をもち、その実践によって新たな「運動」が生まれる潜在的な可能性があるからだ。ＤＩＹのアーカイヴィングのこうした可能性は、「素人仕事」というマイナス面を補って余りあるものがある、重視されるべき点といえる。以下、筆者の経験した事例をもとにして、その点を検討していきたい。

2　リブ資料と出会い、作業を進める

経緯

ことの始まりは二〇〇五年の九月だった。筆者は当時、立命館大学の学生・院生を中心に結成された京都の社会運動サークル〈Pace［パーチェ］〉（2004～）[3]の一員であり、その活動の一環で、京都のリブ運動関係の情報に精通していた団体職員、栄井香代子さんと交流する機会をもった。その場で軽い調子で、「リブのことをいろいろと調べてみたいとは思うけれど、京都にはそういうアーカイヴがないですよね」と発言したのだが、栄井さんはその発言を聞き漏らしていなかった。後日、メールで「京都のリブの資料が関係者宅に眠っているから、よかったら一緒に整理してみませんか」というお声がけをいただいたのだ。それが、のちに「京都市男女共同参画講座受講生参考資料（女性解放運動関係）収集調査」というプロジェクトになる活動の始まりだった。

そのリブ運動資料というのは、一九七六～八二年にかけて京都市中京区に存在した、女のスペース〈シャンバラ〉（1976～1982）[4]にあった資料だ。資料は、複数の関係者の家の押し入れに、段ボールに詰められたかたちで保管されていた。作業は、まずその段ボールの数々を一ヵ所に集約するところから始まった。栄井さんは当時、〈特定非営利活動法人　京都人権啓発センター・ネットからすま〉（2002～以下、〈ネットからすま〉）[5]の事務局員として働いていたので、ひとまず同法人の事務所（京都市北区）の一角を間借りして資料を一時保管し、そこで作業を進めることになった。

この展開について、資料提供者の一人は当時、以下のように語っている。

資料は、二〇年近く押入に眠っていましたが、ふとした出会いから「若い」研究者がリブの運動に興味を持っていることを知り、この京都の地でかつて女たちが集ったスペースがあり、また、全国にネットワークをはって資料を集めたという「実績」を広く共有することの必要性に思い至りました。〈NPO法人京都人権啓発センター・ネットからすま〉が啓発事業に携わっていることを知り、その整理をお願いするべく、資料を供託することにしました。資料が大切に保管され、なおかつ、必要な人々がいつでも閲覧でき、当時の女性たちの解放を希求する熱い思いが、今に確かに伝わっていくことを願っています。（栄井 2007a: 2-3）

〈シャンバラ〉所蔵であることが明確にわかる資料

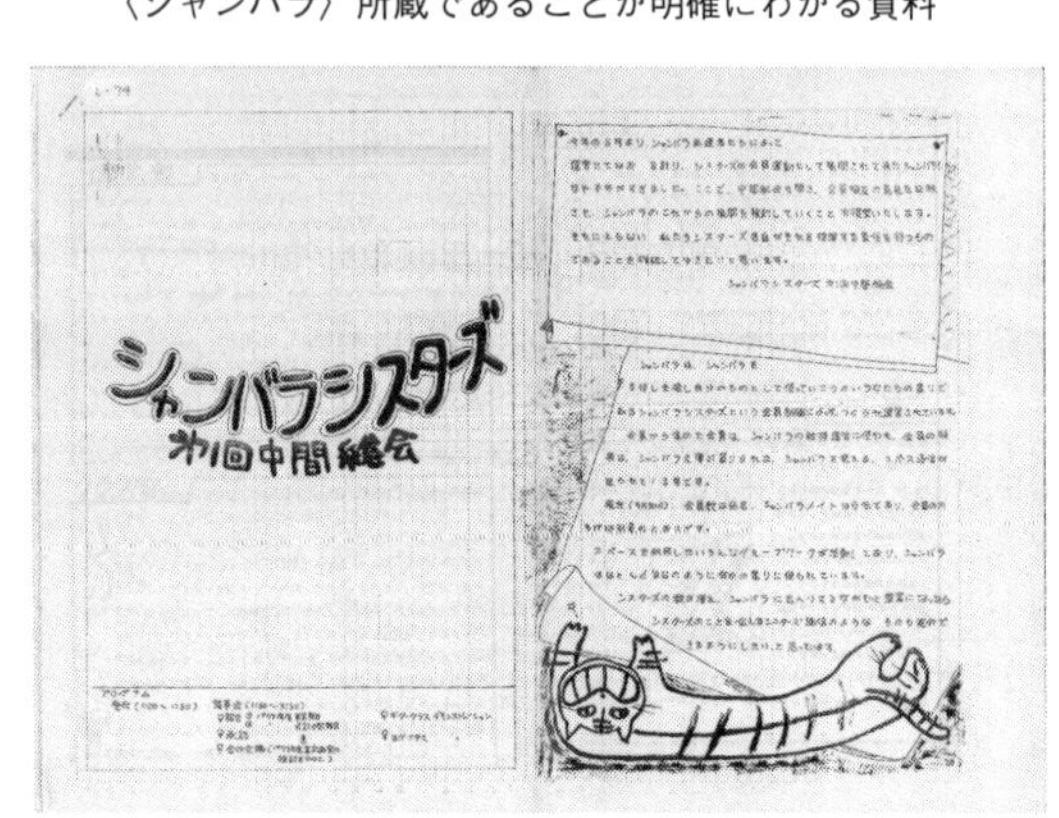

〈シャンバラ〉の運営における総会資料

そうして同年一〇月から、本格的な整理作業が始まった。

方法

作業に関わったのは、おもに筆者、栄井さんの2名で、のちにフェミニズム運動に興味をもつ立命館大学の学部生一名（先述の〈Pace〉のメンバーでもある）が、サポートメンバーとして加わった。作業のペースは月一回を目安とし、上記事務所の片隅のスペースで、一回8時間ほどのペースで作業を進めた。栄井さんの声がけで、資料提供者やその関係者が不定期で見学・手伝いに来ることもあった。

整理作業は完全にDIY、とにかくできる範囲の条件で最大限のできることをする、という方針だった。

①段ボールから資料を出し、発行団体ごとに分類する。
②発行団体ごとに、資料を年月日順に並べる。
③発行団体を頭文字で五十音ごとにまとめ、その「あ・い・う・え・お……」の括りのなかでさらに発行団体を五十音に並べ替える。

④資料全体にナンバリングを施していく（「あ‐01」・「あ‐02」……）。資料一点一点の隅（原則として右肩）に小型のタックシールを貼り、ナンバーを記入する。
⑤ナンバー順に、地域（発行団体の所在地）・発行年月日・発行形態・媒体名・発行元のデータをMicrosoft Excelに打ち込み、目録化していく。
⑥各サイズ（A４・B４・A３）ごとにまとめて購入した市販のクリアファイル収納ホルダーに、（サイズ分類を施しつつ）ナンバー順に資料を挿入していく。クリアファイル収納ホルダーに入らない大きさ・厚さの資料は、一点ごとクリアシートに（バラの状態で）収納する。
⑦ホルダー一冊ごとにファイル番号を付し、Excelの目録内の各資料ごとに、収納ファイル番号を記入する。

おおまかにまとめると、以上のような作業工程をとった。なるべく出費を抑えるため、安価に購入できる市販の文具用品だけを利用している。もちろん、長期的な保存を考えれば、よりよい（採用すべき）方法——高品質な収納用シート・ファイルの使用や、データベース構築用ソフトウェアの導入など——はいくらでもあるわけだが、もともと少人数の有志が文字通り手弁当で始めたものであり、誰も専門的なアーキヴィストではないという条件のもとでは、そもそも「本格的」な作業は構想すらできなかった(6)。

3　活動の位置づけの変化
——公的機関・アカデミズムとのつながり

作業を進めると同時に、私たちは一つの大きな懸案に向き合わねばならなくなった。それは、作業完了後、この資料群をどこに保管し、どのように扱うのか、ということだった。

筆者も栄井さんも、できれば長期間安定した保管が可能な場所に預け、そして可能ならそこで希望者が閲覧できるような環境を確保したい、という思いがあった。そこで、検討を重ねるうち、〈京都市女性総合センター　ウィングス京都〉（以下、〈ウィングス京都〉）(7)に保管と管理を委任するのはどうか、という話になった。

その構想を実現するため、二〇〇五年一二月、栄井さんから〈ネットからすま〉として、京都市文化市民局男女共同参画課（当時。現在は「京都市文化市民局共生社会推進室男女共同参画推進担当」）宛に企画書を送ってもらった。企画書では、この資料整理の取り組みを「女性解放運動資料編纂（一九七〇～八〇年代前半にかけて）」と題した調査研究事業として位置づけ、以下のようにその趣旨を論述した。

一九七〇年代から八〇年代にかけての女性解放運動、いわゆるリブ運動については、一部で学術的視点からの評価がなされてはいるものの、当時の社会的偏見等によって、いまだ正当な社会運動史としての位置付けが確立しているとは言いがたい。この度、当時京都に存在した女のスペースに集められた資料を中心として、全国に繰り広げられた運動のありのままの姿を収集することによって、当時の女性たちの真摯さ、先駆性、多様性を表出させ、保管し、閲覧できる状態にする。さらに、分析・評価を加えることで、現在に繋がる可能性を探る。(8)

その結果、二〇〇六年二月に京都市男女共同参画課から栄井さんのもとに連絡があり、一九九四年の開館以来〈ウィングス京都〉の管理・運営を担ってきた〈財団法人京都市女性協会〉(1993～以下、協会)(9)が〈ネットからすま〉に本調査研究事業を委託する、というかたちで契約を結ぶ運びとなった。契約は二年に渡るものとし、まず二〇〇五年度(2006.2～2006.3)の契約をその二月に結んだうえで、二〇〇六年四月に改めて二〇〇六年度(2006.4～2007.3)の契約を結んだ。事業名は「京都市男女共同参画講座受講生参考資料(女性解放運動関係)収集調査」に決まった。

事業内容は以下の四点に集約した。①女性解放運動に関する資料の収集、②資料の目録作成、③保管・閲覧可能な状態にするためのファイリング、④資料の分析・評価を研究報告書としてまとめる。このようにして、軽いやりとりから始まった私たちのリブ運動資料整理作業は、とんとん拍子に、ある程度型にはまった「事業」としてその輪郭を成型していった(10)。

また、契約に向けて準備を進めるなかで、私たちは、アカデミズム、大学という組織との関係も同時に準備することになった。正式な事業化にともない、たんなる収集・整理にとどまらず、「調査・研究」的な側面を強化する必要が生じると判断したからである。

とはいえ、大学と協働する大がかりなプロジェクトをすぐに立ち上げることはできないし、またそもそもそこまで大がかりな事業でもないので、バックアップ＝後方支援の役割を特定の研究者に依頼するというかたちをとった。依頼した対象は、立命館大学大学院先端総合学術研究科教授の立岩真也氏である。立岩氏は当時、筆者の指導教員でもあり、長く障害者運動関係資料の収集と整理にも取り組んでいた(11)。立岩氏には、作業展開や資料の保管、資料の分析方法などについて、適宜アドヴァイスを求めるかたちで協力してもらった。

4　作業完了後の展開とその位置づけ

作業完了

二〇〇七年三月三一日をもって事業は完結することとなり、私たちの資料整理作業も同時期に完了した。整理した資料の総点数は736点に及んだ。

作業完了後、成果報告書と資料目録(栄井ほか2007)を作成し、協会に提出した。報告書はA４判で28ページ、目録は同じくA４判で22ページ、合計50ページとなった。報告書は

Microsoft Wordで、目録は同Excelで作成した。
　報告書では、栄井さんが「資料の来歴」と「資料の概略」を執筆、村上が「労基法改定反対の動き」をまとめ、途中から手伝ってくれた学部生が「優生」関連の内容をまとめた。そして末尾に、立岩氏に、「損しないために、知ること」という文章を寄稿してもらった。これが報告書の「あとがき」的な位置づけとなる。

栄井香代子「資料の概略」より（出典）栄井ほか(2007)

【リブにとっての運動的テーマ】

さて、上記のように、「全体としての私（たち）」の解放は、リブにとって思想的核心であるが、実際上の運動においては、そのテーマは仕分けされ、細分化される。

○性（体の自己管理）
　a)「産む産まない」にかかわること
　　i）女を産む道具と規定する、男の視線／国家の視線に対する反撃。
　　　→優生保護法改悪法案反対運動
　　　　堕胎罪（刑法）の問題
　　ii)「産む産まない」に関わって見つめざるを得ない、障害者との関わり。
　　　障害を持った子どもを産むことをめぐる考察。
　b）男との関係（sexと避妊に関して）
　c）自分の体を知ること・女の体を知ること
○婚姻制度＝戸籍（家）
　a）女たちの分断——未婚と既婚（貞女と娼婦）
　b）婚外子差別（民法900条及び772条問題）
　c）母子家庭（児童扶養手当改悪阻止闘争）
　d）銃後の守り——軍隊慰安婦問題
　e）女が女を愛すること（レズビアン）
○仕事・労働・食い扶持（経済的自立）
　a）労基法改悪阻止闘争
　b）平等法制定運動
○女との共同性・生活（コミューン、スペース論）
　a）共同保育・子育て
　b）環境問題・食の安全性・反原発運動

資料から屹立する問題群は、まさに、現実の諸問題であることが知れよう。実際リブの運動を担った人々は、その後、それぞれのテーマごとの運動に関わっていく。しかし、個々のテーマに細分化され、専門化された「運動」は、「まるごとの私の解放」というリブの思想性からは、遠のいていく傾向を持つ。そのときに、リブの思想性を生かすものが「スペース」であった。

寄託契約

　資料の保管と活用に関しては、二〇〇七年九月に、〈ネットからすま〉と協会との間で寄託契約を結んだ。そこでは、受寄者（協会）が保管・公開を行なっている限りにおいては、寄託者（ネットからすま）が受寄者に対し返還を求めることは基本的にないという姿勢を表明したうえで、何らかの事情で受寄者による資料の保管・公開が困難になった場合に、寄託者が希望すれば受寄者は資料を返却する、という内容で合意した。
「寄託」という形態を選択したのには理由がある。まず第一に、二〇〇三年に施行された指定管理者制度の問題だ。これによって、〈ウィングス京都〉の管理・運営主体が、いつ〈京都市女性協会〉でなくなるかわからない、不安定な状況が生じた。もし協会が管理者でなくなった場合、資料がどうなるのか、かなりの不安があった。いわゆるバックラッシュ的な動きも不安要因の一つとしてあったが、それ以上に、予算削減・合理化を名目とした収蔵資料の縮減、つまり廃棄・売却が行なわれる可能性が現実的に想定された。そうした際のリスク管理として、資料を返還してもらえる権利を残す目的で選択したのが、寄託という方法だった。
　寄託という形態について、早川和弘は、

　寄託契約は他人の「物の保管」を目的とする契約であるため、基本的に物の使用を含まない。ところが、民間アーカイブズの調査・研究において用いられている「寄託」では、物

の保管のみならず、物の使用についても定めている例がある。（早川 2017: 68）

と指摘している。「使用」という点に関しては、私たちの契約では、受寄者は寄託者〔ネットからすま＝栄井〕および作業従事者2名、ならびにその3名が承認した者に対して、研究利用目的に沿って便宜を図る旨の合意を取り交わした。逆にいえば、それ以外の「使用」に関する合意はここでは成していない。当時は寄託者・受寄者ともども、そこまで「使用」の方面に意識が回っていなかった、というのが実情である。これにともなう課題については後述する。

活動の位置づけの変化

もともとこの活動は、リブ運動に強い敬意・関心をもつ者たちが、リブ運動のことをもっと知りたい・世に広めたいという思い（だけ）で始めた、まったくの私的かつ共同的な取り組みであり、ある意味その集まり・その作業（過程）自体が――リブの精神を継ぐ――「運動」として位置づけられる性格をもっていた。それが、〈京都市女性協会〉と事業「契約」を結んだことによって、その活動は「半―公的」な「市民活動」という性格に変容したことになる。いうまでもなく、リブ運動の精神とは、「公的」な権力構造やその枠組み、ならびにその秩序のもとで労働・生活を営む「市民」の社会を――さらにつけ加えるなら大学を中心としたアカデミズムの世界を――厳しく批判するものであった。つまり、私たちの活動はここにおいて「矛盾」を抱え込むものとなってしまった。

もちろん、活動を進めてきた私たちには、そのような意識の変化があったわけではない。とはいえ、形式的な面で捉えれば、そうした「矛盾」を認め、向き合わざるをえない状況になった。これに関して葛藤がなかったわけではない。ただ、自分たちの力で管理できる範囲はあまりにも限られていることを考えれば、それなりの「専門的」な、そして理念的にはこの活動が「活かされる」ような機関・環境に成果を委ねることは、現実的には無理のない流れではあった。この点をどう総括するかは、いまだに課題として残っている[12]。

報告書やインタビュー記録のWeb公開

資料整理の完結から十年以上が経過し、もはやこのアーカイヴィングの実践そのものが「歴史」となりつつあることに気づき、焦りを覚えた昨年（＝二〇二〇年）、何かできることはないかと考え、成果報告書とインタビュー記録をそれぞれWeb上で公開することにした。Webページ作成作業は筆者一人で行ない、いずれも〈立命館大学生存学研究所〉のサイト上に掲載した（URLは栄井ほか 2007 を参照）。

遅まきながらの作業ではあったが、これで少なくとも、この実践の存在や内容をより広く知ってもらえる環境は整った。

5　成果と意義

アーカイヴィング実践そのものがもつ意義

本節では、私たちの一連の作業の成果をまとめておきたい。まず、こうした資料が保管され、利用されることの意義について、改めて考えてみたいと思う。そこで、原物資料に触れるということの意味について確認しておこう。

井上輝子らは、『資料　日本ウーマン・リブ史』全3巻の存在意義の大きさを認めたうえで、

> その反面、原資料の紙質や印刷技術などコミュニケーション媒体の物質性から得られるウーマンリブ運動の手ざわり、紙面デザインや筆跡、イラスト等から発せられる息づかいは犠牲になってしまったといえよう［…中略…］。
>
> 自らの思いや考え、すなわち「声」を、個人や少人数のグループ単位で発すること自体が「事件」であったことを想起し、彼女たちがそういった「声」を発せざるを得なかったのはなぜか、について考えるとき、ウーマンリブ運動の手ざわりや息づかい――少なくともその痕跡――をとどめた原資料の整備は必要不可欠かつ急務である。（井上ほか 2006: 136）

と指摘・提言している。

この点は、実際に作業をした筆者自身も実感として理解できる。視角的な印象を超え、受け手の感情を喚起する力、リアルタイムの「体験」としての感覚を受け手に刻印する力を、原物資料は保持している。また、リブ運動は、既存の社会運動・女性運動に比べて、「身体性」とその自己決定・相互ケアを重視した運動であった。したがって、運動のなかで生み出され・流通したビラやパンフレットも、そうした観点で位置づけ直す必要がある[13]。その文字資料は、たんなる「情報・記録」ではない、ということだ。そのことを後世に伝えるためにも、原物資料を残す・公開することのもつ意味はきわめて大きい。私たちの活動も、この点で確実に意義あるものといえる。

では、その資料がもつ根源的なポテンシャルを、どのように最大化していく（べきな）のか。この課題については次節で検討したい。

リブ運動の歴史を広範に・長期的に捉える視野の提供

次に、整理した資料そのものがもつ意義についてまとめておきたい。

資料の総点数は７３６点、地域としては、北海道から九州まで19都道府県にわたっている。内訳は表の通りである。

リブを東京中心の限られた運動として評価する見方はいまだ根強いが、ここにはそうした固定観念を相対化するのに十分な、地域的な多様性が浮かび上がっている。想像していたよりも京都の資料の占める比率は高くなく、先述した〈ひらひら〉のある北海道とあまり差がない数となっている。〈ひらひら〉関係

整理したウーマンリブ運動資料の年代別・都道府県別構成

年代	点数
1965～1970年	18
1971～1975年	139
1976～1980年	368
1981～1986年	127
その他	84
資料数	736
都道府県数	19

都道府県	点数	都道府県	点数
北海道	70	大阪	104
秋田	1	兵庫	11
宮城	7	香川	1
千葉	2	徳島	27
東京	328	広島	3
神奈川	1	山口	6
長野	2	福岡	39
愛知	35	鹿児島	1
京都	83	沖縄	1
奈良	6	その他	8

の資料だけで36点あり、その存在の影響力の大きさが窺えると同時に、〈ひらひら〉と〈シャンバラ〉という、リブの情報が集約される地域拠点同士がしっかりとつながっていたことがわかる。このように、地域性だけでなく、地域間のつながりまで把握できることが、この資料群の特徴の一つである。

次に、資料の年代別構成は表の通りである。最も新しい資料は一九八六年のものになる。〈シャンバラ〉が閉店した一九八二年以降の資料が混在しているのは、保管者たちが関わったその後の活動において収集されたものが追加されているためだが、それらはいずれも一九八二年以前から発行されている媒体と連続・連関したものであり、「異質」な性格の資料は混ざっていない。

この年代別構成も、「リブは一九七〇年代前半で終わった」という認識を覆す意味で、価値ある結果といえよう。これによって、「一九八〇年代以降につながるリブ運動」という視点が明確に獲得できる。筆者自身もこの結果に大いに触発され、それがのちに行なう関係者インタビューの実践（滝川ほか2007）へとつながっていった。

以上の点は、女性史研究、ジェンダー研究、フェミニズム運動に関わっている人々の多くに、少なからぬ気づきや触発をもたらす効果をもつと期待できる。そして、今度は逆に、〈シャンバラ〉を通して京都のリブ運動の発行物が各地の活動拠点にどのように共有されていったのか、という新たな問題関心が立ち上がる。こうしたテーマにアプローチするためにも、東京以外の各地で、同様のアーカイヴィング実践が進展していくことが望まれる。

〈シャンバラ〉におけるアーカイヴィング実践とつながること

〈シャンバラ〉は、「女のスペース」という肩書きをもち、『スペース通信』という機関紙も発行していた（〈シャンバラ〉が発行したミニコミは、開店当初『あんなぁへ』→再開後『スペース通信』→一九八〇年五月から『ミズ通信』と変遷する）。それだけ、「スペース」という枠組みを自分たちの運動のなかで重視していたということだが、一つ気づくことがある。まさに、〈シャンバラ〉はスペースとしてあったからこそ、これだけの資料を集積することができ、その情報を京都の女たちで共有する場となり、新たに京都の女たちが出会う場ともなり、さらに全国の女たちと交流する拠点として機能したのだ。それは要するに、アナキズム運動における「インフォショップ」としての機能である。もちろん当時はそんな言葉は知られておらず、当事者（初期スタッフの一人）の言葉を借りれば、「女たちの実際に役立つ場所」、「女たちのコミュニケーションスペース――出会いの場」、そして「女の情報センター」（『あんなぁへ』4〔1978.9.19〕：4）という機能だ。

考えてみれば当然のことだが、〈シャンバラ〉のスタッフたち、そして「その後」の元スタッフたちは、一九七〇〜八〇年代に、すでに「リブ運動資料のアーカイヴィング」を（リアルタイムで）実践していた(14)。私たちの作業は、いわばそれを「なぞる」・上書きする・共有するものだったといえよう。そのように考えると、「いま」行なうアーカイヴィング実践の意味は、たんに歴史的資料を保管する・公開するという次元ではなく、過去のアーカイヴィング実践とつながる＝接続する体験としての意味をもつ。その体験は、「（過去の）運動を継承し、展開する（現在の）運動」として意義づけられるだろう。それに気づくことができたのは、少なくとも筆者にとっては、なによりもの「成果」であった。

運動のなかでの成果、研究としての成果、そして「スペース」を作ること

報告書において栄井さんが執筆した「資料の概略」（栄井 2007b）には、以下のような元〈シャンバラ〉スタッフの証言が載せられている。

私たちスタッフは、女たちの共同性を担保する《スペース》に強い愛着があったのです。〔…中略…〕私たち残されたスタッフは、スペースをもう一度とりもどすべく、一九八四年四月に〈とおからじ舎〉というリブ・グループを立ち上げ、中京区にあるビルの一室を共有スペースとしました。しかし、そのスペースも四年後にはまた閉じることになります。私にとってはその後も、《個と共同性》がテーマとなり、何年にも渡って、総括を含んだ話し合いを継続してきました。

（同：9-10）

ここにある〈シャンバラ〉「以後」の動向について、もっと詳しく知りたい。そう強く思った筆者は、二〇〇七年六月に、一九八〇年代以降も京都で「リブ」として活動を継続してきた三人の女性にインタビューを実施し、その記録を『PACE』（Vol. 3, 2007）に発表した（滝川ほか 2007）。これは、たんなる「追加調査」ではなく、二〇〇七年時点での「運動」の一環という意識で行なった実践だった。それは、アーカイヴィング実践同様に、一九七〇〜八〇年代の京都のリブ運動と「出会い直し」、かつ現在へと「つなぎ直す」行為だったともいえる。そして広い意味では、これも資料整理の実践が生み出した（運動的な）成果として位置づけられるものだ。

その後筆者は、資料ならびにインタビューから得た知見をもとに、「「男女平等」を拒否する「女解放」運動の歴史的意義――「男女雇用平等法」に反対した京都のリブ運動の実践と主

張から」という学術論文を執筆し、二〇〇九年三月に発表した（村上 2009）。こちらは学術的な研究成果として位置づけられる。

　とはいえ、上記二点の成果では、資料そのものの魅力や重要性を十分に強調することはできなかった。そこで、二〇一四年に一般財団法人ニッシャ印刷文化振興財団（京都市）から「京都で行なわれた女性運動」をテーマにした原稿の執筆依頼を受けた際に、この資料を全面的に活用することとした。「京都の女性運動と「文化」――女のスペース〈シャンバラ〉の活動から」というタイトルで執筆したこの原稿は、資料の写真も複数付したかたちでWebマガジン『AMeeT』に掲載された（村上 2014a）。

　掲載後、「その後の」京都のリブ運動についても（連載として）書いてほしいという依頼を再度受け、その続編として、一九八〇年代・九〇年代の運動についても執筆することとなった（村上 2014b; 2014c）。この一連の成果は、学術的側面ももちながらより広い読者層に向けて――Web上というアクセスの容易な空間で――発信されたことで、私たちの資料整理の実践が当初の理念通りに展開された成果として位置づけることができる。

　やや大仰な表現になるかもしれないが、こうした取り組みを通して、京都のリブ運動を共有する「スペース」を新たに確保できたということは、本実践の副次的な――しかしアクチュアルな――意義の一つといえるだろう。〈ウィングス京都〉の書庫の一角という物理的スペースにとどまらず、Web上にも――原物資料をそのままデータ化したものではないにせよ――その存在と功績を明示するポジションをキープできたということは、当時のリブの女性たちが希求した「スペース」の構築という目標を、少しは「代行」して実現することができたのではないかと考えている。

　滝川マリは、筆者によるインタビューのなかで、

> スペースがないと、どこに集まるって話じゃない？　リブの立場からすれば［…中略…］共同のスペースがないと、広がらない、共有化できない、っていうのがあったから、ある意味当然のごとく、スペースみたいなのは作ろう、っていうのはあったのね。（滝川ほか 2007: 39）

と語っている。いま私たちは、この「スペース」をより広い概念で捉える段階に来ているのだろう。過去のリブの女たちと「出会う」ために、現在の運動や個人の感情に作用する力を導き出すために、そして学び・行動するために、私たちは様々な位相でスペースを切り開き・鍛え上げ・活用していかねばならない（村上 2018a; 2018b; 2020 を参照）。そのための手段の一つがアーカイヴィングなのだ、とひとまずはいえるのではないか。

〈ウィングス京都〉にもたらされた役割

〈ウィングス京都〉での資料の保管は、閉架、つまり書庫での

保管となった。専門的アーカイヴのような本格的設備はないものの、一定の安定した保管環境が提供された。これは、〈ウィングス京都〉という「ハコ」がもつ最大のメリットといってよいだろう。

そのメリットは、ただ私たち寄託者だけが享受するものではない。〈ウィングス京都〉にとっても、この資料を受け入れたことは大きな意味をもつ。現代の女性解放運動の――しかも京都の運動によって集積された――まとまった資料が〈ウィングス京都〉に所蔵され、活用可能な状態に置かれたという事実・実態は、この機関が本来もつ理念と合致しており、大きくいえばフェミニズム実践のローカルな展開の一翼を担うものとして位置づけられるだろう。

また、地域における教育的・啓発的効果という点でも、大きな意義を見出しうる。山嵜雅子は、

> 市民運動の記憶を記録し伝える営みは、運動経験に学び、それを引き継ごうとする意思と実践に支えられ、そうした精神性を広げる教育的な空間をも形成する。（山嵜 2016: 98）

と指摘したうえで、

> 市民運動を記録するもの、その記録を管理して記録者と記録の使用者との間の記録の橋渡しをするもの、さらに新たな記録化によって、記録のなかに込められた記憶を過去から未来へと渡すもの、これらの記録の営みが交わり結び合うなかで、市民運動の記憶が社会の記憶として歴史に刻まれていく。（同：99-100）

と規定する。アーカイヴィングとその資料の活用という、一連の実践がもつ潜在的可能性を的確に言い表しているが、この記録・記録者と「市民」とを媒介する場として、〈ウィングス京都〉は役割を果たすこととなった。大学のような機関より相対的に「開かれた」環境にあるという点からみても、相応の社会的意義をもつ事例として評価されうるだろう。

6　残された課題――今後していくべきこと

以上のような一定の成果を生んだ一方で、整理された資料はまだまだ十分に認知・活用されていない現状にある。また、私たちのアーカイヴィング実践の方法論についても、しっかりと振り返り・検証する機会をこれまでもってこなかった。本節では、そうした反省点を踏まえて今後するべきことをまとめておきたい。

方法論の共有

平川千宏は、市民主体の非-専門的な資料整理の課題を以下のように指摘している。

資料の整理方法にしても、各機関・個人が苦労しながら、バラバラにやっているのが現状である。［…中略…］資料の分類や配架の方法、検索手段の問題もある。さらに、［…中略…］資料の劣化もすすんでいる。保存対策はかなり急を要することとみる。その方法も検討する必要がある。
　資料の整理、管理、保存の方法は、その資料の内容、所蔵する機関の目的、利用の態様、それにかけることのできる人員や経費、スペース等によって異なってくる。従って、全てを統一することはできないし、その必要もない。しかし、情報を交換し、検討をすすめることによって、相互に学び合えることは多い筈だし、定型化（標準化）できる部分もでてくるだろう。（平川 2020: 15 本引用箇所の初出は 2002）

また、〈市民アーカイブ多摩〉における「懸樋哲夫氏旧蔵電磁波運動資料」のアーカイヴィングに取り組んできた長島祐基も、「アーカイブズ化をする上でのノウハウの蓄積」の重要性を説き、その意義を「アーカイブズ学の知識がある一部の専門家だけでなく、広く市民が市民活動資料の価値を見いだす一助となる」（長島 2016: 165）点に見出している。

　いずれも重要な指摘として受け止められる。私たちの経験はまったくもって拙いもので、ゆえに「ひとさまに伝える価値などないだろう」と無条件に思ってしまっていたが、そうではなく、拙い点や反省点も含めて、私たちの実践の経験・実態・課題をより広く発信し、共有し、比較し、検証していくことで、この先に活かしていく必要がある。実際にＤＩＹアーカイヴィングを経験した人たちとの意見交換も、より積極的に行なうべきだろう。

　また、「保存対策」についていえば、安価な文具用品を使用した保存状況などは、検討のうえで今後環境を改良できる可能性もある。そうした細かな実現可能な点は、貪欲に探っていきたい。

指定管理者制度問題への対応

　先にも触れたが、資料の保管に対して指定管理者制度がもたらす影響は大きい。私たちが寄託した資料に限らず、貴重な女性解放運動に関する資料が今後も長期的に保管されうるのかどうか、つねに不安を抱えている。こうした不安定性にどう向き合えばよいのか。

　東京都立多摩社会教育会館市民活動サービスコーナーの資料の保管運動と、その後の市民活動資料センター設立運動の経緯をまとめた江頭晃子は、以下のように指摘している。

　一九七〇年代から三〇年間市民活動資料が収集・保管できたのは、東京都という公的機関だったからであり、その後の保管先が確保できたのは市民の運動と行政の協働があったからで、法政大学に寄託した資料がきちんとデータ化されているのは、大学組織の強みであろう。そして日々収集を続けながら、小さいながらも資料センターが開設でき運営していけるのは、今は私たち市民だからこそなのかもしれない。そしてそれらはまたよりよい資料センターを考えたとき、どこかでバトンタッチする可能性があるのかもしれない。（江頭 2014: 33）

ここから考えられるのは、収蔵機関の安定性のみが問題なのではなく、それを取り巻く各アクター（アーカイヴィングを担う者、大学／行政機関の担当部署、利用する市民）の総合的な関係性構築（強化）とそれに携わる各人の意識・営為こそが資料の保管・活用においては鍵となる、ということだ。そのように考えると、表面上の「政治」（文化政策）の流れよりも、日々の（研究／アーカイヴィング）実践の位置づけに、より意識を払うべきであることに気づく。必ずしも一度保管先とした環境を絶対的なものと見なす必要はなく、より多元的なマネジメントのありかたを絶えず模索することが、今後は重要になるのだろう。

限定された「利用」という課題に対して

本資料の公開に関しては、〈ウィングス京都〉との合意のもと、一般公開はしないという方針をとった。寄託に関する項で述べたように、寄託者が承認した研究利用に限りその使用を認める、という形態をとることとなった。本来であれば、すべての「市民」に広く無条件に公開するのが理想であるだろう。ただ、私たちとしては、まずはきちんと保管できる環境を確保することに意識があり、公開に関してはあまり大々的・本格的に取り組む意識はなかった。そもそも広範な公開のありかたが具体的にイメージできなかった、というのが実情としてある。

と同時に、資料の貴重性を考えるならば、「保管」を前提とした管理にならざるをえず、「利用」に関しては一定の制限をかけるという方向性は、暫定的な対応としてやむをえないものではあった。また、〈ウィングス京都〉の側の管理にかけ（られ）るコスト・労力という点を考えても、それは現実的な路線であった。

しかし現時点では、より広い公開と利用の活性化に向けた積極的な模索が必要な段階にあると、筆者は認識している。リブ資料のアーカイヴィングは、過去のリブの女たちの声を現在に蘇らせる行為だといえる。であるからには、その声を「響かせる」方法も考え、実践しないといけない。その方向性について、以下で述べていきたい。

「ハコ」と「ハブ」

前述の問題意識ともつながるが、いま私は、〈ウィングス京都〉を、固定的な（資料保管の）「ハコ」としてみなすのではなく、資料を活用し、運動を展開するための「ハブ」としてみなし、様々な働きかけを行なっていく必要性を認識している。それは言い換えるなら、時間的・空間的に、つまり、縦軸と横軸の両方でもって、「リブ」と「運動」「生活」を、また「リブ」と「フェミニズム」を、接続していくことに対する意識だ。

一つのハコは固定しているが、ハコとハコは流動的につながることができるし、ハコに出入りする人は、当然流動的につながっている。ハコのなかの資料を介在すれば、五〇年前のリブの人とも出会えるし、その資料を介していまのフェミニストたちがつながったりもする。その「流れ」をいかにして発生させるかが重要になるだろう。

いまを生きる地域の女性たちが、〈ウィングス京都〉のような「場」とそこにある資料を通して、過去の女たちの痕跡に出会い、感化され、今後の自身の活動／運動につながっていく。そしてそこに共同性が生まれる。そうした流れを、①資料整理に携わった私たち、②〈ウィングス京都〉のスタッフ、③バックアップする研究者たち、が構築していく意識をもち、その態勢を準備するべきである。まずはそのための「呼びかけ」を、筆者のような存在が行なっていくことになる。

資料の性格の枠を広げる

アーキヴィストの平野泉は、ミニコミが研究資源として機能する条件として、以下のことを指摘している。

> ミニコミが研究資源として不可欠なものとなるには、［…中略…］その価値が評価され、その結果多くの資料保存機関が保存・公開に取り組むことでミニコミのアクセシビリティが向上する必要があろう。しかしミニコミ保存の必要性を多くの機関が意識するには、同時代史、社会運動論、メディア論などの研究者によってミニコミが利用され、研究成果が公刊されて機関の目に触れることが前提となる。このパラドックスの解決は容易ではない。まずは現時点でミニコミを所蔵している機関同士が問題意識を共有し、連携して何らかの取り組みをしていくことが求められているのではないだろうか。
> （平野 2013: 424-5）

この提言に即して私たちの資料について考えられることは、まずリブ運動資料を、「女性史」や「ジェンダー／フェミニズム研究」の枠内に押しとどめておくのではなく、より多様なジャンルの研究者・研究機関・アーカイヴ、また運動の「場」に開いていくことの重要性だろう。それは労働運動や人権教育の現場であったり、またはアートの領域であったりするのかもしれない[15]。そしてもちろん、日本の外へ、という意識も必要になってくる。

また、社会運動関係の資料を収蔵する既存の施設同士の横の連携を強化する流れを、いかに作っていけるかという問題意識が必要だ。〈ウィングス京都〉イコール「男女共同参画」の機関、というイメージに基づく役割の限定性を、こうした資料――ラディカルなマニフェストやアジテーション、運動体の活動記録、そして創造的な文学・芸術表現が混在する、多面的な潜在的価値をもった資料――の活用の仕方によって変えて＝拡張していけるかもしれない。そうしたより高次のレベルでの「変革」も見据えていきたい。

そして、こうした資料と、もともとはアーカイヴをもたなかった草の根のミニコミやジンの文化との接点を探ることも重要だ。そもそもアーカイヴィングなど前提としていなかった文化の資料が、アーカイヴィングされることによってどのような価値を発揮するのか、そのアーカイヴィングの実践そのものにいかなる政治的・社会的な意義があるのか[16]。こうした点を考えることは、活字文化／メディアと社会／文化運動の関係性を考えるうえでも重要な意味をもつだろう。それは、まさしくリブ運動が展開したような、公的領域・私的領域の分離が孕む矛盾やそこに介在する権力の問題をあぶり出し、問題化し、そうした社会秩序に対する人々の認識を変革していく実践の方向性と、必ずつながるはずである。

加えて、上記のような模索は、様々な専門職の枠を越えたアーカイヴィング実践の可能性を広く提示することにもつながる（Eichhorn 2010 が参考となる）。そうした啓発的な意味も重視しておきたい。

フェミニスト・アーカイヴィングとしての意味づけ

リブ運動の記録は、「市民活動」の記録、「社会運動」の記録いずれとも重ならない独自性を有している。それはおもに、近代市民社会への批判的立場性と、社会運動内部にある構造的なジェンダー秩序の問題化という点に見出される。そのことは、リブ資料のアーカイヴィングに関わる者たちがしっかりと意識化したうえで、これから資料に触れる人々にも意識されるような工夫が必要になってくる[17]。

より普遍的な次元でいえば、私たちは「フェミニズム運動の資料をアーカイヴすること」自体の意味を、明確に意識するよう努める必要がある。これに関しては、やはり海外の事例に学び、海外の諸機関と連携するという過程が必要不可欠となる。日本のリブの特殊性に注意することはもちろん大事だが、それと同時に、第二波フェミニズムの国際的な共時性・連動性・普遍性を重視することも重要だ。したがって、アーカイヴィングに関しても、国際的な基準・認識を参照する努力は必要になる。アーカイヴィングの方法論はもちろん、フェミニスト主体の、フェミニスト・パースペクティヴによるアーカイヴィングの理念・意義についても、学ぶべき点は多くある（Eichhorn 2013; DWAN 2017; Ashton 2019）。

そうした取り組みを通じて、①一般的な（公的機関による）アーカイヴィングという行為・事業に内在してきたジェンダー秩序を問題化する、②「女性史」研究／教育におけるリブ運動の評価――特に日本においては不当に貶められ、もしくは無視されている側面は否めない――に対する批判的応答ならびにその適正化、という二つのアプローチを行なうことが可能になる。いずれも、学術的かつ運動的に、大きな意味をもつアプローチだ。

それに関連して、最後に一つ指摘しておきたい点がある。それは、リブ運動資料そのものがもつ強い政治性と、資料を所蔵する機関（今回の場合〈ウィングス京都〉）との、見えない

「緊張関係」の存在・意味についてだ。〈ウィングス京都〉は、男女共同参画政策の地域拠点となる、公的・行政的な機関である。かたやウーマンリブ運動は、国や行政の「女性政策」がもつ権力性・差別性・不当性に対峙し、激しく批判・対抗してきた運動である。ここには当然、交わりえない対立点が厳然として存在する。その緊張関係を、資料寄託者である私たちが、また受寄者である〈ウィングス京都〉のスタッフが、そして（未来の）利用者たちが、どう意識し、考え、議論していくのか。一歩間違えば「混乱」を生じさせることにもなりかねないが、実はここには大きな（フェミニズムの実践的な）意義と可能性が秘められていると、筆者は考えている。

収められている資料は、モノとして考えれば劣化した紙の集まりに過ぎない。しかし、上記のような意識のフィルターを経て見れば、それは「現在進行形の運動メディア」としての役割を帯びてくるはずである。「政治的・運動的な資料を扱う」次元にとどまるのではなく、「資料を通して政治的・運動的な実践を行なう」次元にまで、多くのアクターを引き込んでいくこと。こうした資料のアーカイヴィング実践がもつ最終的な使命は、そこにあるのではなかろうか。

7　この先のヴィジョンと展望

最後に、私たちの活動の延長線上にある今後の展開に向けて、ヴィジョンと展望をまとめておきたい。

ここまで見てきたように課題は山のようにあるが、あえてポジティヴにまとめるならば、ＤＩＹのリブ運動資料整理は、それ自体が作業した私たちへの「教育」であり、私たちにとっては小さいながらもそれは「運動」だった。しかし、それは「私たちにとっての」という枠の限界を超えなかった。いまは、なんとかしてその枠の壁を取り払い、一人でも多くの人に対しての「教育」効果を生み出し、一人でも多くの人が今後の多様な「運動」の主体になってくれれば、と思っている。それを実現させることが、リブ運動資料に「出会ってしまった」私たちの使命であろうと思う。

具体的には、限られた研究者以外の人々を巻き込んだかたちで新たな展開を作るための取り組みが、早急に求められる。来年二〇二二年は、二〇〇七年の事業終了から数えて一五年となる。区切りとしてはちょうどよい。いま一度、まずは資料の存在をアピールすること、その活用の仕方を開かれたかたちで再検討していくこと。そのための「場」を設定したいと思う。まずは何か、規模は小さくとも企画を開催したい。理想としては〈ネットからすま〉〈ウィングス京都〉〈立命館大学生存学研究所〉が連携し、さらに京都で現在フェミニズム運動に取り組んでいる方々を巻き込んで展開できれば、と構想している。

平野泉は、自らが務める研究機関〈立教大学共生社会研究センター〉の資料の活用に関して、

> いろいろと制約はありますが、センターの所蔵資料をめぐ

って、さまざまな人ともっといろいろなことをやれたらいいと思います。たとえば、研究者が［…中略…］いま運動している人やふつうの市民と、過去の運動について語り合ってみる、フィールドワークをやってみるというような形で、研究者が多世代をつなぐことができたらよいのではないでしょうか。経験・情報・ノウハウの交流を進めるというか。（平野 2020: 203）

と述べている。筆者としては、こうしたことを早い段階で意識できていなかったことへの後悔があるが、とはいえいつだって遅いことはない。堅実に、しかし大胆に、そして「リブ」的に、実践を模索し、活動を続けていていきたいと考えている。

注

（1）やや古い情報になるが、女とミニコミ研究プロジェクト編（1998）で大まかな収蔵状況を把握することができる。

（2）〈市民アーカイブ多摩〉については、中村（2015）、平川（2020）に詳しい。本誌掲載の杉山氏へのインタビューも参照。

（3）〈Pace〉は、同名のミニコミ『PACE』の発行を、主要な活動の一つと位置づけていた。特に、『PACE』Vol. 3（特集：若者・非正規雇用・運動 2007）Vol. 4（特集：住むという運動 2008）の2点は、東京方面の社会運動界隈でも一定話題となった。Vol. 5（特集：われら詩人――詩を生きるわれら 2009）が最終号となっている。

（4）〈シャンバラ〉の所在地は、京都市中京区西ノ京円町の〈円丸市場〉地下。「スナック・喫茶」としてスタートし、当初は男の客が中心だったが、一九七七年九月に「女のスペース」として生まれ変わる。一九七九年に一度閉店するも、すぐに新体制で再開。一九八〇年一〇月前後には、維持会員「シャンバラ・シスターズ」の数が百名にまでなる。一九八一年二月、名義人Mさん等が運営部を退くと表明したことから、当時のスタッフとMさん（ならびにMさんの支持者）との間に確執が生じ、激しい対立が起こる。一九八二年五月にスタッフ全員が辞任、シスターズは解散し、〈シャンバラ〉は閉店となる。村上（2014a）参照。

（5）〈ネットからすま〉は、おもに人権問題の研究・啓発ならびに「同和」地区の住環境向上、健康・福祉の増進に関わる事業に取り組むNPO法人である。

（6）とはいえ、私たちの作業内容は、井上輝子らが行なっていた資料整理の実態と結果的にかなり似たものであることがのちにわかった（井上ほか 2006）。

（7）〈京都市女性総合センター　ウィングス京都〉は、二〇〇五年当時の名称。二〇〇六年四月から〈京都市男女共同参画センター　ウィングス京都〉となり、現在に至る。

（8）草稿段階の文面であるが、おおよそこの内容で送付された。

（9）〈財団法人京都市女性協会〉は、一九九三年五月設立。二〇一一年四月より〈公益財団法人京都市男女共同参画推進協会〉となり、現在に至る。

（10）事業化にともない、少額ながら予算を獲得することができたので、各人が立て替えて購入していた文具用品の代金などはそれで賄うことが可能となった。

(11) なお立岩は、これと同時期に、自身がセンター長を務める〈立命館大学生存学研究センター〉(2007～19年4月より〈立命館大学生存学研究所〉。所長は現在も立岩が務める)で本格的にアーカイヴィング事業に着手することになる。その取り組みは現在も継続しており、立岩自身もアーカイヴィングの経緯・理念・意義について論じている(立岩 2019)。
(12) マイノリティの社会運動に関する資料を公的な機関にアーカイヴすることの意義と困難さについては、Ramamurthy (2006) 参照。
(13) この点はジン・カルチャー、特にフェミニスト・ジンの性格と関連づけて考えるとより有効である。村上(2021)参照。
(14)『スペース通信』第3号(1979.7.1)の《グループ活動》欄(4頁)には、「資料整理グループ:リブのこの10年の流れをビラやパンフでつづられた歴史として整理しシャンバラの貴重な資料とすべく進行中」という記載がある。なお、同頁の《販売》欄には、「ミニコミ:各地で女の解放にむけてがんばってる女たちの本屋では手に入らないミニコミ」という記載があり、ここから、〈シャンバラ〉ではリブ運動のなかで流通していた活字メディアを、アーカイヴィングと販売という二つの(同時並行で展開する)活動の対象としていたことがわかる。
(15)〈法政大学大原社会問題研究所環境アーカイブズ〉に(二〇一六年当時)勤務していた野口由里子は、ミニコミ資料のさらなる利用展開という課題について、「一つは、研究利用以外での利用可能性を模索することである。例えば、美しく装飾されたミニコミ資料などは、他のミニコミよりも劣化の問題が深刻であるものの、デザインの面からも評価できる」(野口 2016: 39)と述べている。美大・芸大が複数存在する京都のような都市では有効な視角といえ、検討に値するだろう。
(16) ジン・カルチャーにおけるジン・ライブラリーの存在意義を明確にしたKnight (2018) が参考となる。
(17) 長谷川伸は、地域の歴史資料の整理作業においては、専門家・行政・市民(ボランティア)の三者間のパートナーシップと協働におけるバランスが重要だと指摘する(長谷川 2017)。しかし、リブ運動や障害者運動のようなラディカルな運動の資料を、当事者ならびにそれに近い存在が中心となって整理し公開を試みる場合は、異なる方針と認識が必要になるだろう。少なくとも、均等なバランスでの協働という図式は描き難いし、関係する各機関に対してはある程度の距離と警戒心を保持する必要がある。その(特殊な)ありかたの概念化は、今後の課題となる。

参考文献

井上輝子・長尾洋子・船橋邦子(2006)「ウーマンリブの思想と運動――関連資料の基礎的研究」『東西南北』2006: 134-58.
江頭晃子(2014)「資料保管運動から資料センター開設まで――市民活動資料・情報センターをつくる会のあゆみ」『大原社会問題研究所雑誌』666: 24-34.
女とミニコミ研究プロジェクト編(1998)『女性センターで読める女のミニコミリスト』女とミニコミ研究プロジェクト
栄井香代子(2007a)「資料の来歴」(栄井ほか 2007: 2-3)
――(2007b)「資料の概略」(栄井ほか 2007: 4-11)
栄井香代子・竹村正人・村上潔(2007)『「平成18年度京都市男女共同参画講座受講生参考資料(女性解放運動関係)収集調査」報

告書（付：資料目録）』NPO法人京都人権啓発センター・ネットからすま Web掲載（2020.10.25）http://www.arsvi.com/2000/20070331nk.htm
滝川マリ・冬木花衣・ぶんた（聞き手：村上潔）（2007）「［インタビュー］八〇年代京都におけるリブ運動の模索――〈とおからじ舎〉へ、そして、それから。」『PACE』3: 36-49. Web掲載（2020. 9. 27）http://www.arsvi.com/2000/20070731mk.htm
立岩真也（2019）「生存学研究センターによるアーカイヴィング」『立命館生存学研究』3: 9-15.
長島祐基（2016）「市民団体（市民アーカイブ多摩）における市民活動一次資料アーカイブズ化の取り組み――「懸樋哲夫氏旧蔵電磁波運動資料」の整理過程を事例に」渡辺尚志編『アーカイブズの現在・未来・可能性を考える――歴史研究と歴史教育の現場から』法政大学出版局：135-72.
中村修（2015）「市民アーカイブ多摩について――その前史から現在まで」『アーカイブズ学研究』22号：49-71.
野口由里子（2016）「アーカイブズにおけるミニコミ資料利用の展開の可能性――ミニコミ資料「ブーゲンビリア」の事例分析から」『大原社会問題研究所雑誌』694: 27-40.
長谷川伸（2017）「地域資料調査の課題と市民協働活動――資料整理ボランティアを考える」国文学研究資料館編『社会変容と民間アーカイブズ――地域の持続へ向けて』勉誠出版：239-61.
早川和弘（2017）「民間アーカイブズの保存活用を巡る法的課題――調査・収集を中心に」国文学研究資料館編『社会変容と民間アーカイブズ――地域の持続へ向けて』勉誠出版：47-79.
平川千宏（2020）『市民活動資料の保存と公開――草の根の資料を活用するために』日外アソシエーツ
平野泉（2013）「研究資源としての「ミニコミ」――立教大学共生社会研究センターの事例」『情報の科学と技術』63(10): 421-5.
――（2016）「市民運動の記録を考える――アーキビストの視点から」『社会文化研究』18号：35-55.
――（2020）「［社会運動アーカイブズ インタビュー］市民社会の財産を守り、活かしていくために」『「1968」を編みなおす 社会運動史研究2』新曜社：189-205.
溝口明代・佐伯洋子・三木草子編（1992）『資料 日本ウーマン・リブ史Ⅰ――1975～1982』松香堂書店
――（1994）『資料 日本ウーマン・リブ史Ⅱ――1975～1982』松香堂書店
――（1995）『資料 日本ウーマン・リブ史Ⅲ――1975～1982』松香堂書店
道場親信・丸山尚（2013）「［証言と資料］日本ミニコミセンターから住民図書館まで――丸山尚氏に聞くミニコミ・ジャーナリズムの同時代史1961-2001」『和光大学現代人間学部紀要』6号：175-242.
村上潔（2009）「「男女平等」を拒否する「女解放」運動の歴史的意義――「男女雇用平等法」に反対した京都のリブ運動の実践と主張から」『Core Ethics』5: 327-38.
――（2014a）「［連載］京都の女性運動と「文化」（全3回）第1回：序論――女のスペース〈シャンバラ〉の活動から」Webマガジン『AMeeT』（一般財団法人ニッシャ印刷文化振興財団）2014. 5. 5 更新 https://www.ameet.jp/column/219/
――（2014b）「［連載］京都の女性運動と「文化」（全3回）第2

回――〈シャンバラ〉以後、一九八〇年代のリブ運動」Ｗｅｂマガジン『AMeeT』2014.7.8更新 https://www.ameet.jp/column/221/
――（2014c）「[連載] 京都の女性運動と「文化」（全3回）第3回――一九九〇年代、リブとして生き続けることの模索」Ｗｅｂマガジン『AMeeT』2014. 9.26更新 https://www.ameet.jp/column/223/
――（2018a）「[連載] 都市空間と自律的文化へのアプローチ――マンチェスター・ジン・シーン・レポート（全4回）第3回：創造の「スペース」としての《ジン・クラブ》」Ｗｅｂマガジン『AMeeT』2018.3.31更新 http://www.ameet.jp/column/1507/
――（2018b）「[連載] 都市空間と自律的文化へのアプローチ――マンチェスター・ジン・シーン・レポート（全4回）第4回：ソーシャル・スペース〈パルチザン〉から見るジンとスペースの潜在力」Ｗｅｂマガジン『AMeeT』2018. 4.19更新 http://www.ameet.jp/column/1600/
――（2020）「アナーカ・フェミニズムにおけるジン――ジンが教育／スペースであること」『現代思想』48(4): 160-8.
――（2021）「ジンというメディア＝運動とフェミニズムの実践――作るだけではないその多様な可能性」田中東子編『ガールズ・メディア・スタディーズ』北樹出版：130-48.
山嵜雅子（2016）「市民運動を記録する営み――記憶（運動経験）を継承する」『社会文化研究』18号：87-102.

Ashton, Jenna (2019) "Feminist Archiving [a manifesto continued]: Skilling for Activism and Organising." Maryanne Dever (ed.), *Archives and New Modes of Feminist Research*, New York: Routledge, 126-49.
Digital Women's Archive North [DWAN] (2017) "The Feminists Are Cackling in the Archive …." *Feminist Review*, 115: 155-64.
Eichhorn, Kate (2010) "D.I.Y. Collectors, Archiving Scholars, and Activist Librarians: Legitimizing Feminist Knowledge and Cultural Production Since 1990." *Women's Studies*, 39(6): 622-46.
――(2013) *The Archival Turn in Feminism: Outrage in Order*. Philadelphia: Temple University Press.
Knight, Rosie (2018) "How Zine Libraries Are Highlighting Marginalized Voices." *BuzzFeed News*, December 30, 2018 (https://www.buzzfeednews.com/article/rosieoknight/zines-libraries-marginalized-voices).
Ramamurthy, Anandi (2006) "Archiving the History of a Social Movement: Tandana-Glowworm, The Asian Youth Movements Archive." *SACS*, 1(1): 12-6.

【特集　メディアがひらく運動史　インタビュー】

ヤン・イークス Jon Eakes さん

私たちには人びととのつながりがあった

――太平洋を横断し、切り開かれたベトナム反戦運動の経験

聞き手：大西雄一郎・大野 光明／訳・解題：大野 光明

ヤン・イークスさん（中央）。後列左から大西，大野。ヤンの自宅にて（2017年5月12日）

一九六〇年代後半、日本におけるベトナム反戦運動は、学生、労働者、市民だけでなく、米軍の兵士や海外からの留学生など、さまざまな人びとによって活発に取り組まれていた。いわゆる「反戦米兵」の運動の形成と発展を支えた一人が、ヤン・イークスさんである。

ヤンは一九四五年生まれ、カリフォルニア州にあるサクラメント州立大学で学生運動や兵役拒否運動などを経験したのち、兵役から逃れ、六九年八月に来日した。それから七一年五月までの約一年九ヵ月、日本、沖縄、香港に滞在し、米兵への支援やはたらきかけに活発に取り組んだ。パートナーであったアニー・ダーストさんとともに、多くの人びとの記憶に深く刻まれている人物である。忽然と日本を去った――日本の入管体制とアメリカ政府による逮捕状の発行、パスポート失効によって出国を余儀なくされた――ため、その後の行方がほとんど知られないまま、なかば伝説化した人物となっていたといえるかもしれない。

インタビューのきっかけは、二人の足跡を黒人兵との連帯という視点から描いた、大西雄一郎による著書 *Transpacific Antiracism: Afro-Asian Solidarity in 20th-Century Black America, Japan, and Okinawa* (New York University Press, 2013) を偶然手にとったヤンが大西にメールを送ったことにある。その直後の二〇一七年三月、大阪大学の国際セミナーに招かれた大西と大野光明は意気投合し、ヤンへのインタビューを計画することにした。そして、同年五月一一～一二日の二日

間、私たちはカナダ・ケベック州モントリオールにあるヤンの自宅に招かれ、長時間にわたってお話をうかがう機会を得ることができたのである。

ヤンの語りからは、ベトナム反戦運動が国境を越えた人と人とのつながりや信頼関係によって、ダイナミックに展開していたことがわかる。ヤンとアニーという魅力的な人物が、国内外の「人民の海」を移動し、交流を続けたことで、日本や沖縄からは「遠い」――しかしある意味では近い――場所の人びとの経験、情報、練り上げられたスタイルや技術が届けられ、響きあっていく過程があったのだ。

■生い立ち

――まずは、いつ、どこで生まれ、成長されたのかうかがえますか。

ヤン・イークス（以下、ヤン） 私はロサンゼルスで生まれました。生後二週間でロサンゼルスから出たため、そこでのことは覚えていません（笑）。カリフォルニア州の中部、農業地帯にあるセントラル・カリフォルニア・バレーで、私は大きくなりました。シエラネバダ山脈のすこし手前、サンフランシスコの東部です。平坦な三角州の平原にある農業地帯です。サンフランシスコやバークレーのような地域とはまったく異なる、とても静かで保守的な地域です。

――お生まれは。

ヤン 一九四五年生まれです。日本が戦争で降伏した年に生まれたことになりますね。

――生まれたのは終戦前だったんでしょうか。

ヤン 戦争の終わるほんのすこし前ですね。父は太平洋上の補給船の兵士でした。彼はそのことについて決して話しませんでした。話題に一度もならなかったので、楽しい経験ではなかったのでしょう。そこにいたくなかったのだし、家族と家にいたかった。彼の休暇取得中に母は妊娠し、ちょうど終戦の時期に私は生まれたんです。

――そのあと、カリフォルニア州ストックトン（Stockton）で育ったんですね。

ヤン そうです。

――ストックトンは比較的大きな都市ですが、農業地帯に囲まれてもいました。

ヤン 子どもだった頃、そこは農業のコミュニティに囲まれていました。現在とはまったく異なる姿です。私が大学に入ってまもなく変わりました。子どもだった頃は千マイルの河川に流れる水が広がる三角州地帯が広がっていました。海面からはわずか14フィート〔約4メートル20センチ〕。サンフランシスコ湾へと流れるサクラメント川というとても大きな川がありました。カリフォルニア州の内陸部であるストックトンには海軍基地もあったんですよ。

――川にですか。

ヤン 川のなかに（笑）。まるで軍艦や潜水艦が道に迷ったかのようで、とても奇妙でシュール・リアリスティックでした。太平洋の海岸沿いを攻撃された場合、その軍艦を防衛する目的で設立された海軍基地でしたが、もちろんそんな攻撃は受けませんでした。

いくつかの河川は当時まったく管理されていませんでした。山がとても近いためにその雪が溶け、二年ごとに一度、あらゆる地域で洪水が起き、大きな一つの湖のようになってしまいました。都市中心部にあった私の家も小さな土嚢の上にあったのです。馬をつなぎとめる玄関ポーチに、私たちはボートをつないでいました。春のあいだの数週間、ボートで移動したからです。私が高校に通っていた頃には、河川管理の堤防建設が始まりました。洪水の時期には、雪が溶けて上昇した川がおさまるまで、私たちはみんな、土嚢を運び堤防をつくる仕事をしなければなりませんでした。でも、農家は洪水を喜んでいましたね。豊かな栄養分を土地に運んでくれると。

――そうでしょうね。

ヤン　洪水は堤防をしばしば壊しましたが、それは自然を管理すること、すなわち進歩に逆らっていく興味深い社会的力学でもありました。また、社会的な観点からさらに興味深いのは、子どもたちは九月に入っても、いつ学校が始まるかを決して知らなかったことです。私たちは農業に深く関わり、収穫作業に必要とされたために、収穫時期までは学校を始められなかったのです。そのような農業形態から、産業化された農業、子どもが働くことのない農業への変化の過程にあって、私は時代のちょうど分かれ目にいたんですね。

――コミュニティの特徴や人口構成はどのようなものだったのでしょうか。ヤンは都市部に住んでいたんですよね。

ヤン　都市部です。だから、私たちは収穫などの農繁期の追加的な労働力だったんですね。

　子どもだった時のことで覚えているのは、いまでは正確にそれがどこなのか覚えていませんが、日系人１００％のコミュニティがあったことです。街路の看板やすべての表示が日本語でした。そこを通り抜けるのはとても興味深いことでした。けれど、日系人はサクラメント市の支配的な人種ではありませんでした。

　サクラメントは人種的にはっきりと分離されていました。支配的な白人、とても強い黒人、そしてメキシコ人とフィリピン人。私の中学校は最もはやく、いわゆる教育的統合を国内で経験した学校の一つでした。つまり、基本的には、人種にもとづき生徒を学校に割りあて、バスで彼らを毎日通わせたのです。厳密に完璧な人種的バランスがしかれて、私たちの学校では白人、黒人、メキシコ人、そしてフィリピン人の生徒がそれぞれ四分の一ずつでした。人種的な調和を高めるためですが、もちろん、四つのギャング組織をつくって、調和的なものにはなりません。中学のあと、みんな高校へ進学しますが、そこは白人のみ、黒人のみ、メキシコ人のみ、フィリピン人のみのもので、人種は完全に地理的に分離されてしまいました。

　このように私たちには人種間の多くのつながりがあったわけです。とても刺激的だったし、その多くが単純な人種的衝突でした。私は小さな子どもにすぎなくて、大きくて強い黒人たちと友だちになりました。学校で彼らを助けると、彼らは私をストリートで助けてくれる（笑）。それはとても有益な同盟関係で、私が初めて政治を学び始めた経験だったと思います。

――うまく切り抜けていく。

ヤン　うまく切り抜け、同盟関係をつくる。彼らと私のなかの価値を見つけ、両者をどのようにまとめるかを考える。

――中学校の教師たちは白人だったのですか。

ヤン　私が覚えているのは全員白人です。

――ご両親はさまざまな形であなたに影響を与えたと思います。

ヤン　もちろんです。まず、両親のそれぞれの家族には宗教的な経歴がありました。母方の祖母はメソジスト教派の司教、父方の祖父はプロテスタントの牧師でした。母は私たちを信心深く、日曜学校に連れていきました。しかし、それは狂信的というものではなくて、とてもプラクティカルな信仰のようなものです。父と母の存在の核には、宗教をはるかに超えた揺るぎない人間のモラルがありました。おそらく、宗教はそれに衣服を着せている、入れ物にすぎませんでした。両親は人びとのなかの善を見出す人間でしたし、誰にとってもベストなことをしていました。だから、両親がとてもよい人たちだと思えたことは、とても嬉しいことでした。たとえ両親と政治などについて考え方が異なっていたとしてもです。

母は英語を学んでいましたが、専門的な仕事にはつかず、四人の子どもの主婦になった人でした。それが彼女の人生のなかでやったすべてです。彼女は仕事に就かなかったことを残念とは考えませんでした。女性が仕事に就くことがまだ社会のなかで広がっておらず、それがようやく始まった時だったんですね。彼女はほんの少しの期間だけ働き、第二次世界大戦のあとに仕事を辞めています。

彼女はとても快活で、私と政治についての議論もしたんですよ。彼女にこう言われました。「あなたはインテリで、ずいぶんと広い知識はあって、あまりに理想主義的じゃないか」と。私の基本的な考えには賛同してくれて、同時に、こう批判し続けました。「それで、あなたは実生活については何をしているんだい？　大学キャンパスで座りこんで、金切り声をあげ、素晴らしいスローガンを叫んでるだけなの？　それで何をしたことになるの？」と。このことが、私に具体的な機会がやってきた時に、「よし、これこそが私にできることなんだ」と背中を押したのです。

父は保険の営業担当で、ビジネス・マネージャーでした。人への話し方について多くのことを教えてくれました。また、不可能なことは存在せず、ただ少し時間がかかることがあるだけだと言い、自信をもつことについても教えてくれたのです。とてもポジティブなんです。人は何でも実現でき、どこへでも行くことができるというアメリカ的テーゼを根本的に信じていました。

彼は私をとてもよく支援してくれました。同じアクティビストである大学のクラスメートの父親と比べると、その違いは、父は私の意見に同意しなくても、支援してくれたことです。常に私を支える人でした。もし私が投獄されたら、彼は私を保釈させたでしょう。もし私が飢えていれば、たくさんのお金を渡すことはしませんが、何かを与えたでしょう。彼は私を甘やかされた子どもにはしたくありませんでしたが、私のそばにきて、助けたのです。

だから、私はリスクを負うことができました。最後の一銭から始めることができ、また、飢え死にすることはないと感じていました。父を頼りにしなくてもやりたいことはできましたが、でも、背後にいる彼をどこかで頼りにできた。このことはさまざまなことを可能とした素晴らしい強みだったんです。

その後、私は日本や沖縄へ行き、活動できたわけですが、渡航前にどんな契約も保険も、そして予算もありませんでした。私たち〔ヤンとアニー〕にはただ人とのつながりだけがあったのです。そこにはベ平連がありました。私たちには人びとがあった。そして合衆国には父がいた。なんとかすり抜け、生きていける、いくらかの人とつながっていたのです。

アニーと私がつくった、あるいは、カリフォルニアの黒人たちと活動しながらつくった運動の哲学というのは、外部からたくさんの資源を用意して入っていくことを決してすべきではないというものです。たくさんの資源を持ちこむということは、私たちが共に活動する人びとを必要としないということです。また、もし完全なキャラバン隊やたくさんの従業員、多くのお金を携えて行ったなら、私たちは現地の人々に対して何かをするよう押しつけるでしょう。私たちが学んだのは、まずそこに行き、「こういった技術をもち、あなたを手助けできるかもしれない。どうしたらあなたを支援できるでしょうか。もしランチに招いてくれたらありがたいんだけど」と言う必要があるということです。そうすれば人びとを信頼できるようになる。たとえば、兵士たちが食わせてくれるようになるんです。兵士たちはチリコンカンの缶詰を基地内のダイニングセンターから持ち出してくれたんですよ。このような人のつながりが私たちを強くして、前に進ませたんです。

1967年頃のヤン
（ヤン・イークス氏提供）

■サクラメント州立大学での経験

――サクラメント州立大学を卒業するのに四年以上かかったと聞きました。

ヤン　私が大学の工学部に入学したのは一九六二年、アメリカから日本へ出たのが六九年です。エンジニアになりたかったんですね。特にカリフォルニア州の水に関するプロジェクトで働きたいと思っていました。

大学に入ると、工学部の学生がキャンパスではとんでもなく優遇されていることがわかりました。特権的な立場でした。たとえば、授業の履修登録に優先的にアクセスできて、困ることがありませんでした。どんなクラスでも受講でき、問題なく履修できました。それがちょっと気になりました。

また、工学を学び始めて、自分が取り組みたかった夢がすでに失くなっていることにも気づきました。望んでいた工学の仕事、つまり創造性のある仕事はほとんど終わっていたのです。巨大なプロジェクトのなかで、とても小さな物事を何人もの、いくつものチームでやるようになっていました。もはや、機械を設計するような仕事ではなく、機械に取りつけるナットやボルトを設計していたのです。それから、エンジニアが受講する必要のない授業に興味を持つようになっていきました。エンジニアになるのだから社会学や文学の授業は必要ないと言われていたため、〔工学部生は〕他の学部生が一般教養として履修すべき多くの科目を免除されていました。でも、それは私たちの人間性を低くしているのではないかと思いました。エンジニアは視野が狭く、焦点を狭めすぎると批判されていました。オタク、とかね。

それで、私は他のクラスを取り始め、すぐに工学の学位のための四年制のコースから抜け出すことになりました。工学の学位取得には四年間、工学固有の多くのコースを受講しなければなりません。だから、五、六年かけて取得しよう、気にすることはない、と思うようにしました。私の関心はどんどん広がって、政治に関わったり、女性を見つけたりしたんですね。

最終的に工学部を卒業しませんでした。ベトナム戦争があり、兵役が背後に迫っていたからです。一九六九年、私は大学を出なければなりませんでした。私にとって前に進むべき時がきたのです。それで大学の教務課に行き、「私が学位を取得すれば、父はとても喜んでくれると思う。何か学位を取る方法はないでしょうか」と相談すると、「何を勉強しているんだ」と尋ねられ、「工学です」と答えました。「明日きてくれ。記録を調べるから」と言われたので、再び訪ねると「工学の学位が欲しいなら、いくつかのコースを取り直す必要があります。学位取得まであと二年必要です」と言われました。「いや、この夏にここを出ないといけないんです」と伝えると、「この夏に二つの授業を受ければ、他分野の学位なら取れますよ」と。「それではだめなんです。大学を出ないといけなくて」と言うと、「もし行政学の学位を取りたいなら……二年前にすでに合格できる状態です」と(笑)。私自身は大学の卒業証書を見ていませんが、証書は父に送られました。こうして大学を卒業できました。

――卒業を確認したんですか。

ヤン　はい。毎年、秋のセメスターには、私はAやBの成績の優等生リストに載っていましたが、春のセメスターにはDとFの「保護観察リスト」に載る。夏が終わって戻ってきたばかりは天候が悪かったんですね。春になるとすぐに釣りに行ったり、他のことをしてしまう。学校をドロップアウトし、政治にも関わった。あまり真面目な学生ではありませんでしたね。

――学生自治会の会長をつとめたんですよね。

ヤン　はい、学生自治会長に選ばれ、自治会を運営していました。大学には、名ばかりのものですが立法機関、司法機関、行政機関があります。国家の練習のようなものです。通常はあまり多くのことをしていませんが、教員が関与して、その指示どおりに演劇や音楽やスポーツにお金を使っていました。すべて計画されたとおりに行われているので、自治会は何もすることがありません。無意味なことを議論しても、会長になれたのです。私は体育会の運動部によって会長に選ばれたのですが、その時の姿はとてもストレートなクルー・カット、白人のアングロサクソン、ワスプのような感じです。

その頃、大学ではベトナム戦争についての議論はありませんでした。サクラメントは保守的なキャンパスでした。そのなかで会長に当選し、その後、いろいろなことが起こり、私も変わりました。私たちはキャンパスをずいぶんとラディカルにしました。学生自治会の運営方法を大きく変えました。物事が面白いように覚醒していったのです。私は〔支援してくれた運動部の〕学生に「レクリエーション活動をするのか、運動部の学生を本当に支援するのか、どちらかを選ぶべきでは」と主張しました。このような政治的ではない議論が原動力となって、ベトナム戦争についても話し始めるきっかけが生まれたのです。そして、黒人学生組合(Black Student Union. 以下BSU)(1)の設立や、マーティン・ルーサー・キング牧師をキャンパスに招くきっかけにもなりました。

――キングの講演は、あなたが会長になって最初にしたことの一つだと思います。六七年の七月か八月に会長の任期が始まって、キングがきたのはその年の一〇月ですね。

ヤン　その通りです。

できるだけ多くの学生を支え、その活動を尊重するように、限られた自治会の予算をどう使うか。それを考えることを通じて、私たちは目を覚ましたのです。自治会は法人であり、会長はその法人の最高経営責任者です。ある日、私は銀行へ行き、予算の執行を止めることにしました。それにより運動部のバスが止まり、演劇の発表会や映画上映会も中止となりました。すべてが止まりました。みんなが私に怒って、怒鳴りました。キャンパスで唾を吐きかけられることもありました。そこでこう伝えたんです。「二週間議論できる。話をしようよ」と。それから、東部の大きな大学で見られるような、それまで私たちが経験してこなかったティーチ・インなどが巻き起こったのです。予算というテーマをとりあげたからこそ、突然に、すべてに命が吹きこまれたのです。

――自治会の副会長がアフリカ系アメリカ人だったことにも注目したいです。それは人種間のバランスのようです。

ヤン　人種間のバランスですよ。でも、彼はBSUにすら賛成しない、とても保守的な若者でした。私の次の会長になりましたが。

■ベトナム戦争――東南アジア・ツアー、黒人との活動、兵役拒否運動

――大学生のあいだ、ベトナム戦争についてはどのように考えていたんですか。

ヤン　私が自治会長に立候補した時、ベトナム戦争については何も知りませんでした。キャンパスでは反戦デモもありませんでした。カリフォルニア大学のバークレーやデイビスではデモが行われていました。私たちのキャンパスにはそれがまったく届いていなかったんです。率直に言って、私は無知でした。

自治会長に選ばれたのはちょうどセメスターが終わる六月。キャンパスには誰もおらず、何も起こらない夏に、会長をつとめ始めました。学生がキャンパスを去った後、自治会事務所にある手紙が届きました。東南アジアをツアーするピープル・トゥー・ピープル代表団（People-to-People University Student Fact-Finding Delegation to Southeast Asia and Vietnam）に加わり、選挙期間中の南ベトナムにも立ち寄り、主催の言うところのファクト・ファインディング・ミッションを行うというものです。カリフォルニア中の重要な学生リーダーで構成され、私はサクラメントの自治会長をしていたため、その立場ゆえにリーダーだとみなされたんですね。誰にも相談できる人がいなかったので、自分を指名してこの旅に出ることにしました。もちろん渡航費は自費です。必死に働いてお金を集める必要がありました。

韓国、日本、香港、フィリピン、バンコク、ベトナム、インドネシアを訪れました。あわただしいツアーで、各地のアメリカ大使館や公的な式典や発表会に参加しました。多くの学生たち、活動家の学生たちにも会いました。彼らの多くは左翼の学生ですね。そして、飛行機のなかでベトナムに関する小さな本を初めて読んだんです。

このグループの参加者のほとんどは非常に保守的、何人かは中道といった感じだったのですが、とても聡明で左翼政治に明晰な女性

が一人いました。私はこの女性とパートナーを組むことになりました。彼女から各国について素晴らしい教育を受けました。国務省から公式に洗脳されていくあいだ、これらの国の実際の政治状況などについて教わったわけです。地下活動中の学生との会合にも参加しました。彼女と私だけで出かけました。彼女は「アジアでは女一人では路地裏には行けないから、誰か一緒に行ってくれる人が必要なんだ」と言ったので、私はボディーガードだったのだと思います。このツアーで自らいろいろなものを見て、多くのことを得ました。

大学に戻って、すでに関わっていた黒人グループとのつながりを深めていきました。彼らの政治や状況を理解し始めました。こうしてベトナムの大量虐殺についても話し始めたんです。最初にやったことの一つは、バス・ツアーの企画でした。サプライズ・バス・ツアーです。私と多くの黒人学生がお金を持ちよってバスを一台手配し、サクラメントの黒人ゲットーまで学生たちを連れて行きました。ゲットーはスーパー・ハイウェイのすぐ隣にあるのですが、車でハイウェイを通り過ぎるなら、誰もゲットーを見ることができない高さになっていました。毎日この通りを車で通っていても、ゲットーを見たことがない。だけどハイウェイを降りると、悲惨な貧しさがありました。私たちは黒人のなかでも最悪の状況を見ました。それは私たちの街のなかにあったのです。黒人と協力して、これはジョージア州アトランタの問題ではなくて、ここサクラメントの問題なのだと、白人を目覚めさせたのです。この経験が多くの活動の始まりでした。そういったことに取り組んでいたところ、その年のある時期にジョン・バーチ協会［極右・反共団体］からヒットリストに私が載っていると脅迫も受けました。何か反応があったら、自分自身を強くし、もっと詳しく調べ、より多くの事実を知り、さらに経験を積む必要がありました。私が学んだのは、レトリックではなくて、状況を理解すること、現場に入りこむことです。そうしなかったら、どうやって人びとと一緒に活動できるでしょうか。

——話はすこし変わりますが、兵役に関する経験についても話していただけますか。

ヤン　当初、私たちは徴兵されないと思っていましたが、戦争はとても多くの兵士をとり始めるようになりました。志願する者もいました。そのほとんどは経済的な理由による志願兵です。彼らは他で仕事を得ることができなかったのです。しかし、軍隊に行けば訓練を受け、仕事も得られ、飛行機にも乗れるかもしれない。だから、軍隊にはさまざまな機会がありました。しかし、それだけでは軍隊が必要とする人数を満たすには不十分で、徴兵制を再び設けなければならなかったのです。

徴兵制は基本的に抽選制でした。一六歳だったと思いますが、すべての若者が徴兵カードを受け取り、このカードによって徴兵制に加わることになります。そして軍隊が抽選をし、「この地域から百人必要だ」という具合に人を選んでいく。地区ごとの割当人数があり、無作為にくじ引きをして、人名を引き当てる。もし抽選で名前が出たら、入隊することになります。

そこから抜け出す方法はいろいろありました。一番の方法は、カリフォルニアの州兵を志願することです。州兵はアメリカ国内の軍事組織で、非常事態に対応します。通常は洪水や火事などですが、暴動やその他の事態にも使われることがありました。白人の多くはそこに入るコネがあり、ベトナムに行かずにすんだ。彼らは兵役を免除されました。学業のための免除もありました。大学生の免除です。また、結婚していても免除されました。これらの免除条件はもちろん、人種的なバイアスをともなう社会状況と関わります。大学にいるのはマイノリティではありません。その年齢で結婚する経済的余裕のある人も、マイノリティではありません。白人も多く徴兵されましたが、徴兵はマイノリティ、可視的なマイノリティに偏っていたのです。

そこで私たちは、若者たちがおもに良心的兵役拒否によって徴兵を避けられるように、サクラメントでドラフト・ヘルプ・センター（Draft Help Center. 徴兵援助センター）を設立しました。そのため、バークレーを訪れ、そこでの取り組みをお手本にしました。バークレーでトレーニングを受けたのです。

——センターの設立はいつですか。東南アジアへの旅行のあとですか。

ヤン　東南アジア旅行のあとです。自治会長の任期後だったかもしれません。仲間のジムがセンターの設立者で、私は資金調達の担当でした。外に出てさまざまな団体と話し、この活動へ加わり、支援するようはたらきかけました。ジムはそういう性格ではなくて、センターをつくり、それを機能させる仕事をしました。

センターが発展するなかで重要なことが二つありました。一つは、兵役を避け、軍隊から逃れるため、白人の若者をカナダへ逃げるよう助けたことです。けれど、彼らは数ヵ月後には、たとえ刑務所に入ることになったとしても、アメリカに戻ってきてしまいました。バンクーバーでは何もすることがないので、おかしくなってしまったのです。また、彼らは何かをするために、アメリカに戻らねばと感じていました。政治的でない者はカナダに残り、政治的な人間は戻ってくる。政治的な人たちが取り組める何かよいことを見つけなければならないと気づきました。

また、より多くのマイノリティを支援することをはっきりと決めました。活動を白人に対してではなく、黒人やメキシコ系、フィリピン系の人たちに向けるという決定です。ベトナムに送られる子を持つ親の階級が上がるほど、戦争が支持されなくなる現実がありました。もしも〔階級の低い〕他人の子どもが戦場に送られていたなら、戦争を支持するのは簡単です。それはおもしろい矛盾でした。

私がアジアに行くことを決めた頃の夢の一つは、アジアで何か価値のあることができれば、カナダに行きたいと思っている兵役拒否者たちをアジアに行かせ、もっと有益なことをやってもらえる、という漠然としたことでした。だけど、私たちは何をすればよいのか、本当にうまくいくのかまったく見当がつきませんでした。私自身も兵役拒否者になったため、ある時点でアメリカから逃げなければいけなくなった。兵役拒否者はアジアではとても脆弱な存在でした。留学生であるアメリカ人がベ平連運動に参加したいと考えたとしても何の問題もありません。そうすることは自由であって、逮捕さえされなければ（笑）、ビザ〔の差し止めや更新拒否〕の危険性はありません[2]。けれど、兵役拒否者の私は、アメリカ政府から追われ、身を隠さなければいけませんでした。それで逃亡者を集めてアジアで活動させるのは現実的ではないとわかりました。私のようなバカな人間だけが、身を隠さずに表で仕事をしたんですね（笑）。

■運動のスタイルとブラック・パワー運動

——オークランド[3]の黒人たち、ブラックパンサー党ともつながりがあったとうかがいました。

ヤン　そうですね。私はまず黒人コミュニティ全般とのつながりから始め、その後、主要大学での運動を真似ながら誕生したBSUともつながりをもつようになります。BSUはサンフランシスコ・ベイエリアで始まり、その後、アイビーリーグの大学へと広がっていきます。小さなサクラメントの大学もゆっくりと目を覚まし始めました。覚醒した最初のグループのひとつは、基本的には保守的なのですが、黒人の問題を考えてきた黒人学生たちでした。彼らのなかには戦闘的な人びともいました。大学にブラック・スタディーズを設置する要求も始まりました。

　BSUはサクラメントではかなりオープンで、参加したい人は誰でも集まれる開かれた会議がもたれていました。けれど、黒人たちは黒人自身を団結させるため、黒人だけの会議が必要だとも感じていた。よくあることですが、黒人の名の下に、すべてのレトリックを支配する、明晰に話すことのできる政治的な白人学生たちが集まっていたのです。白人学生はまるで自分が黒人であるかのように、白人に向かって叫び、大声で呼びかけていました。私はそれを黒人の声を盗んでいるのだと思いました。

　私が望んでいたのは黒人が話すこと、そして、黒人と十分な信頼関係をつくることでした。たとえば、とても聡明だけれど明晰には語れない、一人の黒人の仲間がいたんです。偉大なリーダーとしての可能性があると感じましたが、彼はスピーチでつまづいていたんです。スピーチに一貫性が少し欠けていました。感情があふれているのは素晴らしかったのですが、スピーチの組み立て方を学ばなければなりませんでした。それで、彼に「スピーチについて、白人の先生とのミーティングに一緒に行ってみないか。君たちの政治に口を挟みたいわけじゃない。君のスタイル、君自身を変えることなく、スピーチをより効果的にするよう助けられると思うんだ」と伝えました。それで、私はミーティングに一度参加しただけで、そのあとは、彼が教授と二ヵ月間を共にしました。もし私がそこに留まれば、彼に影響を与えすぎてしまうと思っていました。彼にとってそれはよくないことです。私は自分自身が「これをして、これをやって」と言うような押しが強く、十分に激しい人間だと理解していましたから、教授に話をさせたのです。彼のスタイルに関わるけれど、そのストリートの言葉を奪わないようにしました。聞き手を楽しませ、奮い立たせることです。彼はそれに夢中になっていき、何らかの効果をもたらしました。人びとを巻き込み熱狂させ、それから、「ほかに選択肢なんてない、これをやるしかない！」と言うと、みんなが「そうだ！」って言う（笑）。私が彼らに関わったのは、そういうスタイルのようなものでした。

——その頃、オークランドへも行ったのですか。

ヤン　オークランドにはいくつかの理由で数回行きました。一つは、徴兵登録に関する手続きのため。もう一つは、オークランドで設立されたブラックパンサー党とすでに関係をもっていたBSUを通じての訪問です。

オークランドでブラックパンサーたちは活動をしていました。BSUはそれより保守的なグループです。彼らはブラックパンサーがまったく異なる階級の人たちだと感じていて、両者には軋轢があったんですね。彼らは大学生、パンサーたちは学生ではなく、ストリートの人びと。BSUがドラフト・ヘルプ・センターにやってきて、「パンサーズが新聞をまとめようとしている。だけど、なんだか混乱し議論になっている。右往左往して、無駄に時間を費やしているように思う。だから、二人とも助けに行けないか」と言うのです。これは笑ってしまう話だけれど、ジムは私を見て、この訪問から生き残って帰れるか確信が持てませんでした（笑）。

それで、ジムと私は、そこにいるあいだ常に二人の黒人がついてきて、私たちが決して同じことを二度くりかえさないように、僕らのすべての行動を見守るのなら、という条件をつけて、いいよと言いました。二つの新聞に関わったとしても、初めの一つは私たちがやるけれど、もう一つは一緒にいる黒人自身にやってもらう。最後まで取り組むのは私たちではなく、彼らだと。活動予算や印刷機の使い方など、具体的で細かいことがたくさんありました。彼らにはその経験がなかっただけです。新聞は2号出たと思います。私たちは2号目の仕事が終わる前に去りました。「ブラザー、もう僕たちは必要ない。抜けるよ」って。

当時、アメリカの急進的な左翼の白人たちはマイノリティの運動を支配しているようなものでしたから、これは最良の出来事です。白人が運動の方法と何をすべきかを知っていて、正しい答えをもっていた。だから摩擦は大きくなり、時には暴力になることがありました。マイノリティは自分たちが必要とするものを手に入れることも、受け入れることもできません。白人たちはそのエゴを捨てることなしに、与えることができなかったのです。マイノリティが解放されると、間違うことだってあるかもしれない。白人は、当然そういうことは起きるのだと、彼らを信頼することができなかったんですね。マイノリティが何かを伝えられ、何かを学んでも、また〔それを伝えた白人のところに〕戻ってきて「ねえ、どうやってここに色を入れるんだっけ？」と聞いてくるでしょう。その場合でも、「よし、それがわかる人を見つけよう」と言えばいいんです。ジムとはこう話していました。「彼らに教えるんじゃない。彼らのために人を見つけよう。〔彼らにとって身近な〕ベイエリアで解決方法を知っている人を見つけるんだ。私たちは彼らの指導者じゃない。ただの資源なんだ」と。これはとても含蓄のあることだと思います。

――それがあなたのスタイルなのでしょうか。

ヤン　これが私のスタイルだと思います。いま、ここモントリオールで家のリフォームに関する仕事をしています。人に教えています。2千ページもの膨大なウェブサイトをつくりました。同じことを何度も教えるのは疲れます。けれど、家の所有者にとってはある問題を抱えるのはすべて初めてなのです。それを忍耐強く考えなければなりませんでした。ウェブサイトでは細かい技術や方法を紹介しています(4)。人びとが自分自身で答えを見つけ、形にしていけることが本当の喜びなんです。まず実際にやってみることです。〔人々がウェブサイトを見てくれれば」一方で、私は新しい問題について新たな答えを見つけ、説明することに創造的なエネルギーを費やせるようになります。それはとても楽しいことです。

――プラグマティックな思考法だと言ってよいでしょうか。

ヤン　私はとてもプラグマティックですよ。時にプラグマティックすぎるくらいです。プラグマティックで、理想主義的で、そして理論的です。

政治的活動をしてきましたが、戦略と戦術を非常にはっきりと区別しています。戦術とは、戦略を達成するための実際の行動です。もし、その行動が機能しなかったり、正しい方向に向かわなければ、その行動に専念すべきではありません。

運動をやっている一部の人、たとえば、兵士はおそらくこのことを理解していなかったと思います。彼らはしばしば新聞の発行を戦略だと考えていたのです。それはただの戦術です。戦略は基地の兵士たちを目覚めさせることです。もしその新聞があまりにもトラブルになっていたら、誰もこれ以上書かなくなります。もしも新聞があまりにも抑圧されてしまったなら、中止すればいい。戦略はまだ残り、別のとるべき戦術を見つけたり、同時に三つ、四つの戦術をもつことだってありえるのですから。左翼に多いのは、戦術と「結婚」してしまって、自己を戦術の犠牲にしてしまうことですね。

カリフォルニアにいる間、ある裁判がありました。自治会長をやった後のことです。ジョーン・バエズの集会で、ある若い男が徴兵カードを燃やし、懲役五年が宣告されました。私はバエズと喧嘩をしました。彼女が観客席の若者を駆りたて、反戦のジェスチャーとしてカードを燃やさせたからです。問題は彼が五年の懲役となったことでした。それは五年の刑に値する行動ではなく、ばかげています。大勢で彼の裁判に行きました。彼に判決が下ると、私たちは静かに立ち上がったのですが、裁判官はそれを法廷侮辱だといい、私たちを刑務所に放りこんだのです。罰金を支払って釈放される可能性があったのですが、この裁判官がいかにばかげているかを示すために支払いを拒否しました。それで裁判官は五日間の懲役を下しました。さて、問題は戦略と戦術です。刑務所に行くことは目的ではありません。それを何かのために活用しなければなりません。投獄されることを通じて、戦争ととるべき行動について人びとの意識を高められるかが問題です。そこで、刑務所にいる間、ハンガーストライキをしました。新聞はこれに注目し、大々的に宣伝しました。刑務所の外ではデモも行われました。そして、四日後には刑務所の外へ追い出されたのです。投獄というペナルティーをなぜ払ったのか。それは私たちがデイビス空軍基地にデモをし、そこに注目を集めるためでした。マスコミは取材をしに基地までできてくれましたよ。

■日本への渡航と運動の開始

――一九六九年八月、アメリカから日本に出発することになりますね。なぜ日本に向かったのか、その過程を話してもらえますか。

ヤン　私は入隊のための手続きをできるだけ遅らせていました。あと数週間すれば、「現状を報告せよ、もしくは、あなたを訪問する」という公式な書類が送られてくることになりました。そこで、私はアメリカを出ること、しかし、カナダには行かないことを決めました。アジアを巡るツアーに参加していましたから、アジアについてのオリエンテーションは受けていました。

また、恋人のアニー・ダーストが一年間大学を出て、外国人留学生として台湾で勉強をしていました。彼女はちょうど留学を終え、アジアの国々を旅していました。それで彼女に手紙を送って、「何ができるかはわからないけれど、東京で会わないか。そこで何ができるか考えてみよう」と伝えました。

東京行きのチケットを手に入れ、どこかで入手した日本の反戦運動のいくつかの連絡先も持っていました。けれども、それを経由地のアラスカで失くしてしまった。ポケットから落としたのか、誰かにすられたのか。がっかりしました。お金も連絡先もなく、日本語も話せない。幸運にもアニーに送った手紙によって、アニーは到着便にあわせて空港にきてくれた。それから、アニーが一時滞在していた家の女性に「ベトナム戦争に反対している人たちはいるだろうか」と聞きました。女性とその家族は、電話帳か何かを調べてくれて、見つけたのは共産党の青年部か何かでした[5]。

それでそこを訪れたのですが、とても立派な事務所でした。運動家が素敵なオフィスを持っているなんて初めてのことだったので、困惑しました。彼らは、私が兵役拒否者だから記者会見をしよう、あれをしよう、これをしようって、盛り上がっていて。それは根拠のないうわべばかりのことでした。メディアで派手に話題にしようと。他の運動や違うグループはあるだろうかと尋ねると、「ベ平連」という名前が出てきた。「そこには行くべきではありません。トラブルに巻きこまれますよ。彼らは本当に過激で問題ばっかりなんです」と言われました。私とアニーはそこを出た時に顔を見あわせ、「ベ平連に行こう」と言いました。「私たちが好きな種類の人たちだと思うんだ」と。それでベ平連を探しました。

——東京のベ平連事務所を訪れた印象はどうでしたか。

ヤン　とっちらかった場所で、私たちにとっては快適でした！　いたるところに書類があって、人がそこらじゅうを走り回っていて、電話は鳴っていて。私たちにとってそれは普通のことです。秘書がいるような素敵な事務所ではありません。若い人がいたし、年配の人もいた。私たちと同じ種類の人びとに見えました。これは刺激的でした。

それで、何が起きているのか全体の概要を説明してくれる外人ベ平連ともつながりました。外人ベ平連は基本的には留学生たちです。いろんなことを話してくれたのですが、私たちに何ができるのかまだよくわかりませんでした。でも、カリフォルニアの黒人との活動で培った原則がありました。巨大なアメリカの運動——もちろんとても多様で、対立をはらんでいて、さまざまな問題のある——のどこかの支部からやってきて、「君たちを救いにきました。方法を知っているから、ついてきなさい」なんて言うわけにはいきません。ベ平連の規模やその熱意を考えれば、それはばかげたことです。すると、誰かが「米軍基地があって、そこではRadio Camp Must Goという放送〔朝霞反戦放送〕[6]が行われている」と教えてくれた。それを信頼してみようと思いました。

——朝霞基地ですね。

ヤン　日本人が拡声器を持って、「ヤンキー、ゴーホーム」と言っ

大泉教会での国際連帯集会。右からヤン，アニー，ベトナム人留学生ビン・シン（1969年10月4日）
（出典）「大泉市民の集い」30年の会編『大泉市民の集いニュース　復刻版』（1998: 234）

て、戦争反対の話をしたりするんだと。「きっとあなたたちの存在はこれに取り組む人たちにとって良いものになる。彼らを元気づけられるかもしれない。少なくとも君は何が起こっているのかを見にいくといい」って。そこへ行くことにしました。

反戦放送では、フェンスの向こう側の兵士が見えました。彼らはただそれを笑っていました。恐ろしいヤンキーとして等しく攻撃されたために、日本人たちとまったくつながりをもっていませんでした。同情や接触の余地もありませんでした(7)。同情的な兵士たちは罪悪感を感じていました。「そうさ、俺たちは酷いヤンキーだ。恐ろしいことをしているんだ」「でも、私は一人の人間で、ここに足止めを食らってる。命令に従わなきゃいけない。家には妻と子どももいる。彼らを大切にしなければいけないんだ」というように。

最初の訪問の時、私は何もしなかったと思います。もしも髭と長い髪の姿で兵士たちに話したとしたら、たんなるヒッピーでしかありません。兵士のなかにはヒッピーに同情できる人もいますが、ほとんどの兵士にとって「アカ」の敵です。兵士は、運動には共産党員がバックにいて、戦争に抗議し、自分たちにトラブルをもたらしていると考えていました。軍事的なプロパガンダはこのようなかたちでとても強かったのです。そこで私は〔反戦放送をしている人たちに〕「良心的兵役拒否についてちょっと話したらどうだろう」と言いました。私たちは、サクラメントでの経験から、朝霞の兵士の何人かとつながりうることを実感していました。

それで、アニーがとても女性的な話しかたで語り始めると、兵士たちは向こう側で集まり、彼女にほれこんでしまいました。アメリカのアクセントの、かわいいアメリカ人の女の子がいて、俺たちにまっすぐに話しかけてくれている、と。ストリートの言葉で、素晴らしい若者のスラングで「くだらないことでしょ、ここに足止めされるのは。我慢する必要なんてないじゃないか。ほかにできることがある。良心的兵役拒否について話そう」と。それから軍隊に関する法律の章や節を引用し始め、兵士たちは「なにが起こっているんだ」って感じでした。

一方、日本の人たちの側で起こったことは、まったく新しい接触を見たということだと思います。私の記憶では、兵士へのメッセージやコミュニケーション〔のありかた〕について、日本の人たちと多くの時間を費やしました。そして、同情的な兵士からの共感を求めて、「ヤンキー、ゴーホーム」と言うのをやめました。彼らはそこから新たな熱意をもって、新しい何かをつくり始めたのです。

——基地のフェンスを越えて。

ヤン　フェンスの向こう側が応答してきた。彼らはフェンス越しにパンフレットを投げ、兵士は命令に反してそれを拾い上げにいったり、それを求めにきました。その後、日本の活動家たちはバー街の路上で彼らに話しかけるようにもなりました。兵士と日本の活動家、べ平連のあいだで、すべてのことが画期的にシフトしたと思います。

　そして、この経験がさまざまなことを切り開きました。アニーと私は「日本で活動するのは、ベトナム人を助けるためでも、日本人を助けるためでもない。私たちはアメリカ人を助けるためにここにいるんだ。それが私たちにできること。兵士に手を差しのべること。私たちは二人の人間よりも、もっと大きな存在になれる。背後には、それを起こし、持続させ、広めていく、人民の海があるのだから」と話しました。べ平連は素晴らしいつながりでした。この〔人民の海の〕満ち潮のなか、また、多くの学生たちが沖縄や岩国などで活動できるようになることで、べ平連は兵士と話し、彼らを支援しました。良心的兵役拒否を申請する兵士を支えました。ある兵士は軍隊を出て、アメリカに返されました。これは素晴らしいことです。

——あなたとアニーが日本にくるよりも前に、日本には米兵へのカウンセリング活動はあったのでしょうか。

ヤン　いいえ。ありませんでした。

——あなたがまさにその契機をつくったということですね(8)。

ヤン　そうです。私たちはその活動を持ちこんだのです。ただ、サクラメントでの活動はあくまで初歩的なものでしかありませんでした。だから、日本での活動資金と支援を必要としていました。私たちへの援助をアメリカ人へはたらきかける時だと考えました。もっと多くの協力を得ようとしたのです。多くの人に日本へきてもらい、私たちと活動をしてもらえないかと。

■日本での反戦兵士支援運動の拡大へ

ヤン　アニーは長い間、アメリカと家族から離れていたため、サンフランシスコに戻り、家族に会いに行きました。また、彼女はパシフィック・カウンセリング・サービス（以下、PCS）(9)とも出会ったのです。そこで資金はニューヨークからきていると言われました。彼女はニューヨークに行き、いろいろな話をしましたが、東京はおろか、サンフランシスコに戻るのにも十分なお金を集められないと感じました。

　いくつかのグループとの大きな会議をもったあと、彼女は公園のベンチに座りサンドイッチを食べ、少し泣きながら、どうやったら資金が得られるのか、誰に電話すればよいか、何を手に入れられるのかと考えていました。すると、会議に参加していた男性が建物から出てきて隣に座りました。「どれくらいの規模の資金のことを話していたんですか」。アニーは「そうですね、サンフランシスコにまず行かなければいけません。また、デイビスにも戻り仲間たちと会い、サンフランシスコに戻ります。それから東京に向かう必要があるんです」と答えます。彼は「誰かに日本にきてもらうという話でしたが」と言い、アニーは「少なくとも日本での運動の可能性を確認するため、サンフランシスコから誰かを送りこむ資金が必要なんです」と答えました。すると「つまり、あなたはサンフランシスコから日本への往復チケットがもう一枚必要だということですね。いくらかかるんでしょうか」と言うので、彼女が金額を伝えると、彼は財布を取り出して小切手を書いた。組織の小切手ではなく、彼個人のものです。そして「グッドラック」と。今このことを考えると涙が出そうになりますが、それは小さな素晴らしい一歩でした。すべてを実現するためのもう一つのステップでした。

――いかに小さな一歩が大きな飛躍になるかということですね。

ヤン　そう、そしてPCSは日本にやってきた。シッド・ピーターマン(10)が日本にきたんです。

――そうですね。一九七〇年六月にPCSは東京事務所を正式に開設しました。これはアジアで初めての事務所です。そして、PCSは短期間でアジア各地へと展開します。

ヤン　これはアニーの旅がもたらした結果だと思います。

――シッド・ピーターマンとべ平連とのつながりをつくった。

ヤン　そうです。シッドはこの運動のしくみや形式、そのための資源を提供しました。べ平連もまた資源を提供しました。私たちもシッドから資源の提供を受けました。やがて「兵士を法的側面から支援する」弁護士の派遣にもつながりました。

――あなたは一九六九年八月に来日し、わずか数ヵ月のあいだに、べ平連とコンタクトをとり、アニーはアメリカに戻り、PCSの活動が始まる。とてもはやく物事が動いていています。

ヤン　そのとおりです。

　当時の資料がここにあるのですが、これだけの書類をお見せできる理由の一つは、身軽な旅をしていたからです。他の国や地域に移り動くたび、持っているものをすべてまとめて母に送りました。母は素晴らしいアーキビストで順序だてて保管し、何年もあとになってカナダの私に送るまで保管してくれたのです。

　私は自家製のバックパックを持って旅していました。一度も荷ほどきをしなかったんですよ。何かを取り出して着て、それを洗ったら、なかにまた戻していたんです。というのも、私たちの状況は緊張を強いられるもので、どこにいても10分で荷物をまとめて出られるようにしなければならなかったのです。そして、同じ場所には戻らない。いつもたくさんの書類があり、残しておきたくないものは何でも両親へ送りました。おそらくべ平連が発送してくれたのではないでしょうか。あるいは自分たちで郵便局に持っていったのかもしれません。荷物はいつも片づけられ、守られました。

　つまり、私たちは東京のどこかの事務所に落ち着くような人間ではまったくありませんでした。私たちの仕事は外に出て、できることを見つけ、ドアを開けられるかどうか、何かを始められるかどうかを見極めることでした。最前線で新しいことを始める仕事をしていたわけですが、それは退屈で、刺激的で、危険でもありました。何週間もずっと何かが起きるのを待っているというのは退屈ですよ(笑)。何も起こらなかったり、誰もこなかったり、戻ってくるよと約束されてもこなかったり。長い時間かけて、ゆっくりゆっくり道を歩いて、やっと私の存在が十分に伝わり、人びとが訪れるようになって、おしゃべりをするようになる。そこからすべてが発展していきました。

　アニーはそのための柔和な、しかし、ラディカルな道徳的基礎と政治性をもつ、バックアップのようなものでした。彼女の活動は私よりもラディカルな面があります。彼女はＳＤＳ（Students for a Democratic Society 民主社会のための学生連合）に参加していました。私たちは素晴らしいチームだったのです。

彼女はフェミニストでした。男性たちが芯まで性差別主義者だったため、彼らと活動することは彼女を疲弊させました。彼女はフェミニストですが、ベトナム人の存在ゆえに、反戦運動に専念したのです。戦争を止めることに信念をかけて、かけて、かけた。岩国で借りた家には素晴らしい同志たちがいました。沖縄での人たちも、私たちが一緒に仕事をしてきたなかで、本当に素晴らしい人たちでした。このような人と一緒にいることは、私たちを鼓舞し、わくわくさせました。しかし、アニーは女性たちが関わっている場所で、フェミニズムを用いて、男たちに「女たちをそんな風に扱わないでほしい。私たちは皿を洗わない。あなたたちが皿を洗うんです」と言ったのです（笑）。

――なるほど。すこし話は戻るのですが、シッド・ピーターマンについてどんなことを覚えていますか。

ヤン　シッドには何度か会いましたが、一緒に活動をしたことはありません。アニーは彼とよく動いていました。私の記憶が正しければ、シッドはベ平連やジャテックの概要や進行中のすべてのことをわかっていました。彼が私に理解させたかったことがひとつありました。彼はこう言いました。

「ジャテックには深く関わるな。君は起きていることについて彼らに助言することはできる。おそらく何かを援助することもできる。たとえば、兵士に基地に戻らせ、良心的兵役拒否の資格をとらせたり、地下活動から表に復帰させたり。でも、実際に兵士と会って話すなら、とても慎重にやりなさい。兵士と直接会って話すことは良いことですらないんだ。もし君が違法なことをしたら、兵士たちは捕まえられてしまうのだから。アメリカ人にはここでできないことがある。日本人にはできても、アメリカ人としてできないことでも、兵役拒否者の君にできないことがある。アメリカ人としてできないことでも、日本人なら完全に合法的にやれることだってある。わかるだろう。もし、日本人が［あなたのような］兵役逃れのアメリカ人を匿ったとしても起訴されたりしない。でも、アメリカ人の夫婦がそいつを日本で匿ったら、逮捕され、強制送還されてしまうんだよ」と。

そして、彼が私に伝えた二つめのこと、これはまったく正しかったのです。私はとても注意深くそれに従いました。

「できるかぎり公然と行動しなさい。陰に隠れてはいけない。地下にもぐってはいけない。用心深くなるな」と。「立ち上がり、君の存在を示し、目に見えるようにしなさい。そうすれば、君の背中にナイフを突き刺そうとしている奴は、あなたを殺せなくなる。なぜなら非難されるからだ」と。つまり、もし私が殺されたら、まっさきにＣＩＡは非難されると。「君が公になればなるほど、ＣＩＡの工作の余地が減るんだよ」と。

こうして私は人前での演説をすべて引き受けるようになり、依頼された集会にもすべて参加しました。常に公の場にいるようにしたのです。シッドが言ったことはまったく正しかった。そうすることで私は守られました。もしも私が裏でこっそり動き、地下で活動をし、誰も私を見ていなかったら、裏道で撃たれたとしても誰にも知られずに人生を終えていたでしょう。

――べ平連はあなたを公の存在にすることを助けたと思います。

ヤン　間違いありません。私について話しあったり、私が話す場や文章を書く機会をつくってくれた。

――いくつかの文章をべ平連の機関紙に書いていますね。

ヤン　イギリスのBBCやニューヨーク・タイムズも取材にきて、私たちについての記事を書いてくれました。べ平連の仕事のおかげで、国際的なメディアがやってきました。べ平連が私たちを目立たせたからですよ。でも、日本の運動が白人について語っているのは皮肉なことです。日本にいる米兵と活動している白人のアメリカ人についてですよ。こういう話はメディアにとってはよいものなんですね。兵士たちにとっても素晴らしいことです。突然に「われわれ対彼ら」〔兵士　対　日本の反戦運動〕という構図ではなくなった。すべてがあいまいになり、混乱を始めた。それはよいことです。兵士たちは支援者がいるようだと感じ始めた。彼らは私たちを通じて、アメリカとのつながりを感じとったのです。そして、私たちは日本人と兵士をつなぐ手助けをしました。これが私たちが日本で確かに取り組んだ、素晴らしいことの一つだったのです。

注

（1）黒人学生組合（BSU）は、一九六四年に設立。徐々にブラックパワー運動に影響を受け、サンフランシスコ・ステイト・カレッジでのエスニック・スタディーズ学院の設置を直接行動を通じて勝ち取った、エスニック・マイノリティの連合体、サード・ワールド・リベレーション・フロント（第三世界解放戦線）を牽引した。Daryl Joji Maeda, *Rethinking the Asian American Movement* (New York: Routledge, 2012): 29-37.

（2）この語りには誤解が含まれる。留学生は政治的活動を禁止され、学生運動などに参加した留学生のビザ申請が認められない問題が起きていた。兵役拒否者のヤンとは異なる困難さを抱えていた。

（3）オークランドは、バークレーの南、サンフランシスコの東に位置する都市。カリフォルニア州北部全域の徴兵対象者の出頭場所である徴兵登録センターがあり、兵役拒否運動の拠点の一つでもあった。

（4）ウェブサイトはAsk Jon Eakes: For Cold Climate Housing and Much More.（URL: https://joneakes.com）。ラジオ放送、Youtube, Facebookなどでさまざまな情報発信がされている。

（5）ヤンの手記には「『ベトナム平和委員会』といったような名前の政治団体」とある（ヤン・イークス、小野誠之『戦争の機械をとめろ！』1972: 27）。

（6）朝霞反戦放送は、「ベトナム戦争に反対し朝霞基地の撤去を求める大泉市民の集い」が一九六九年六月一日から始めた、同基地のフェンス際での反戦放送。基地内の病院に収容中のベトナムで負傷した兵士に向けて、参加者はフェンスを挟んでスピーチ、歌、米国内や軍隊内の運動の紹介、ブラックパンサー党員などの録音スピーチなどを拡声機で流した。詳しくは「大泉市民の集い」30年の会編（1998）『大泉市民の集いニュース　復刻版』を参照。

（7）「大泉市民の集い」の和田春樹、佐伯昌平の両氏に確認したところ、「大泉市民の集い」は「ヤンキー、ゴーホーム」という言葉を使っておらず、米兵との接触を求めて試行錯誤していたとのことだった。朝霞反戦放送に関するヤンの語りは、誤解や記憶違い、ほかのグループに関する記憶と混同している可能性が高い。

（8）兵士から相談を受け、法的権利や良心的兵役拒否など合法的な抵抗手段を提示し支援する、いわゆるGIカウンセリング活動に日本で初めて取り組んだのは、ヤンとアニーだろう。しかし、それ以前から、べ平連が取り組んできた、無許可で離隊した兵士を受け入れ、考えを聞き、脱走の可能性について話し合う活動も、広義のカウンセリング活動と解釈することができる。

（9）パシフィック・カウンセリング・サービス（PCS）は、一九六九年三月にカリフォルニア州モントレーに開設。兵士向けのカウンセリング活動、良心的兵役拒否の資格取得のための支援などを行った反戦運動団体である。設立当初はウェスト・コースト・カウンセリング・サービス（West Coast Counseling Service: WCCS）という団体名であったが、一九七〇年六月の東京事務所開設に際して、パシフィック・カウンセリング・サービスに改称し、岩国、沖縄、横須賀、三沢、フィリピンなどで活動を展開した。詳しくは大野光明（2019）「太平洋を越えるベトナム反戦運動の軍隊「解体」の経験史」『立命館平和研究』20号を参照。

（10）シッド・ピーターマンはWCCSの設立者の一人であり、一九七〇年春に東京事務所を開設し、七二年四月まで日本で活動した。また、アジア各地のPCS運動を支えた。詳しくは大野前掲論文、関谷・坂元編（1998）『となりに脱走兵がいた時代』後掲書を参照。

■解題

この記録はヤン・イークス氏へのインタビューの一部である。残念ながら紙幅に限りがあり、そのすべてを紹介できない。訳出にあたって、どの部分を対象とするか悩んだが、語りの多くが既発表のもの（後述）と重複していたことから、その部分を避けるのがよいだろうと判断した。そこでこれまで明らかにされてこなかったヤンの生い立ちから日本での活動の初期までの語り、すなわちインタビューの冒頭から中盤までを訳出した。作成にあたっては、大西・大野がインタビュー全体のトランスクリプトをまとめ、ヤンがそれをチェック、修正し、完成させた。翻訳は大野が担当したが、紙幅の関係で原文の一部を削除・編集した。

本稿で語られた時期以降のヤンの活動について、すこし述べておきたい。「大泉市民の集い」の朝霞反戦放送への参加と同時期、一九六九年一〇月にヤンは立川基地の米兵と共同で、日本で最初の反戦GI新聞といわれている *WE GOT THE BRASS* を刊行した。同じ一〇月には、観光ビザ切り替えのため、数日間、沖縄に初めて滞在し、コザ市照屋のいわゆる「黒人街」で黒人兵との接触を試みている。

翌七〇年に入り、神楽坂のべ平連事務所内で外人べ平連の協力のもと「ロジャー・ホビット」名義での週一回のカウンセリング活動をスタート。三月から六月、ベトナムから戻った米兵の休養地である香港へ単独で足を伸ばし、兵士のオルグや兵士向けハンドブックの作成に取り組んだ。続いて六月から九月、アニーとともに沖縄に滞在し、借りた家に運動関係の新聞やパンフレット、フィルムや軍法書などを置き、兵士に開放。沖縄の米兵とのつながりを徐々につくり、軍事裁判での黒人兵への弁護活動や嘉手納基地の黒人グループによる反戦新聞 *Demand for Freedom* の刊行（一〇月）に関わった。この動きは、沖縄の運動と兵士の運動とのつながりをつくりだす端緒ともなった。さらに、同年末には岩国での反戦兵士の支援、現地のべ平連や学生運動との連携を進めている。このようにヤンはビザの切り替えをくりかえしながら、「戦争の機械をとめる」ために奔走した。

だが、七〇年八月、アメリカ政府はヤンに対して兵役拒否に関する起訴状と逮捕状を発行、また、日本政府のビザ更新の目処もたたなくなった。最終的には一九七一年五月、べ平連からの援助を受けて、二人はパリに脱出することになる。

パリでは、ヤンは和平交渉のため滞在中の北ベトナム代表団との会議に参加し、自身の運動経験や兵士運動について情報提供を行った。また、ベ平連、特に高橋武智とのコネクションから、ナチス・ドイツへのレジスタンス運動やアルジェリア解放運動への支援を担ったフランスの政治組織の活動にも関わった。一九七三年、ヤンはカナダへ、アニーはカリフォルニアへと渡っている。

より詳しい二人の運動の歴史については、以下の文献にあたっていただきたい。

イークス、ヤン、小野誠之　鶴見俊輔編（1972）『戦争の機械をとめろ!』三一書房
大野光明（2014）『沖縄闘争の時代 1960 / 70――分断を乗り越える思想と実践』人文書院：第五章
徳田匡（2013）「兵士たちの武装「放棄」」田仲康博編『占領者のまなざし――沖縄／日本／米国の戦後』せりか書房
本野義雄（1998）「「方針転換」と米軍解体運動」関谷滋・坂元良江編『となりに脱走兵がいた時代』思想の科学社

アニーも存命である。二〇一九年二月七日、大西と大野はアニーと出会い、インタビューをする幸運に恵まれた。さまざまなことを書き残してきたヤンに注目が集まりがちだが、アニーの経験はとても重要なものである。大野は、二人の語りと保管されていた当時の資料の分析作業を進めており、論文を準備していることを記しておきたい（酒井隆史・仲田教人・大野の編著〔航思社 2021〕にて発表予定である）。

さいごに、この場を借りて、ヤンとアニーに、そして、当時二人を受け入れ、ともに行動した方々に、心からの敬意を表したい。当時の信頼関係がなければ、このインタビューは成立しなかった。（大野光明）

【特集　メディアがひらく運動史　日大闘争】

日大闘争で生まれたメディア

趙　沼振

1　なぜ日大全共闘は記録したのか

一九六〇年代後半、大学の大衆化のなかで、日本大学は名実伴う「マスプロ教育」機関として知られていた。高度経済成長下で私立大学に与えられた課題は、学生の自主的な思想様式を身につけるための教養教育よりも、労働力の供給源として就業教育を提供することになっていた。私大の経営は資本蓄積に重点をおくようになり、各大学で学生数は増大したにもかかわらず、教育環境の整備が伴わなかったために学生は劣悪な状況におかれるようになった。日大では、こうした状況にくわえ、一九六八年四月に大学理事会（古田重二良会頭・当時。以下、古田理事会）の約20億円におよぶ使途不明金が東京国税局によって摘発された。これが発端となって、「大学改革」を唱えた学生らにより日大全共闘（日本大学全学共闘会議）が結成され、日大闘争が起こったのである。

大学当局による不正と管理支配を弾劾した日大全共闘は、党派的な政治思想から離れた個人により構成された運動体だった。それまでの日本大学に学生運動はなく、にもかかわらずこの「マンモス大学」という場で古田理事会は後述するように監視体制を発動させて学生を抑圧していた（趙 2018）。そこに起きた日大闘争は、政治的に体系化された左翼諸党派の活動方針から距離をおきながら、個人の自主性を育てようとする運動となった。党派的な路線に呪縛されず、個々人の自律的な思想や実践が中心となった全共闘運動として、日大闘争は自らのメディアを持った(1)。

一九六〇年代後半の全共闘の思想は、当時の大学闘争のなかで必読とされていたいくつかの雑誌と密接に関わりあっていた。なかでも週刊誌『朝日ジャーナル』や月刊誌『現代の眼』などが回し読みされていた。とくに『朝日ジャーナル』は社会党関係者からカウンター・カルチャーで活躍する文化人まで多岐にわたる執筆陣を擁し、頻繁に話題にのぼった。「右手に朝日ジャーナル、左手に少年マガジン」というフレーズがつくられたように、当時の学生なら誰もが手に取って読む情報源だった（中野 2008: 129-30）。

雑誌というメディアは、不特定多数の人に向けて一方的に情報を発信するものにみえる反面、読者がそこで得た知識を共有し拡散させていく過程でコミュニケーションを生み出すものでもあった。日大全共闘は闘いのなかで、雑誌メディアのような情報発信のツールが持つ効果に注目したのではないだろうか。なぜなら、日大生は大学当局によって「権威主義的規制」(2)をかけられ、徹底的な管理支配の下におかれていたからである。古田理事会は、円滑な大学運営のために右翼思想団体や体育会系サークルなどを動員し、学生の活動制限指針を示していた。このような特殊な監視体制下で、学生らにとって集会・講演会・研究会などの豊かな大学生活を享受することは不可能に近かったといえよう。そのため、日大全共闘は、大学当局による権威主義的な規制に抵抗し自由を唱えていくために、情報発信のツールを自ら選び取り、日大闘争における記録活動という独自のプロジェクトをいち早く立ち上げざるをえなかったのではないだろうか。

このような観点から、本稿では日大闘争で学生たちが独自に情報を発信した記録活動に着目し、その成果にあたる三つのメディアとして、①記録本『叛逆のバリケード』②記録映画『日大闘争』と『続・日大闘争』③写真集『解放区'68』を取り上げる。闘争現場から生まれたこれらの多彩な成果に着目しながら、なぜ上記のようなメディアが情報発信のツールとして選択されたのかを考察する。とくに、闘争の具体的な内容を見ながら、各学部がおかれた文脈のなかで異なるメディアが生み出された背景をたどる。それによって、日大全共闘が闘争の最中に記録作業を行なってまで誰に何を伝えようとしていたのかという脈絡をつかみたい。日大全共闘は、闘争の社会化を模索しながら「記録する運動」を展開した注目すべき事例である。彼らが形を変えながらも近年に至るまで継続した記録活動の意義にも言及できればと思う。

2　闘いの感覚を書き残した記録本
——『叛逆のバリケード——日大闘争の記録』(1968)

記録活動の始まり

一九六八年九月三〇日、大学理事会と日大全共闘の大衆団交が開かれたあと、一〇月二〇日には文理学部闘争委員会(以下、文闘委)を中心として記録本『叛逆のバリケード——日大闘争の記録』(通称『叛バリ』)が自費出版された。日大全共闘書記長・文闘委委員長の田村正敏(65年入学)が記録本の出版を提案し、文理学部社会科学研究会に所属していた上知之が出版の企画・構成・編集を担当して作業を率いた。日大闘争は大学の夏季休業期間に入ると、五大スローガン(3)を掲げて大学当局に大衆団交を要求しながら、バリケード封鎖という手段を取っていた。記録本の制作が進められたのは、日大闘争の見通しがまだ立っていない、このような状況のなかであった。制作の背景について大場久昭(66年入学、文理学部)は以下のように証言している(4)。大場は、田村の提言を受け入れ、文闘委書記局のメンバーとしてこの記録本の編纂に加わった。

> おそらく、もう亡くなっている委員長の田村は闘争があんなに巨大になって長引くとは思ってなかったでしょう。それで抑えられてしまう前に、闘ったという記録を残したいという目論見があったんじゃないかと思う。だから最初から立派な本にしたいと思っていたのではないかもしれない。
>
> ……全共闘全体が本を作るということを意識していたんじゃなくて、むしろ秘密であったよ。なぜかというと大学側による妨害工作が始まるだろうと思ったことと、本をつくったところで買い占められたら、世の中に出なくなる。それは非常に困ることで……。とにかく田村に原稿を書けと言われて書いて渡したら、ああいう本になったということ。(2019年5月17日、筆者インタビュー)

大学当局の監視網にかかることを警戒して、編集室は上知之の実家にあるアトリエに設け、すべての編集過程が秘密裏に進められたため、記録本の出版計画は日大全共闘の間にもほとんど知られていなかった。バリケードのなかに泊まり込みを続けていた仲間にたいして、理由はともあれ４００字程度の原稿を書くようにただ頼んだのみで、刊行をめぐる一連の流れは伝えられていなかった（同上インタビュー；大場 2008: 321-3）。

このように、はじめて行なわれた「日大闘争の記録」という活動は、日大全共闘に参加していたひとりの学生の提案が契機となり、始まった。おそらく田村は、激烈な闘いの現場でうけた感覚をそのまま文章化することで、日大全共闘として自ら日大闘争の意義を理解できると思ったのではないだろうか(5)。『叛バリ』は、文闘委に限られたとはいえ、個々人による独自の文章によって構成されており、日大闘争の全史を記録する第一歩を踏み出した試みだと見ることができよう。

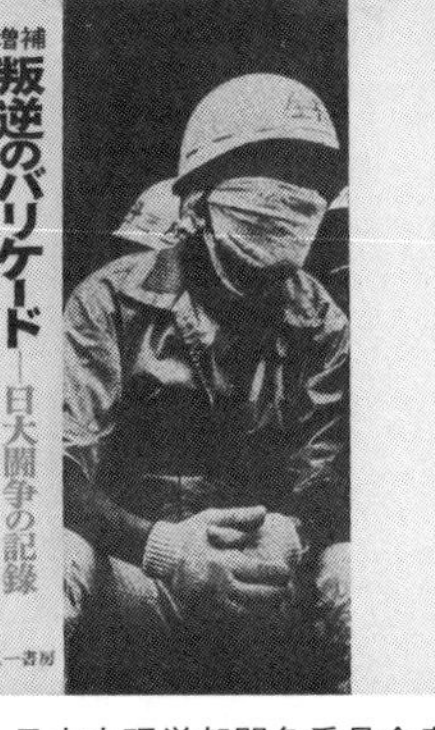

『叛逆のバリケード』増補版　日大文理学部闘争委員会書記局編著（三一書房 1969）

(右)『叛逆のバリケード』増補ハードカバー新装版(三一書房 1991)
(左)『叛逆のバリケード』新版　日大文理学部闘争委員会書記局・新版同編集委員会編著(三一書房 2008)

臨場感あふれる記録の成果とその変遷：初版と三つの改訂版

『叛バリ』はこれまでに四つのバージョンで出版されてきた。

①文闘委が自費出版した初版（1968）
②三一書房から出版した『増補・叛バリ』（1969）
③ハードカバー新装版として復刻された『増補・叛バリ』（1991）
④日大全共闘結成四〇周年を記念して発刊された『新版・叛バリ』（2008）。

初版は、一九六八年九月四日に機動隊がバリケードに投入されたことから急いで原稿を回収して出版作業が進められた。そのため、九月三〇日には大衆団交が成功裏に行なわれたにもかかわらず、すでに動かされていた輪転機を止めることはできず、これは「大衆団交」のない「日大闘争の記録」となった（大場 2011: 43-4）。

大衆団交は、日大講堂（旧・両国国技館）におよそ3万5千人が集結し長時間にわたって実施されたものであり、日大全共闘にしてみれば「大学改革」への可能性を示した象徴的な出来事であった。このなかで、古田会頭をはじめとする理事会幹部は、学生側の五大要求項目をすべて認め、日大全共闘が勝利した瞬間として認識された。そのため、三一書房を版元として出版された増補版（1969）には大衆団交の記録と集合写真が付け加えられた。初版と増補版の発行部数は合わせて1万5千部に達した。文闘委は、大学当局の問題を告発するため、奮って『叛バリ』の販売に当たり、日大に限らず各大学の全共闘運動のなかで広く手に取って読まれた（大場 2008: 321-3）。

『叛バリ』とは、闘争の指導的立場にあった中心人物などではない、一人ひとりの、アジビラに刻まれた発言を集めて闘争を文章化するという取り組みを経て、完成したものにほかならない。これをつうじて、闘いの真っ最中に様々な個人が日大全共闘という名乗りを通じて関与し、相互に自律的なコミュニケーションを取りながら水平的連帯を築くことが可能になった。それゆえに、現在に至るまで多くの人の手に取られ、記録活動の成果として重要な意味を持つのである。

その後、『叛バリ』は一九九一年に新装版として復刻され、さらに四〇周年の二〇〇八年に新版が刊行された。『叛バリ』新版（2008）では、まず日大闘争の年表を改める作業から始め、旧版のうち不要と判断した内容に代えて、闘争関係者が四〇年前の記憶を想起し書き下ろした手記を加えている。前述のとおり、初版以来の内容は文闘委を軸にした内容となっていたため、新版の発行に当たり全学部に目配りすることによって、日大闘争の全体像に迫ろうとしたと考えられる。

3　闘いの動きを捉えた記録映画二部作
──『日大闘争』『続・日大闘争』（1969）

個人による日大闘争の映像化

映画『日大闘争』の前半で「この映画は、日大全斗自らが制作した《弾圧と収奪の秩序》に対する終わりなき斗いの記録である」というテロップが流れる。はじめて日大闘争が映像として記録されたのは、芸術学部文芸学科Sのグループが製作していたミュージカル映画の一場面に使うために、デモの現場を撮影したことだという（塚本 2012: 84）。

日大闘争を最初に捉えたその瞬間とは、「血の弾圧」と呼ばれる一九六八年六月一一日であった。経済学部前の総決起集会のために各学部から約1万人が集まる予定であったが、右翼関係者・学生課の職員・体育会メンバーが妨害工作をするばかりでなく、経済学部本館内に入って、路上で集会をする全共闘の頭上から放水したり椅子や牛乳瓶を投げつけたりという暴力がふるわれた（『叛逆のバリケード　新版』2008: 61-9）。映画の前半は、この悲惨な光景を遠目に見るように距離をおき、恐るおそる接近していくカメラワークで撮影されている。これは、日大闘争へ直接的に介入することを目的にしたのではなく、ミュージカル映画製作という活動のなかで撮影が開始されたからだといえる（塚本 2012: 84）。

芸術学部闘争委員会（芸闘委）のバリケードは、その内側で学生の活動が制約されることなく、かえってそれを自由に享受できる空間となっていた。たとえば美術学科の創作活動が続けられただけでなく、音楽学科ではピアノを演奏するなどの開放的な雰囲気があり、そのなかで「S君」たちの映画製作活動も持続することができたのである（塚本 2012: 84）。

一九六八年七月に芸闘委から学部集会の呼びかけが行なわれ、学生を引き寄せるためにSたちのラッシュフィルムがはじめて上映（編集用に試写）されることになった。それからも闘争が展開されていくなか、Sたちのフィルムは映写機にかけられない長さとなって、その編集作業に入る過程からSたちの活動は芸闘委の集団的な活動として取り組まれるようになる。当初はSたちが編集を担当していたものの、作業が順調に進まなかったことから映画制作の経験をもつ芸闘委メンバーが参加することになったのである。無駄なカットを捨て、見どころと判断した場面を残して整理していく編集作業は、芸闘委による「日大闘争の記録」プロジェクトとして実行されていった（塚本 2012: 85）。そうして、日大闘争のなかで紙媒体の『叛バリ』に並行する形で『日大闘争』という映像媒体が完成されつつあった。

「日大全共闘映画班」の登場

その後、Sのグループに続いて塚本公雄（67年入学、芸術学部）が日大闘争を撮影することになり、この取り組みは「日大全共闘映画班」という形をとることになった。Sたちの記録映像『日大闘争』（58分）には、「血の弾圧」（68年6月）から夏季休業中のバリケード・ストライキを経て「大衆団交」の勝利（同年9月）に至るまでの過程が収められていた。映画班の『続・日大闘争』（55分）は、芸術学部を中心としたバリケードの攻防戦、そして「関東軍の襲撃」（同年10月）から「東大・日大闘争勝利全国学生総決起集会」（69年2月）までの様々な瞬間を映像で記録している。

日大闘争は、一九六八年一〇月一日に佐藤栄作・内閣総理大臣（当時）が日大における前日の大衆団交をうけて「大学紛争はもはや文教政策の範囲内で処理できない」と発言したことで、大きな転換を迎えていた。そこから日大当局は、佐藤内閣の積極的な介入を背景に大衆団交の内容を白紙化し、右翼思想団体や体育会系学生らを動員し、身体的暴力による弾圧を行なった。映画班が作り上げた記録映画は、こういった転換の経緯を明らかにする編集作業を経たようにみえる。『日大闘争』は、スペクタクル映画のように活気あふれるシーンが続くのにくらべ、『続・日大闘争』には、硬直した大学当局と国家権力が一体となった暴力的な弾圧に抗して学生が闘い抜く場面の緊張した雰囲気が流れているからである。

『日大闘争』『続・日大闘争』DVD
日大全学共闘会議映画班製作・日大闘争を記録する会　制作・発行

一一月八日には芸闘委のバリケードへの機動隊の導入で「関東軍の襲撃」(6)が起き、芸闘委46名が逮捕され、国家権力の介入が露わになっていた。さらに一二日には機動隊千名が出動し、このときはじめて大学闘争に催涙弾が持ち込まれ、芸闘委に向けて1200発が発砲されたのである。

『続・日大闘争』は、乱暴な言葉遣いの音声が流れ、右翼勢力と対峙している芸闘委のショットを挿入し、当時の緊張感を強調している。また、機動隊から攻撃を受けた後の芸術学部校舎を映すシーンに人の姿はなく、かわりに大量の武器が散乱している。

塚本は、日大全共闘映画班として最前線で芸闘委の様子をカメラに収めようとしたため、そのカメラワークは正編よりも大胆になっている。とくに一一月二二日の「東大・日大闘争勝利全国学生総決起集会」では、カメラが芸闘委として参加しているかのように目線が向けられており、臨場感にあふれている。

一九六九年一月一九日の東大全共闘の安田講堂攻防戦が全共闘運動の帰趨を握っていたといっても過言ではないように、日大全共闘もバリケードのなかで徹底抗戦を貫き逮捕を覚悟するべきかどうかという選択を迫られることになる。そのときに日大全共闘映画班はバリケードの外へ出て、一九六九年夏から記録映像の取りまとめを始めたのである。上板橋の木造アパートの一室に作業場所を設け、録音隊の音声テープを聴きながらノートを作成し、映像に重ねていく編集作業を、塚本とNが担当した（塚本 2012: 86）。

塚本は、日大全共闘において記録映画二部作がどのような意味を持ったのかについて、『日大闘争の記録 Vol. 3 ――忘れざる日々』のなかで以下のように述べている。

> 「日大闘争の記録」は、ともに闘う仲間が闘いへの意志をわかちエールをおくりあう連帯のメディアであった。つまるところ「日大闘争の記録」とは日大全共闘のファミリームービーであった。
> （塚本 2012: 83）

一九六八～六九年にかけて制作された映画班の記録映像は、二〇一二年一月二八日～二月三日に開催された『映画祭１９６８』で再映された。これは日大芸術学部の現役学生らが、授業の一環として取り組んだ映画上映イベントであった(7)。映画祭を主催した現役日大生と担当教授は、日大全共闘の同窓会組織にあたる「日大９３０の会」との交流を経て「日大闘争」をめぐる情報発信プロジェクトを実践したのだった。日大全共闘が世代を異にする日大生と一九六〇年代後半における大学の問題を共有できたのは、映画というメディアが闘争のなかで生み出されていたからであり、また映画をめぐる共通の技術を備えた芸術学部固有の文脈にも支えられていたといえるのではないだろうか。

4　闘いの意義を自覚させた写真集
――『解放区'68――日大斗争の記録』（1969）

学生写真サークルから「日大全共闘記録局」へ

写真集『解放区'68――日大斗争の記録』は、学生写真サークルの有志で始めた記録活動である。学生写真サークルは、写真を撮る集団として日大闘争に加わろうという意志が強かった。それゆえ一九六八年六月、彼らは「日大全共闘記録局」の下部組織である「情宣」に所属し、組織的に日大闘争の現場を撮影することになったのである（疋田 2011: 53, 58）。

「記録局」の一員として記録活動に参加した疋田邦男（65年入学、理工学部）は、『日大闘争の記録 Vol .2 ――忘れざる日々』で彼ならではの写真への信念を表している。

写真は、個人が興味を覚えた現実に向かい合ってシャッターを切った時だけ成立する、ということを大切にすることから始めた。すなわち、あらかじめ自分が描いたイメージの写真（美しい構図の風景写真や美しい人の写真）ではなく、まず目の前にある現実や向こう側にある現実を自分の目で確かめ、現実そのものに対峙して撮影しようとした。そのためには、複雑な目の前の現実に立ち向かうための、私たち自身がさまざまな方法を持たなければならなかった。（疋田 2011: 53-54）

疋田は、対峙した現実をそのままカメラのなかに収めることが重要であると強調し、日大闘争の撮影への戦略的な取り組みの必要性を感じたのではないのだろうか。

そこで「記録局」が取った撮影方法とは、「集団撮影行動」(8)である。つまり、日大闘争における撮影現場はおもに街頭だったことから、集団で一糸乱れず行動することに重点をおいたのである。撮影行動の順番としては、①闘争現場に撮影者が集結する、②仲間からフィルムを渡されたらカメラに素早くフィルムを入れる、③闘いの最前線で撮影する、④撮影が終わったら撮影したネガフィルムを回収する、⑤フィルムをまとめて現像する。撮影者は、そのたびごとに編成されたのであるが、基本的には担い手として写真サークルの有志メンバーが務めた。このような「集団撮影行動」に続いて「集団編集作業」も行なわれた。編集を担当したメンバーたちによって、印画紙に焼き付けた写真が厳選されると、日大闘争を時間軸に分けて、そのまま編集作業が進められた。こういった一連の過程を経て、個人の撮影した写真が不特定の撮影者の写真になるという、いわゆる匿名性に変換されたのである。したがって、写真に作家性がなくなることが「集団撮影行動」の効果であろう（疋田 2011: 58-9, 66-7）。

写真集『解放区'68』表紙
日本大学全学共斗会議記録局・「解放区'68」を出版する会発行（1969）

写真集『解放区'68』の構成内容

「日大全共闘記録局」の「情宣」組織による活動は、拠点を経済学部のバリケードのなかにおきつつ、いつでも現場で写真を撮影できるようにしていた。引き続き一九六八年八月頃から、写真集を構成するために、写真整理と闘争に関する記録整理の作業（闘争年表の作成、闘争関連記述の資料収集、日大全共闘議長・秋田明大のアジ演説の録音テープ起こし、闘争参加者へのインタビューなど）を始めた（疋田 2011: 60）。

写真集の構成は、A〜Dの四つのブロック——A 68年5月21日〜9月3日（日大闘争の始まりから夏季休業前まで）・B 9月4日〜12日（激戦の一週間）・C 9月13日〜11月21日（大衆団交から機動隊の導入まで）・D 11月22日〜12月15日（全国総決起集会から学生の逮捕）に分けて、日大闘争をたどっていくように綴られている。

日大闘争がどのような闘いで、日大全共闘がどのように闘ったのかについて、写真集全体を通じて語られていく構成がとられた（疋田2011: 57）。

写真集の題名にある「解放区」とは、一九六八年九月に街頭デモが行なわれた場所を包括して示すものだ。具体的には日大キャンパスに近い靖国通り、神田神保町、白山通り周辺のことであり、閉塞したキャンパスでの大学生活から解放され、路上に出て一般市民とともに闘争を共有できる場、それが「解放区」であった。「記録局」は、そうした街頭闘争の風景を意識的にカメラレンズに収めたからこそ、日大闘争における「解放区」をそのように見いだすことができたのだ（疋田2011: 61-2）。

九月四日から一〇日間、経済学部がある白山通りから神保町にかけて、日大全共闘を中心に機動隊と対峙した闘争が展開された。この時期に闘争の拠点が経済学部から理工学部へと移されたことから、「記録局」は新たな闘争参加者に向けた情宣活動を始めた。たとえば、理工学部校舎の立看板に闘争の速報として写真を貼り出すことで、日々の状況をいち早く共有・拡散する役割を果たした。そして、九月二九日に理工学部9号館建設予定地で開催された全学総決起集会には、約1万2千人の学生が結集した。そこで「記録局」は集会参加者へ支援のメッセージを送るために、校舎に沿って立てたベニヤ板に全紙サイズ（457mm × 560mm）の闘争写真を貼りつけた。九月三〇日大衆団交から一一月二二日「東大日大勝利・全国総決起集会」に至るまで、「記録局」は逮捕を覚悟しながら闘争現場の最前線で写真撮影を続けていった。一二月からは、以上の撮影活動のなかで積み重ねられてきた写真の編集作業に集中して取り組んでいく（疋田2011: 62）。

「闘う写真」が持つ意味

一九六九年一月には写真集の出版に向かって印刷用の原稿も用意され、初刷りの確認を経てただちに印刷・製本された。それまでの記録活動を写真集として仕上げるにあたって意識されていたのは、闘争の参加者がそれをポケットに入れて常に持ち歩くことができ、闘争の全体像を見失ったときに地図を開くように眺めることのできるものを届けるということであった。そのためB6判・100頁というコンパクトなサイズとされたほか、巻末に闘争年表と演説の資料などを収めて構成されている。

「記録局」が作成した写真はまず「状況証拠写真」であり、また「闘う写真」でもあった。大学当局や国家権力との対峙を避けず、同時にこれらの写真・ネガフィルムは一ヵ所への集約あるいは分散、移動を臨機応変にくり返しながら保管され、最後まで守り通されたのである。「記録局」として日大闘争を闘い抜くために、写真集『解放区'68』を出版することが目的にされていたのであり、警察に証拠品として押収されることを強く警戒し、出版の名義を「全学共闘会議記録局『解放区'68』を出版する会」として個人名は記載せず、写真集の出版後に印刷用の写真とフィルムはすべて破棄処分されている（疋田2011: 66-7）。

二月一日に経済学部校舎ではバリケードが撤去された。この日に「記録局」は、引き続き闘っていくのかという討論を交わし、最終的にバリケードを出るという選択をした。ここで「記録局」の「集団撮影行動」は終わったのであった（疋田2011: 68）。

5　むすびにかえて
――現在における日大全共闘の記録活動

一九六八～六九年にかけての日大闘争において、文闘委を中心に出版された記録本『叛逆のバリケード』、日大全共闘映画班により製作された映画『日大闘争』と『続・日大闘争』、そして写真サークルの学生有志によって撮影された写真集『解放区'68』が記録活動の成果として生み出された。日大全共闘の記録活動の内容と展開をたどってきたなかで注目されるのは、これらが運動における中心人物の思想や実践の記録として残されたのではなく、組織の幹部や役職でもない個々人が、自主的に闘争現場での経験を書き、撮影し、同時に記録していることであろう。これらの記録作品は、専門性を必要とするものの、専門家の手助けなしに闘争当事者が自力で制作したことからみても、日大闘争の生々しさ（当事者性）が現れているといえるのだ。

しかしながら、このような日大全共闘の記録活動が主要な成果を残したものの、当時その影響力は微々たるものにとどまったとも見られる。まず、『叛バリ』は、日大全共闘から学外の全共闘までもが共有すべきものとして読まれていたことから、全共闘運動のなかで影響力は確かにあったといえよう。他方、『日大闘争』と『続・日大闘争』は、日大闘争の内部だけで知られていたため、『映画祭1968』の企画メンバーには歴史的発見という認識があった。『解放区'68』は、日大全共闘のなかでも発行すら知られていないという「超レアなもの」だという（大場 2011: 43, 47; 塚本 2012: 89)。このように日大闘争のなかで生み出された三つのメディアは、社会的な発信力が弱かったとはいえ、半世紀を経た現在においても独自の記録活動を持続して、日大全共闘のありかたを検証し続けているといえる。

一九九〇年代半ばに、日大闘争に参加していた全共闘学生らの同窓会組織として「日大930の会」が結成されると、参加者は「日大闘争を記録する会」を立ち上げて、二〇一一～二〇年まで『日大闘争の記録――忘れざる日々』という新たな記録本の刊行を続けてきた。日大闘争という出来事の記憶を抱いて、その意味を自分自身で問い直し続けてきた闘争参加者同士が、「日大930の会」を媒介にして当時の事実関係や裏話などを共有することができた。そのコミュニケーションのなかで日大闘争の持続性が見いだされ、改めて記録活動が取り組まれることになったのである。

かつての日大全共闘は、闘いの現実とその意味をつかむことに焦点を当てた記録活動によって、闘いの相手や闘争の目標を明確にする役割を果たしていたと考えられる。それに対し、「日大930の会」の活動は、日大闘争をめぐる記憶を掘り起こし、闘争の様々な経験や認識を闘争参加者が相互に交わし共有化することで、闘争を総括し歴史的に位置づけることに重点をおいたのであろう。日大全共闘の面々は自ら日大闘争に参加していたにもかかわらず、そのときに争われていた問題が日本大学に局限されずに他大学や社会問題にも広がるものであったことを、今になって改めて知ることとなった。当時のそうした問題には、日大闘争の内部にあっては把握しきれない、様々な要因が積み重なっていたのである。

「日大930の会」が日大全共闘としての自分自身を歴史事象と

して客観的に考察してきた記録作業は、今日における日大全共闘の「記録する運動」の持続性を示しているといえる。一九六〇年代後半に日大全共闘は闘いの最中に記録活動に取り組むことで、闘争を社会に発信した。「日大９３０の会」が現在積み重ねている記録作業は、当時彼らのおかれた状況を把握しながら、日大闘争の全史を総体的に眺望するものになっているのではないだろうか(9)。

注

(1) 三橋俊明（66年入学、法学部）は、現在における日大全共闘の記録活動を担い、記録本シリーズ『日大闘争の記録――忘れざる日々』の編集人としてすべて担当してきている。現在でも彼が日大全共闘と名乗り、日大闘争の記憶を自由に語れるのは、おそらく日大闘争で様々なメディアが生まれたことがひとつの理由ではないだろうか。その背景には、「個人の主体性」が日大闘争のなかでそれぞれ保たれていたことがあると考えられる。三橋は著書の序章で、次のように全共闘運動・日大闘争について述べている。「全共闘運動は、自主的で自律した個人を主人公にした社会運動でした。私は、何の約束も契約も誰の代表でもなく日大闘争に参加して日大全共闘に成り、自らの意志でバリケードに泊まり込み、路上で飛礫を打ち、徹底抗戦を闘いました。そんな全共闘経験からいくつかの要素を整理した憑きものの正体が「全共闘スタイル」です。私は複雑で多様な全共闘経験を「全共闘スタイル」という視座に置き換えることで、全共闘運動が現在に投げかけている提言を見つけたいと思ってきました。「全共闘スタイル」を私の全共闘経験のまとめにするとともに、全共闘運動が未来に向かって発信している主題を見つける分析装置として活用できないものかと考えたのでした」（三橋 2018: 19）。

(2) 日大闘争が起きた背景として、教育制度の問題と学生生活の制限が挙げられる。筆者は前稿で、日大当局の「権威主義的な体制」すなわち「検閲制度」と「暴力による弾圧」を提示しつつ、古田理事会の運営方針の説明を試みた（趙 2018）。

(3) 日大全共闘の五大スローガンは、①理事総退陣、②経理の全面公開、③不当処分白紙撤回、④集会の自由を認めよ、⑤検閲制度の廃止　である。

(4) 大場久昭の証言は、一対一形式のインタビューで得られたものである。「日大９３０の会」への筆者のインタビュー調査の一環で『叛バリ』にかかわるエピソードも聞くために本格的に行なった。２０１９年5月17日、喫茶店ルノアール新宿三丁目ビックスビル店。

(5) 一九七二年、田村正敏は三橋俊明とともに無尽出版会を設立して『無尽』を創刊し（1973）、日大闘争における記録活動を続けた（4号まで刊行、本誌の三橋論文参照）。

(6) 「襲撃した右翼は、三つのグループに分けることができる。①空手を中心にした芸術学部の体育会②柔道部を中心にした日大本部体育会③飯島勇という拓殖大学出身の右翼によって集められた集団。飯島勇の集団は、拓大、東海大などの右翼学生から暴力団員や労務者までいた。飯島は、右翼団体「関東軍」を結成し、芸術学部襲撃の日には全員胸に「関東軍」の刺繍の入った作業着が配られていた」（眞武 2018: 223）。

『続・日大闘争』のなかでは、次の内容がテロップで流れる。「「関東軍」はのちに警備会社を形成し大学と契約したうえで検問・校内巡察・監視など学生弾圧を請け負い、全学部に常駐配備された」。

(7) 『日大闘争の記録――Vol. 3 忘れざる日々』（日大闘争を記録する会 2012）では「『映画祭１９６８』と映像記録――受け継がれ

た映像『日大闘争』『続日大闘争』という特集が組まれた。「日大930の会」は、『映画祭1968』を主催した日大芸術学部映画学科理論・評論コースの学生たちと協力し、その内容（担当教授の企画指導、日大全共闘と学生たちの座談会など）が同号にすべて掲載されている。

（8）疋田は、「集団撮影行動」の方法論について説明している。
「この方法は、一九六五年にジロ・ポンテコルヴォ監督がアルジェリア独立闘争を描いた映画『アルジェの戦い』にあります。その組織的闘争方法に〝アルジェ方式〟という方法ができてきます。繋がりのない場所、繋がりのない人を意識して闘争組織を形成するのです。私たちは、この闘争組織を撮影行動、写真出版活動に採用しました」（疋田 2012: 114）。

（9）筆者は、「日大930の会」の記録活動における事務局会議に参加し、何回かにわたりインタビュー調査を行ない、現在における日大全共闘の記録活動を考察してきた。拙稿に、趙沼振（2020）「日大全共闘を再記録する企て――「日大930の会」の活動を中心に」『年報カルチュラル・スタディーズ』第8号（カルチュラル・スタディーズ学会）:151-73.

参考文献

大場久昭（2008）「あとがき」日大文闘委書記局・新版『叛逆のバリケード』編集委員会編『新版 叛逆のバリケード――日大闘争の記録』三一書房

――（2011）「読まずに死ねるか、読まねば、お主ら無間地獄ぞ～!!」『日大闘争の記録 Vol. 2――忘れざる日々』日大闘争を記録する会: 43-50.

趙沼振（2018）「一九六〇年代後半の学園闘争を考える――『朝日ジャーナル』でたどる日大全共闘」『日本語・日本学研究』（東京外国語大学国際日本研究センター）第8号: 91-116.

塚本公雄（2012）「だれか、『続々日大闘争』をつくらないか――『日大闘争』『続 日大闘争』制作と編集の記録」『日大闘争の記録 Vol. 3――忘れざる日々』日大闘争を記録する会: 83-9.

中野正夫（2008）『ゲバルト時代 Since1967～1973――あるヘタレ過激派活動家の青春!』バジリコ

疋田邦男（2011）「解放区'68――日大闘争の記録」はどのように制作されたのか」『日大闘争の記録 Vol. 2――忘れざる日々』日大闘争を記録する会: 53-72.

――（2012）「二〇一一年「930の会」例会に参加して」『日大闘争の記録 Vol. 3――忘れざる日々』日大闘争を記録する会: 114-6.

眞武善行（2018）『日大全共闘1968叛乱のクロニクル』白順社

三橋俊明（2018）『全共闘、1968年の愉快な叛乱』彩流社

【特集　メディアがひらく運動史　日大闘争】

日大闘争は、何を「経験／記録」したのか

三橋　俊明

■いったい何を「記録」したのか

一九六八年の春、日本大学の本部をはじめ法学部・経済学部の校舎が建ち並ぶ神田三崎町の路上で、日大闘争が勢いよく沸騰した。

直接のきっかけは、四月一五日に東京国税局による源泉所得税調査で明らかになった、日本大学の「二十億円使途不明金」問題だった。東京国税局の監査直後に経済学部の会計課長が蒸発し、理工学部会計課徴収主任の女性が、自宅で首つり自殺していた事実も判明した。「使途不明金」とは別に、理工学部教授による裏口入学金5千万円の脱税も明るみになった。

新聞各紙をはじめマスメディアが報じた「二十億円使途不明金」問題や日本大学の度重なる不祥事に、経済学部の学生から異議申し立ての狼煙があがった。

五月二三日、「200メートルデモ」が決行される。

五月二七日、経済学部校舎前を横切る白山通りの路上で、議長に名乗り出た秋田明大によって日本大学全学共闘会議（日大全共闘）の結成が宣言され、日大闘争は全学部のバリケードストライキへと一気に突入していった。

日大全共闘議長の秋田明大は「日大闘争を起こそうと思った切っ掛けは何だったんですか」と問う私に、こう話してくれた。

秋田　一九六七年に経済学部学生会が主催した新入生歓迎会のときに目の前でね、許せん事件が起こったからなんだ。私が進学した経済学部では、その頃はサークルを中心にして大学のなかで活動をしていたんだよね。そのサークルの一つを運営していた学生会の藤原執行部が、その年の四月二〇日の新入生歓迎会で暴力的に弾圧される場面を見ていて、この大学は情けないいうんか、どうしようもないなっていう思いを強く持ったんだ。…［中略］…ショックだったよね。暴力がまかりとおる日本大学を変えなくちゃならないと思って学内で運動を始めたのは、その事件が切っ掛けだったんだ。（秋田 2017: 15-6）

日本大学は国税局の調査が入るほど腐敗していたが、他にも教育機関として様々な問題を抱えていた。例えば当時の理事会会頭・古田重二良は日大に学生運動がないことを自慢していたが、校内や大学周辺では高い詰め襟の学ランを着た応援団や右翼体育会系の学生たちが、赤い服の学生を捕まえて「お前、アカか」といって脅すような光景がまま見られた。大学当局は日大で学ぶ学生の自由な学生活動を萎縮させる応援団や右翼学生の暴力を容認し、支援もしていた。大講堂での授業は定員を上回る学生であふれ、休憩時間に休息できるキャンパスもない、そんな大学の強権的な学生支配に、日大

生は不満を抱きながら大学生活をおくっていた。

日大闘争が一九六八年の春に沸騰するまで、多くの学生は秋田明大と同じように大学と一部学生による威圧的な学内支配を目の当りにしていた。大学のこうした姿勢に学生会から「本部応援団の解散を求める決議」があがるなど、異議申し立ての声はこのころ徐々に表面化しはじめていた。

日大生による「栄光の200メートルデモ」が決行されるまで、密かに大学改革を進めていた学生たちがいた。日大闘争が一気に沸騰したのは、地道に続けられてきた活動の成果でもあった。

では、日大生が日大闘争に起ち上がるまでの助走路を準備してきた取り組みは、どれほど「記録」として残されているだろう。

私は一九七三年に日大全共闘書記長の田村正敏と「無尽出版会」を設立して『無尽』に自らの経験を執筆し、日大闘争の「記録」づくりに取り組みはじめた（4号まで刊行）。『朝日ジャーナル』の座談会に呼ばれて日大闘争を語り、一九八〇年に『全共闘――持続と転形』（津村喬編著 五月社 1980）で津村喬と対話を交え、当時の志を持続している仲間のインタビューを掲載し、『明日は騒乱罪――学校にない教科書』（戸井十月編 第三書館 1980）に「闘う」を執筆した。二〇一〇年には『路上の全共闘1968』（河出書房新社 2010）を刊行して日大闘争の経験を一冊にまとめ、二〇一一年からは日大全共闘副議長・矢崎薫を発行人とする『日大闘争の記録――忘れざる日々（とき）』を第1号から第10号まで刊行してきた。

だが、大学からの弾圧に抗して日大闘争を準備していた経緯などは、ほとんど記録できなかった。『日大闘争の記録――忘れざる日々』は「記憶を記録に」と呼びかけ十年間刊行を続けたが、「記録」できたのは日大闘争が沸騰した一九六八年以降の出来事が中心になってしまった。

日大闘争に参加した学生は、時々に変化しつつも数千から数万人に及んだ。日大闘争の頂点となった一九六八年九月三〇日の大衆団交には、2万とも3万5千人ともいわれる日大生が日大講堂に結集し、交渉を勝利に導いた。当日参加した学生は、それぞれの思いを抱きながら日大闘争を経験していただろう。別々の場所で生まれ育ち異なった暮らしをしてきた若者たちが、突然ある日から日大闘争の渦中へと飛び込んだ。多くの学生にとってその経験は、想定をはるかに超えた思いもよらない大学生生活だったに違いない。

私もその一人だが、そうした個々人の日大闘争も含めて、準備の段階から終焉までのすべてを「記録」することは不可能だ。私のかかわった「記録」づくりが、日大闘争の経験を十分に「記録」できなかったのは残念ではあるけれど、致し方ない結果でもあった。だが、そうだとしても私は、日大闘争のいったい何を「記録」したのだろうか。

■日大闘争に「つかみ／つかまれた」経験

日大闘争に参加した経験を「記録」しようと、私はこれまでいくつかの試みに取り組んできた。どんな場合にも自分の経験と正面から向きあってきたつもりだが、なかなか難しい作業だった。自分を中心に配置し、かかわった日大闘争から離れずに「記録」しようとしてきた。それが、私の人生の原点だったからだ。

同時に、私と同じように日大闘争に参加した仲間に、自分の経験を「記録」して欲しいと願っていた。個性的で多様性に富んだ一人一人の参加者は、それぞれが日大闘争の主人公だった。日大闘争は、既存のイデオロギーや特定の指導者による指示や命令に従って取り組まれた運動ではなかった。組織や集団の指導者や、何かを代表する参加者はあまり見かけなかった。日程や方針などは、誰もが参加できる全体会議で合意を形成していく直接民主によって決められた。どの学部のどの集団に所属し何を担当するかは、基本的に各個人の自由意思に任されていた。

私は、同じように自分の意思で日大闘争に参加した仲間たちが、自らの経験を自分の言葉で「記録」することを望んでいた。そうした「記録」が多くの日大闘争参加者に見合うほど集積できていたら、「記録」づくりはもっと充実していただろう。

だが私は、『無尽』の刊行をはじめた当初から、日大闘争の経験を「記録」していくことの困難と向きあっていた。

『無尽』は一九七三年、日大全共闘書記長だった田村正敏の呼びかけで、日大闘争の経験を記録すると同時に、新たな社会改革を目指していた無尽出版会によって創刊された。私は一九六九年九月三〇日に日大全共闘と全国全共闘が共催した「9・30大衆団交一周年、日大法学部・経済学部奪還闘争」で逮捕され、未決のまま一〇ヵ月ほど府中刑務所に収監され、「七〇年安保闘争」終息後の七月一〇日に田村と共に下獄した。統一裁判の最中に無尽出版会に誘われ、文理学部闘争委員会の操上光行や神田賢らと設立に至った。田村は、日大闘争の渦中で『叛逆のバリケード』（日大文理学部闘争委員会1968）を制作していたが、日本の左翼や学生運動が自らの経験を伝えてこなかった反省から、まずは自分のかかわった日大闘争と全共闘運動の総括と『無尽』の刊行とを呼びかけていた。

私は田村の考えに賛同し、『無尽』の編集から執筆や販売にも汗を流した。創刊号は巻頭に私の拙文が置かれ、秋田明大とアナキスト詩人秋山清の対談「何が続くか」をトップに、田村正敏の「出発することの意味(1)」、山本義隆の「加藤一郎公判調書」などを掲載して刊行された。刷り上がった『無尽』はカバンに詰め込まれ、販売を引き受けてくれた書店に手持ちで運び、地方の書店へと送られた。時代は、新宿に「模索舎」が登場し「地方・小出版流通センター」が設立されるなど、小発行部数の書籍や冊子などの紙媒体が情報を伝達していくメディアの役割をまだ果たしている頃だった。

私は『無尽』2号から「語り継がれるべき歴史」の連載をはじめ、日大闘争の参加者に『無尽』への寄稿を呼びかけた。加えて、街頭で機動隊に向かって共につぶてを投じてくれたサラリーマンや、カンパ箱に一万円札を差し入れ「頑張りなよ」と励ましてくれたご婦人の思いも「記録」したいと思っていた。様々な支援や励ましが、日大闘争から離脱しないでいられた何よりの支えだったからだ。

だが、私の能力や私にできる作業範囲は限られていた。

また日大闘争が具体的な成果を得られず終息すら見えないこの時期に、自らの経験を「記録」するには無理があり、原稿は願いどおりに集まらなかった。しかし支援や協力、読者からの便りは全国から寄せられた。だが、無尽出版会には貴重な経験を受けとめて活動を進めていく知恵も力量も不足していた。なのに、あまりにも自力にこだわり過ぎた。マスメディアや広告などに頼らず自力での取り組みを続けたため、やがて資金は枯渇し活動も停滞せざるを得なくなっていった。各地から全共闘は訪ねてきたが、結局、三ヵ所の拠点と二冊の書籍と4号の『無尽』に何通かの『無尽通信』を発信し、活動は終息していった。

私は、無尽出版会の事務所が置かれた書店「大塚東洋堂」を拠点に、『無尽』の制作や販売をしながら、田中角栄によるロッキード事件が発端となった『週刊ピーナツ』の創刊や「アジア・アフリカ作家会議」にかかわっていた。一九八〇年代には日大闘争や全共闘運動の経験を執筆する機会もあったが、徐々になくなり、社会活動のなかで経験を活かしていく生活へと移行していった。

私は、与えられた機会や場面で可能な限り日大闘争や全共闘運動について書き語ってきたつもりだが、その努力も実力も残念ながら細やかで、当時の経験を総括し「記録」していく流れをつくることはできなかった。

全共闘運動が起こった一九六八年からおよそ四〇年を経た二〇〇九年一一月二二日に産経新聞出版から刊行された『総括せよ！さらば革命世代——四〇年前、キャンパスで何があったか』（産経新聞取材班 2009）は、巻頭でこう指摘している。

> 四〇年余り前、わが国に「革命」を訴える世代がいた。当時それは特別な人間でも特別な考え方でもなかった。にもかかわらず、彼らは、あの時代を積極的に語ろうとはしない。語られるのは中途半端な武勇伝だけであり、「そういう時代だった」「みんなそうだった」と簡単に片付ける人もいる。そして、私たちの「隣人」としてごく普通の生活を送っている。（同）

二〇〇九年には、こうした声が全共闘世代に対する世間からの評価だった。一九七〇年以降に起こった「あさま山荘事件」や「内ゲバ」と全共闘運動とがあまりにも安易に結びつけられ、こうした評価が治安対策上の言説とともに広まっていった。

この本には多数の資料が参考文献として載っているが、私のかかわった『無尽』などの書籍は、なぜか一点も掲載されていない。そうした偏向はありつつも、これらの言説が世間で一般化したのは、一九六八年や全共闘運動の総括が当時の盛り上がりに比べて十分に語られてこなかった結果でもあった。

あれほど活気に満ちた全共闘運動の経験が、では、なぜ語られてこなかったのか。

今は鬼籍に入った東大全共闘の小阪修平は『思想としての全共闘世代』で、「全共闘運動の経験を語る」ことの、そもそもの困難について記している。

> まず、全共闘運動をただ政治運動としてとらえるだけでは、表面的にしか語ったことにはならない。それに、全共闘運動は本文でふれている三派全学連の運動とごっちゃにされてとらえられてきた。さらに、この押しつけがましい世代にたいする反発と、熱い時代があったんだという幻想によって、その正体がよくわからないまま伝説化されていったという経緯もある。だがこれらの理由以上に、自分たちにとってもよくわからない経験だったという事情が大きかったのではないだろうか。自分と密接にかかわっているテーマであればあるほど、伝えにくいのである。自分の思い込みや心情、あるいは入れあげたイデオロギーをぬぐい去って、自分たちがつかまれてしまった経験の正体を語るのはえらくむずかしいことだ。（小阪 2006: 216-7）

確かに「全共闘運動の経験を語る」ことの難しさはあったし、ましてや「経験の正体を語るのはえらくむずかしい」ことは、当事者として納得するし、よく理解もできる。

だが、全共闘運動が「自分たちにとってもよくわからない経験だった」とするなら、私は自らの経験とそもそもどう向きあい、何を「記録」してきたのだろうか。日大闘争という「自分たちがつかまれてしまった経験の正体」を余すことなく「記録」する作業は、どうすれば可能だったのだろう。

日大闘争に参加した学生たちは、額に汗してスローガンを叫び、自由に路上をデモするたびに、心地よく生きている自分を発見していたに違いない。「二十億円使途不明金」問題をはじめ大学当局からの学生弾圧や怠慢授業や不味い食堂に抗議の声をあげ、日大全共闘として正義の闘いに参加している自分に、素朴に喜びを感じていたはずだ。

多くの日大生たちは何かに「つかまれた」ことより、自分の手で自由や正義を「つかみ」取っている実感のほうが大きかっただろう。

では、そうした日大闘争の経験は、どうすれば「記録」できたのだろう。どんな経験を、どのように「記録」すれば良かったのだろうか。

■ういういしき日大生の日大闘争

日大闘争は、日大生にとって、如何なる経験として始まったのか。

日大全共闘となった私は、五月の青空のもと、路上をデモで駆け抜け、街頭でカンパを呼びかけ、バリケードで友と寝食を重ねながら勝利への跳躍を続けていた。何のためらいもなく日大闘争に参加した私は、では、どんなふうに「外」から見られていたのだろう。

一九六八年六月九日付の週刊誌『朝日ジャーナル』は「最大の私学・最大の危機」との見出しで、記者が神田の路上で出会った日大生のデモをレポートしている。

> 神田の学生街を埋めつくすかに見えたデモは、五月の光のなかで、活気に満ちたものであった。日大生の表情があれほど生きいきしているのを、いや日大生にかぎらず、学生の集団があれほど、ういういしく息づいているのを発見するのはまれなことであった。それは『古田を倒せ』をかけ声にした行進であり、つまり古田重二良日大会頭に対する、怒りのデモであったにもかかわらず、怨念の集団であるよりは、歓喜にうちふるえる集団のように見えた
> （「社会観察」『朝日ジャーナル』1968. 6. 9: 22-3）

記者が出会ったこの日のデモ隊列に、きっと私は混ざっていた。一九六八年の五月頃から神田三崎町界隈で行われていたデモには、必ず参加していた記憶がある。正義の実現を願う精神と身体を行動へと移していく清々しさに、この頃の私は日を追うごとにたまらなく取り憑かれていた。アスファルトの路上で自由にジグザグとデモをする目的だけのために大学へと通う日々が、楽しくて楽しくて仕方なかったのだ。

神田の街頭で取材していた記者は、日大生のういういしくも喜ばしきデモに出会った瞬間を、素直にレポートしている。

そんな溌剌としたデモから始まった日大闘争は瞬く間に全学部の

ストライキへと拡大し、大学当局に対し「1全理事の総退陣・2経理の全面公開・3検閲制度の撤廃・4集会の自由を認めろ・5不当処分をするな」という五大要求を大衆団交を開催して認めることを求めた。

掲げられた要求項目から見るなら「学園民主化闘争」だった日大闘争は、だが一方で学生自治会とは異なる全学共闘会議を結成し、また右翼体育会などの襲撃から我が身を守るために強固なバリケードを校舎に築き、ヘルメットとゲバ棒を装備した実力闘争として取り組まれた。

五月に沸騰した日大闘争は、六月一一日の大衆団交要求集会に仕掛けられた「血の弾圧」に抗議して法学部三号館をバリケード封鎖し、ストライキに突入した。翌日からストライキは全学部へと拡大し、夏休みを乗り越え、九月四日には法学部・経済学部への機動隊導入に徹底抗戦を挑み、九月の激動で機動隊を靖国通りの路上で粉砕し、バリケードを再構築した。九月三〇日には大衆団交を実現して要求は認められ、日大講堂に紙吹雪が舞うなか勝利を手にした。

だが一〇月一日、佐藤栄作首相の発言で大衆団交の確約は一方的に破棄される。首相が閣議で「大学紛争はいまや文教政策の範囲内で処理できない。政治全般の立場から解決すべきだ」（『朝日新聞』1968.10.1夕刊）と発言したため、バリケード闘争は継続され、日大闘争は徐々に軌道修正を迫られた。首相による突然の政治介入は、日大全共闘ノンセクト組に怒りと驚きと戸惑いを、セクト活動家には政治活動へと学生を誘い込むきっかけを与える結果となった。

日大闘争は、大衆団交での勝利が覆されて以降、月日を追うごとに先行きが見えにくくなっていった。日大全共闘は、大衆団交による闘争の終結とは別な「出口戦略」を鮮明に掲げられなかった。大衆団交で勝利は手にしたが、署名・捺印までした確約はあっけなく破棄され、要求は実現されなかった。勢いよく幕を開け見事に勝利した日大闘争は、幕の閉め方がわからないまま時間だけが過ぎていった。

一九六八年一一月一一日、東大の安田講堂前で「日大・東大闘争勝利、全国学生総決起大会」が開催され、一九六九年九月五日の全国全共闘結成へと各地の学園闘争は流されていった。

日大当局は一二月に入ると疎開授業を開始し、各学部に拡大していった。一九六九年一月一八～一九日に東大の安田講堂が陥落すると、一月から三月にかけて日大の各学部にも機動隊が導入されバリケード撤去が強行された。日大全共闘は駿河台の明治大学学生会館と明大前の和泉校舎に拠点を移し、各学部ごとの活動を軸に闘争を進め、九月三〇日に「9・30大衆団交一周年、法学部・経済学部奪還闘争」へと至った。

日大闘争はゆっくりと終息へ向かっていったが、不思議だったのは行く先が見えずに彷徨いはじめてもバリケード闘争は力強く息づき、日大全共闘も元気に変わらず結束していたことだった。一九六八年の秋から冬を迎える頃になると、世の中について議論を交わし、文学や思想を論評し、故郷や恋人との交流を語り合う友情と親愛に満ちた人間関係が、バリケード生活のなかから自然に育まれていった。

日大闘争の行方は不透明になったが、バリケード生活に定着していた「愉快な時間」は維持され変わっていかなかった。日大闘争の方針や展望は重要だったが、私には自らの意思と力で手に入れた

「愉快な時間」とでも名づけたい、自由で解放感に溢れた生活時間が何よりも大切だった。この「愉快な時間」を、いつまでもいつまでも持続させたかった。

だがバリケードは機動隊によって強制撤去され、大学校舎は警備員と鉄条網によって包囲された。大学の秩序を金と力で回復させていく流れは、徐々に日本大学の全学部へと波及していった。

日大全共闘たちは、それぞれの日大闘争を抱えて、少しずつ学園から社会へと旅立っていったのだった。

■日大闘争の「記憶」を「記録」に

日大闘争は、右翼暴力団からの襲撃や機動隊との衝突など、対決や流血や逮捕といった激しい場面が新聞やテレビなどをたびたび賑わせた。だが参加した学生たちは、素晴らしき出会いや喜びに満ちた経験を、大切な想い出として抱き続けてきた。

二〇一九年一二月二五日に全共闘世代のアンケートをまとめた『続・全共闘白書』(同編纂委員会編 情況出版 2019) が刊行されたが、回答を寄せた日大全共闘34名の多くが、日大闘争に参加した自分を「誇りに思う」と答え、誰一人として後悔はなかった。私にはピンとこない「誇りに思う」との回答だが、参加者が今もそう思っている辺りに、日大闘争の核心を解き明かすヒントがあるように思えてならない。

これまで私は、日大闘争の経験を「記録」しようと私なりに取り組んできた。その道程で最も苦心したのは、一九六八年五月に『朝日ジャーナル』の記者が率直に感じたデモの「ういういしさ」や、その初心がバリケード闘争の「愉快な時間」へと引き継がれた経験を「記録」することだった。どうすれば、どのように「愉快な時間」は「記録」できたのだろうか。日大闘争に参加した時代を「誇りに思う」全共闘たちは、きっと「愉快な時間」をバリケードや路上でいつも味わっていたはずなのに、その充実感や解放感が、今もなお「記録」できていない。

芸術学部闘争委員会委員長で『日大全共闘1968叛乱のクロニクル』(白順社 2018) の著者でもある真武善行は、こう語っている。

日大生は、一九六八年の学生運動の先頭を走っているという実感を持っていました。「どうだ!」と、誇らしく思ってもいました。この運動の疾走感を、表現する言葉が見つからないのです。だが、この時は言葉なんか探しているより、ただただ前に進んで、その疾走感を味わい続けることが、問題だったのです。(『日大闘争の記録――忘れざる日々』第7号 2016.9.10: 46)

日大闘争の疾走感を、真武は「表現する言葉が見つからない」と直球で語った。私も、日大闘争が与えてくれた「愉快な時間」について上手く語れずにいる。

日大闘争や全共闘運動の感動をめぐることば探しの困難は、自らの経験を語ろうとする取り組みを足止めさせたかもしれない。また、自らの大切な経験を語るには、それなりの時間や心の準備が必要だという意見もよくわかる。だが日大闘争について言うなら、「記録」づくりや総括作業がその結果まとめられずに、時間だけが過ぎていったのも確かだった。

私の経験をたどるなら、自力だけで目的に到達することがとても厳しく難しかったという側面もあった。

二〇一〇年六月に河出書房新社から刊行された『路上の全共闘1968』（三橋 2010）は、私の努力と実力だけでは出版されなかっただろう。日大闘争と全共闘経験を主題にした著作が「河出ブックス」叢書に入れたのは、小熊英二の『1968』（新曜社 2009）が前年の二〇〇九年に刊行され、一九六八年や全共闘運動への関心がたびたびマスメディアで取り上げられた結果でもあった。全共闘と併走してくれた編集者は「今なら全共闘モノ一冊ぐらい大丈夫でしょ」と書き下ろしを発注してくれた。

世間で『1968』が話題となったことで、日大闘争に参加した有志が集う「日大930の会」も動きはじめた。「日大930の会」は、一九九四年に出版された『全共闘白書』（同編集委員会編 新潮社 1994）発刊の集いに参加した有志が起ち上げたグループで、紆余曲折の末、この頃は日大全共闘副議長・矢崎薫を中心に年一度の同窓会を開催していた。私と矢崎は法学部闘争委員会にいたため、立場は違うものの近しい間柄だった。その矢崎から、日大闘争を「記録」する出版物の相談が私に持ちかけられた。併せて、年一回の同窓会で『路上の全共闘1968』の出版記念会開催の提案もいただいた。

二〇一〇年九月二六日「日大930の会・同窓会」の日、出版記念会は「公開座談会「日大闘争を書く・語る・記録する」」に改められ、懇親会との二部構成で開催された。第一回公開座談会は編集人を引き受けた私がまとめ、呼びかけに応じて寄稿された「日大闘争文集」を加えて、二〇一一年二月一五日に『日大闘争の記録――忘れざる日々』創刊号（日大闘争の記録制作実行委員会 2011）として刊行された。全国の書店で購入可能な冊子として販売したかったが、出版社からの協力が得られなかった。編集後記などで私は「自力」による執筆・編集・発送作業を誇りとして語ってきたが、正直に言うなら他に方法がなかったのだ。

だが、日大全共闘の「自力」には、日大闘争のネットワークと底力があった。刷り上がった創刊号を集められた名簿宛てに振込用紙とともに送付すると、読者からの反響と購読料とカンパとが制作費を大きく上回って届けられた。冊子が赤字にならずに第10号の目標に到達できたのは、ひとえに約800名余りの読者と協力者から定期でご支援いただけた、たまものだ。

冊子は第2号に発行人の矢崎薫インタビューを掲載し、第3号以降は「日大930の会・同窓会」での「公開座談会」報告と「日大闘争文集」などを、第8号には「秋田明大インタビュー「全共闘は、みんな自分で決めていた」」を掲載し、第10号「中村克己君特別号「墓碑とともに」」を二〇二〇年九月三〇日に刊行して、ひとまず終刊した。

冊子刊行の途上で設立した「日大闘争を記録する会」は、収集された日大闘争関連のビラ・旗・ヘルメットなど1万5千点余りの資料を分類・整理し、国立歴史民俗博物館（歴博）へと寄贈する活動にも取り組んだ。資料の一部は、二〇一七年に歴博で開催された企画展示「「1968年」無数の問いの噴出の時代」展で公開され評判となった。さらに有志は「我らずーっと日大全共闘」の旗を掲げて路上での脱原発デモに参加し、また「ふくいち周辺環境モニタリングプロジェクト」を起ち上げて、定期の放射線モニタリング調査活動を続けている。

十年という歳月をかけて『日大闘争の記録――忘れざる日々』を刊行してきたが、何よりの収穫は、ともすると組織の代表や指導者によって語られる歴史や総括が「記憶を記録に」との呼びかけに応えてくれた参加者一人一人の「記録」としてまとめられたことだろう。執筆や編集や発送作業が日大全共闘たちの自力で続けられ、そこから新たな社会運動が生まれたことも成果だった。

■「予示的政治」と「社会運動史的想像力」と

日大闘争の「記録」づくりは、書籍『叛逆のバリケード』、映画『日大闘争（正）（続）』、写真集『解放区'68』の三作品が、闘争の最中に自主制作されていた時点から始まっていた。当事者が闘いながら三作品を完成させた経験は、「社会運動とメディア」という視点から、いつ・誰が・何を・どのように「記録する／できる」のかを考察していく貴重な事例だろう。この「記録」づくりが「無尽出版会」や「68・69を記録する会」や「日大930の会」につながり、『日大闘争の記録――忘れざる日々』へと受け継がれた。

では、日大闘争の「経験／記録」は、これからどんな役割を果たしていくのか。

そのヒントを、本誌『社会運動史研究2』の特集「「1968」を編みなおす」で元東大全共闘議長・山本義隆が語っている。

> 闘争の記録はたんなる歴史記述のためではなく、まずもって闘争の継承と教訓化のためである。それは第一義的には私たち自身のためであり、第二に私たち以降の世代に正確な実相を伝えるためである。（山本 2020: 98）

「闘争の記録」をめぐる山本義隆の実直な「定義」に照らすなら、日大闘争から生まれた「記録」は、どれほど「継承と教訓化」に役立つことができるだろう。「正確な実相」を、どこまで伝えているだろうか。

国立歴史民俗博物館（歴博）では、日大闘争で配布されたビラなどを「近現代日本の社会運動資料」として収蔵することになった。今後はこの1万5千点余の一次資料が、日大闘争の「正確な実相」を伝える「記録」として扱われる。鉄筆を握り何枚ものビラをガリキリした日々が、少し報われた気がする。だが、私には一次資料とともに収蔵してもらいたい経験がある。それは、日大闘争の何があれほど「愉快な時間」だったのかの「実相」だ。日大闘争の参加者がそろって「そうだ！」と膝を打つ、真武の感じた「疾走感」や大地がデモで揺れた「躍動感」や路上の「解放感」を、鉄筆で刻んだゲバ文字のビラに添えて収蔵したいのだ。私が当時ガリキリしたビラは相当な枚数に達するけれど、なぜか一枚も「愉快な時間」については記していない。当時はそんな感覚に注力している余裕がなかったし、何よりも「愉快な時間」に気づいていなかった。あの「愉快な時間」は、一九六八年から離れていくにしたがって去来してきた忘れざる感慨だったからだ。

「愉快な時間」について考えれば考えるほど、「正確な実相」について思案させられる。私には、「愉快な時間」を抜きにした日大闘争や全共闘運動など考えられないからだ。

近年、全共闘運動の経験と「予示的政治」といわれる考え方との同質性が指摘されている。その先鞭ともなった小杉亮子の『東大闘争の語り――社会運動の予示と戦略』（2018）では、東大闘争にかかわったノンセクト活動家たちの全共闘経験から「予示的政治」と通底していた活動を、社会運動史の視点からつかみ取ろうと試みている。

> 予示的政治では、社会運動の実践そのもののなかで、運動が望ましいと考える社会のあり方を予め示すような関係性や組織形態、合意形成の方途を具現化し、維持することがめざされる。［…中略…］望ましいとされるのは、目的に向けた合理的かつ効率的な行為ではなく、参加者みなが尊重される合意形成過程をへて決定された行為の遂行である。（同：21-2）

小杉は「予示的政治」との同質性を東大闘争に求めたが、一九六八～七〇年には「予示的政治」と共鳴する取り組みが各地で試みられていた。日大闘争でいうなら、全共闘結成の仕方から直接民主による全体会議での合意形成や自己規律に基づいたバリケードでの相互扶助などに「予示的政治」との親和性を見て取ることができるだろう。

日大闘争が「愉快な時間」として経験できたのは「参加者みなが尊重される合意形成過程をへて決定された行為の遂行」を基本に、自由に活動できたからに他ならない。

だが私がかかわった「記録」づくりでは、「愉快な時間」について未だ十分には語られていない。１９６８から半世紀を経ても「断片」しか語られていない経験は、今後どう処理されていくのだろうか。

そんななか、「正確な実相」を「記録」していく新たなる可能性が、若手の研究者から提言されている。『社会運動史研究』誌の共同編者・松井隆志による「社会運動史的想像力」という視点だ。松井（2019）は、社会運動史研究に求められる「現場感覚」を「社会運動史的想像力」として概念化し、その重要性を指摘する。

> ただそれを取り出しただけだと断片的であるような情報（個人史）が、歴史の文脈や社会の構造の中で理解され、位置づけられる。それを可能にするのは、その問題を取り巻く世界についての知識（「諸制度」）と概念（「社会構造」）を踏まえた「想像力」だ。
> ここで「社会運動史的想像力」と呼ぶのも、断片的な運動史の事実を、適切に理解していくために必要な、前提となる知識や枠組み、それらを踏まえた「想像力」だ。（同：19）

松井は、「想像力」によって「断片」からも社会運動史の可能性を探っていこうという。その「社会運動史的想像力」という視座を踏まえたうえで、ビラなどの一次資料と『日大闘争の記録――忘れざる日々』とに向きあうとしたら、何が拓けていくだろう。歴博が収蔵する一次資料を提供した当事者が語り記した「断片」から、「社会運動史的想像力」は何を導き出してくれるだろうか。

「愉快な時間」は、社会運動史研究のなかで今後どのように位置づけられ、解析され、評価されていくだろう。

社会運動の研究が、本誌の編者である大野光明や小杉亮子や松井隆志をはじめとする若手研究者の登場によって、新鮮な局面へと拓かれていくに違いない。その研究成果のなかから、日大闘争や全共闘運動の経験をめぐる新たな問いかけや回答が創造されていくことを期待したい。

「日大闘争は、何を「経験／記録」したのか」という問いへの答えもまた、全共闘経験者と、その研究者と、その成果が活かされる社会運動の現場で、これからも更新され続けていくだろう。

引用文献

秋田明大（2017）「全共闘はみんな自分で決めていた」『日大闘争の記録——忘れざる日々』第8号　日大闘争を記録する会

小阪修平（2006）『思想としての全共闘世代』ちくま新書

『朝日ジャーナル』「社会観察「最大の私学・最大の危機」日大のルネサンス」１９６８年6月9日

小杉亮子（2018）『東大闘争の語り——社会運動の予示と戦略』新曜社

真武善行（2016）「下駄の音」『日大闘争の記録——忘れざる日々』第7号　日大闘争を記録する会

松井隆志（2019）「私の運動史研究宣言」『運動史とは何か　社会運動史研究1』新曜社 : 9-28.

三橋俊明（2010）『路上の全共闘１９６８』河出書房新社

山本義隆（2020）「闘争を記憶し記録するということ——『かつて10・8羽田闘争があった』〔寄稿編〕同〔記録資料編〕および『東大闘争資料集　ＤＶＤ増補改訂版』出版に際して」『「１９６８」を編みなおす　社会運動史研究2』新曜社 : 87-99.

資料

『叛逆のバリケード』（1968）日大文理学部闘争委員会→『叛逆のバリケード——日大闘争の記録　新版』（2008）日大文理学部闘争委員会書記局・新版同編集委員会編著　三一書房

記録映画『日大闘争』『続・日大闘争』（1968）日大全学共闘会議映画班制作→ＤＶＤ日大闘争を記録する会

『解放区'68——日大斗争の記録』写真集（1968）日大全学共斗会議

『無尽』第1号（1973）〜第4号（1976）無尽出版会

『日大闘争の記録　忘れざる日々』第1号（2011）〜『日大闘争の記録　忘れざる日々』第10号（2020）日大闘争の記録制作実行委員会・日大闘争を記録する会

【特集　メディアがひらく運動史】

社会運動とメディアの連環

――一九六〇～七〇年代の新左翼系雑誌と編集者に着目して

秋山 道宏・那波 泰輔・韓 昇熹

1　社会運動とメディアをいかに問うか

　今日においても、「1968」という時代を捉えようとする動きはますます活発となっている。当事者たちの取り組みとしては、二〇一九年末に出版された『続・全共闘白書』（情況出版 2019）などがあり、また、この動きはアカデミズムにも見られる。知名度から言えば、〇九年に出された小熊英二の『1968』（上下、新曜社 2009）は代表的なものである。同書は、学生運動を一つの歴史と捉え、膨大な資料から全体像を描き出そうとする。そこでは、さまざまな雑誌から当時の人びとの考えを分析しているが、すべての雑誌をフラットに見て、雑誌を情報の媒体としてのみ扱っている。

　だが、雑誌は、情報が載っているだけの媒体なのだろうか。なによりまず、書き手が雑誌に文章を書くには、雑誌に書く基準を満たしていることや、その雑誌への投稿方法の知識、関係者との接触などがなくてはならない。雑誌というメディアへの掲載は、その過程において、さまざまな人とのつながり、ネットワークがあってはじめて達成されるものである。

　たとえば、近年盛んな右翼（右派）研究では、メディアという媒体を対象として分析を行っている。一九九〇年代の保守言説を研究した倉橋耕平は、「歴史修正主義」の言説に「形」を与えているものはメディアであるとし、思想や言論は、同時代の権威や規範、配置される場所、売れ行きなどと切り離して考えることはできないため、「情報の内容」と同時に、「情報を存在させる様式・形式」を検討すべきであるとした（倉橋 2018: 11-2）。

　一方で左翼（新左翼）をめぐる研究は、当時の運動の実態を知るために、媒体としてメディアが使われることはあるものの、それ自体の分析は右翼（右派）研究と比べると多くはない。上述の小熊の研究では、運動の実態を把握するための手段として商業誌やミニコミ誌などの雑誌が扱われている。しかし、この研究では、人びとにとってその雑誌がどのような意味を持ったのか、また作り手がどのようなことを考えて雑誌を作り、特集などを組んでいったのか、を捉えるような視点は弱い(1)。そこで、本稿では、運動を存立させたメディアそれ自体に焦点を当て、社会運動をメディアから俯瞰することで、左翼(新左翼)運動の一つの系譜をたどってみたい。

以下で対象とするのは、一九六〇年代後半において学生運動に携わる人びとに頻繁に読まれていた新左翼系雑誌である。そのため必然的に、新左翼運動がおもな対象となるが、左翼運動全般に影響を与えた『世界』などの大手総合雑誌についても扱う。また、社会運動のありようや実態を捉える上で、ミニコミ誌の考察は不可欠だが、テーマが拡散するため、本稿では、一定の期間、ある編集の方向性や目的のもとで発行され、商業ベースにのった雑誌を扱う。それにより、以下で述べる新左翼運動における言説の配置や「編集」という行為の意味を検討することが可能となる。

『現代の眼』の編集者の鈴木均が指摘するように、『世界』や『中央公論』などが、伝統的な評価から回避せざるを得ない問題領域が拡大し、社会の現状を正確に捉えることができなくなったため、「危険なテーマ」や「少数派の意見」に斬りこめる新興雑誌として『現代の眼』などが登場し、市民権を得たとされる(鈴木 1973: 16-7)。これら新興雑誌こそが、新左翼系の雑誌群であった。

加えて、雑誌の一つの号が作られるのには、編集者の関わりが不可欠である。雑誌づくりには、書き手の文章だけではなく、編集者によるテーマの検討や書き手の探索、編集という作業などが必要となる。編集者は、送られてきた文章を雑誌に掲載するのみならず、ある意味で表現者であり、「文化創造」(鈴木 1978: 3)の担い手でもあった。

また、編集者は、書き手や読者、取次(出版卸会社)、書店などとさまざまなつながりを持つ。天野恵一は、雑誌編集とは「運動そのもの」で「人間関係を編み上げていく作業」であるとし、編集で人間関係を編み上げていくことが実際の運動にも生かされると述べている(天野 2020: 175)。本稿では、これら雑誌の編集や、編集者同士のネットワークを検討することで、人びとの運動や思想がどのようにして雑誌に反映され、出版されたのかを明らかにする。

新左翼メディアのおもな研究には、大澤聡(2014)の『流動』の研究がある。大澤は雑誌を成立背景や書き手の特徴から分析しており、雑誌そのものを対象とした点では本稿の問題関心とも一致している。ただ、その分析は、完成された雑誌のみを扱っており、編集者への着目はなく、また、史資料調査のみに依拠したものである。本稿は、編集者同士のつながりがいかに形成されたのかも検討するため、インタビュー調査も活用する(表1参照)。

本稿で対象とする新左翼系雑誌は、おもに一九六〇年代後半から七〇年代に多く読まれた『現代の眼』『情況』『日本読書新聞』(以下、『読書新聞』)の三つのメディアである。『現代の眼』は六〇年に『現代の芽』として誕生し、経営を右翼が担う総会屋系の雑誌であり、『情況』は六八年に創刊された独立系の雑誌で、学生らの支持を集めた。『読書新聞』は、一九三七年に創刊された戦前から続く書評紙(2)である。本稿では、雑誌の刊行と継続のうえで欠かせない「商業」、社会運動を下支えすることを表す「運動」、そして、上述した編集という活動も含めた社会への自己呈示である「表現」という、三つの視点からこれらの雑誌を扱っていく。

以下では、まず、大手総合雑誌との関係も含めて新左翼系雑誌の特徴を概観したうえで（2節）、上述の三つの視点から編集者の行う雑誌づくりのありようを分析する（3節）。最後に、雑誌づくりを成立させていた新宿ゴールデン街という「場」の意味について考察する（4節）。

表1　インタビューを行った編集者の一覧（敬称略）

氏名	雑誌紙名	編集者となった時期（年）	出身校
古賀暹	情況（第一期）	1968	東京大学
中澤教輔	情況（第一期）	1968	中央大学
七字英輔	情況（第一期）	1969	都立西高校
前田和男	日本読書新聞	1967～68	東京大学
山岸修	現代の眼	1968	京都大学
中居寛	現代の眼	1973	横浜国立大学

2　戦後総合雑誌の変容と新左翼系雑誌の浮上

戦後総合雑誌の受容の変遷

一九六〇年代後半に隆盛した新左翼メディアは、既存の講壇知識人が描く社会像に疑問を持ち、社会問題に直接声を上げ始めた学生たちに発言の場を与えた言論空間であった。この変化の要因を捉えるために、まず『世界』や『中央公論』に象徴される戦後総合雑誌の受容の仕方の変化から見てみよう。

米軍占領期の総合雑誌は、文字通り世の中の情報を総合的に教えてくれる「実用的」な読み物とみなされた（青地 1972: 7）。人びとは、激変する社会情勢に対応するため、占領軍の意識改革が持つ意味を解説し、その意味づけと将来への見通しを示してくれる「何か」を欲していた。新聞も一～二ページにすぎず、テレビもなかった時代に、その需要を満たしたのが総合雑誌だった。

その後、アメリカの核の「傘」の下に戦後日本が経済再建に成功し、高度経済成長期に入った頃、総合雑誌は、その「実用性」を次々と創刊される週刊誌に譲ることになる。五六年の出版社系列・週刊誌『週刊新潮』の創刊をかわきりに、その後も創刊が相次いだ。六〇年安保前年までに12誌が刊行され、雑誌の中心軸は「月刊」から「週刊」に移り、出版業界に大きな地殻変動が起きる。いわゆる「週刊誌時代」の開幕である（鈴木 1979: 124-5）。

一九五九年に創刊された週刊誌『朝日ジャーナル』とともに、書評紙三紙『読書新聞』『週刊読書人』『図書新聞』は、六〇年安保という〈政治の季節〉を迎えて従来の総合雑誌の機能を代替する役割を果たした。書評紙といえども、単なる本の紹介に留まるわけにはいかなかったのである。日刊紙の書評欄も充実しはじめ、メディアの生存戦略として新しい局面を開く必要に迫られた（三木 2020: 211-2）。特に『読書新聞』は、編集者も活発に現実の運動に参加し、幅広い読者層に向けた「無党派的運動誌」であった点に注目したい。

一例として、岸・自民党が強行採決した新安保条約案の自然承認を止めるために、国会前に人びとが集まる六月一五日直前に発行された『読書新聞』の一面の構成を見てみよう（60年6月13日）。一面の中央には「抗議運動に参加を」という編集部の呼びかけがあり、『図書新聞』（60年6月4日）に載った竹内好の論説「民主か独裁か」を、竹内の了解を得て転載していた。そして、目玉記事として平田秀治というペンネームの著者によるアピール「この瞬間は訴える／新しいビジョンへ」を掲載した。この記事は冒頭から「「安保改正賛成か反対か」から、「議会主義か破壊か」の一点にしぼる考え方」、つまり、竹内の提言には「賛成できない」と訴えたのである。この紙面構成と配置から、『読書新聞』編集部の安保条約改正問題に対する状況判断がうかがえる。このように、この時の『読書新聞』は、単なる書評紙に留まらず、運動の「行動形態」や戦術論議の「場」になっていたという点で、他のメディアとは一線を画すユニークな性格を持つ運動誌であった（香内・定村 1988: 21）。

「週刊誌時代」になったとはいえ、安保闘争の時期には『世界』も当時の社会運動に大きな影響を与えた。例えば、一九六〇年五月の特集「沈黙は許されるか」に載った清水幾太郎の「いまこそ国会へ：請願のすすめ」（60年5月号）が大きな社会的反響を呼んだのは、よく知られている。あたかもこの清水の呼びかけに呼応するかのように、五月から六月にかけて、国会に数万の請願デモが押し寄せたのである（毎日新聞社編 1996: 216-20）。

大手総合雑誌の変節と論壇の保守化

六〇年安保闘争の敗北の経験は、戦後日本の社会運動史の大きな分岐点であったのみならず、総合雑誌のあり方にも転換を迫った。

安保反対を掲げて途切れることなく盛り上がっていた社会変革の動きは、一九六〇年六月一五日の新安保条約の自然承認を境にして急速に下火になる。安保反対のデモ隊が姿を消したところに、デモ隊鎮圧の先頭に立った右翼団体は復活し、活動を再開した。その際に社会党の浅沼委員長が右翼少年に刺殺されたのである。

これら右翼団体の動きは、言論の自由を踏みにじる事態にまで発展した。一九六〇年一一月、夢の中で天皇をはじめ皇室一家が無残に処刑されることを描いた小説「風流夢譚」が『中央公論』（60年12月号）に載ったことを理由として、右翼団体は、同誌の廃刊、作者の国外追放、公式謝罪などを要求したのである。戦後、『中央公論』が有力な言論機関として果たした役割を考えるのであれば、雑誌の編集権に関する問題について、特定の団体と取引してはならないのは当然のことであった。それは、この雑誌に論文や作品を提供する数多くの執筆者や、それを読む広範囲な読者との間に築いてきた信頼関係を破壊する行為にほかならなかった。

しかし、中央公論社の社長・嶋中鵬二は、なるべく早くこの事態を収拾しようとした。週刊誌ブームに合わせて一年前に創刊した『週刊コウロン』(後の『週刊公論』)の販売部数が極めて低調であったため、会社は深刻な経営難に直面していたからである。また、右翼団体からの攻撃が激化するなか、嶋中社長宅が右翼少年に襲われ死傷者が出たことも、事態の収拾を急いだ一因であろう。結局、当時編集長だった竹森清が解雇され、何回も謝罪文を当雑誌や主要メディアに掲載し、事件はようやく収まった。

中央公論社は、天皇制特集を予告した『思想の科学』新年号(62年1月号)の発売を直前に中止し、多くの知識人の反発を招いた。右翼団体の攻撃にさらされていた『中央公論』を弁護する意図で企画された特集号が、発行母体によって発売中止にされたのは皮肉なものであった。後に、執筆者の許可なしに右翼団体や公安に見本を渡し、自ら事前検閲を申し込んだという事実が明らかになり、それまで『中央公論』の誌面を担っていた知識人たちは長期間の執筆拒否に踏み込むことになる。

この「風流夢譚」事件以後、『中央公論』が、「右」へ思想的転回をしたことはよく知られている。特に、林房雄の「大東亜戦争肯定論」が長期間連載され、後に単行本化されたことは、論壇に大きなインパクトを与えた。もちろん上述の執筆拒否も同誌の編集方針に影響を与えただろうが、その変節自体は、一九六〇年以後の時流の変化に、鋭敏に適応したことの現れであった(京谷 1996)。

池田内閣の所得倍増計画が予想外の成果を達成したことは、安保条約改正問題で極大化した日本社会の政治的な不安感を払拭し、国内的・国際的矛盾から日本国民の目をそらす役割を果たした。また、一九六一年四月に駐日大使として着任したライシャワーの近代化論が、日本の論壇に一大センセーションを巻き起こしたのもこの頃である。ライシャワーの近代化論と相まって登場した「現実主義的政治路線」を標榜した高坂正堯(六回)や永井陽之助(四回)が、同誌の巻頭論文をたびたび飾ったのである(根津 2013)。会社の経営危機を背景に、同誌の編集部は、生存戦略として論壇の保守化に素早く対応する道を選んだのである。

新左翼系雑誌の隆盛の要因

安保闘争の敗北以後、運動の方向性をめぐって四分五裂の状態に陥っていた学生運動は、一九六六年頃に三派全学連を中心に全学連が再建され、アメリカのベトナム戦争への介入が本格化する六〇年代後半に再び活発になっていく。連日、アメリカ

表2　1960〜70年代の商業雑誌紙一覧

		雑誌紙名	出版年
大手総合雑誌		世界	1946〜現在
		中央公論	1887〜現在
		朝日ジャーナル	1959〜92
新左翼系雑誌等	総会屋系	現代の眼	1962〜83
		流動	1962〜83
		構造	1970〜71→『創』
		世界政経	1972〜82
		新評	1966〜82
	書評紙系	日本読書新聞	1937〜84
		図書新聞	1949〜現在
		週刊読書人	1948〜現在
	独立系	情況（第1期）	1968〜76

（出典）大澤（2014）を参考に作成。
（注）書評紙系は新左翼的な性格をもたないが，左翼的な書き手も登場したため『週刊読書人』『図書新聞』も含めた

の空爆によって廃墟となったベトナムの惨状が、マスコミの報道を通じて伝わっていた。それを受けて、全学連をはじめとする学生たちは、ベトナム戦争に日本が加担することを防ぐため、六七年一〇月八日に東南アジア諸国歴訪のために出発する佐藤首相を、羽田空港で阻止するための実力行使を行った。不幸なことに、この羽田闘争の過程で警察との激しい衝突が発生し、山﨑博昭という学生が死亡する事件が起こった。

　事件発生直後から、新聞、週刊誌やテレビなどのマスコミは、一斉に全学連の学生たちの暴力性を非難する報道を続けた(3)。有力な言論機関の中で、学生たちの視点から記事や論考を載せたものは皆無に等しかった。保守的性向の『中央公論』や『文藝春秋』は言うまでもなく、ベトナム戦争批判の記事や論文を多く掲載した『世界』も羽田闘争については沈黙した。六〇年安保闘争以後、「進歩的」とされた総合雑誌の代表である『世界』の影響力が低下したのは、それなりに理由があった。

　表2を見るとわかるように、学生運動が盛んだった一九六〇年代後半〜七〇年代初めに新左翼系雑誌が次々と創刊された。その中でも、特に『現代の眼』『読書新聞』『情況』は学生たちによく読まれた新左翼系雑誌であった。

　一九六二年に創刊された『現代の眼』は、全共闘の機関誌的存在と評されるほど、学生たちに寄り添う編集方針をとっていた。この時期に続々と創刊された新左翼系の総会屋系雑誌が、『現代の眼』の編集の特徴である特集主義を踏襲したことから見て、同誌は新左翼系で総会屋系雑誌の原型であったとされる（大澤2014）。

　『読書新聞』は、安保闘争時から学生運動の動向について積極的に論じたが、一九六七年からは「学生」欄を新設してほぼ毎回学生運動に関するさまざまな情報を発信した。『読書新聞』は、全国の各大学新聞とネットワークを結んでいた。六〇年代後半から『読書新聞』の編集に携わっていた前田和男によると、各大学の新聞が送られてきたようだが(4)、学生新聞を情報源としていたことがうかがえる。

　『情況』は、大学新聞などの運動の延長線上に生まれたもので、学生運動の機関誌と「交わる総合雑誌との接点に位置して

いるもの」(『週刊読書人』69年5月19日)であった。

この一連の新左翼系雑誌は、学生や教員などをおもな読者層に設定していたこと、論文やエッセイ、ルポルタージュなどを中心に編集しているという点に限っては、既存の総合雑誌と同じような形をとっていた。だが、以下で取り上げるいくつかの点で、既存の総合雑誌とは異なる特徴を有していたことから、学生たちの注目を集めたと考えられる。

まず、これらの雑誌の編集方針に共通するのは、少数意見に比重を置いていることだ。『現代の眼』が部数を飛躍的に伸ばす契機となった六七年一〇月号の特集「学生運動の知的戦慄」はこのような編集方針から生まれたものであった(木本 1985: 226)。3節で詳しく扱うが、興味深いことに、学生運動へ着目しているこれらの雑誌群に、マイノリティ問題(部落問題、在日朝鮮人問題)を取り扱う論考や記事が載ったことも、このような問題意識に起因したものであろう。

また、大学で教鞭をとっている知識人の啓蒙的な言説がおもに掲載される『世界』のような総合雑誌とは違って、読み手と書き手が可変的なことも特徴と言える。これらの雑誌群には、全く無名であるが、鋭敏な感覚で情勢を捉えた論考が多数掲載されている。たとえば、第一次ブントの活動家でもあり、東大助手共闘の一員として全共闘運動に参加していた長崎浩の原稿用紙200枚(雑誌の半分程度)にわたる論文「叛乱論」が『情況』(68年11月号)へ一挙に掲載され、学生たちの間で話題になったことは、代表的な事例である。

これら学生運動を取り上げるメディアの成立は、メディアと読者間の一体感を形成する一因としても働いた。この点は『読書新聞』に著しく現れている。いち早く安保闘争の時から学生運動の動向に注目していた『読書新聞』が、『週刊読書人』や『図書新聞』などの書評紙と大きく異なるのは、「読者の声」を重視した点にある。『読書新聞』は学生運動の重要な局面ごとに一面全体を「読者の声」特集で構成するほどであった。それだけではなく、浅田光輝の「全学連と共産党の間:読者の声を手がかりにして」(『読書新聞』60年3月21日)のように、知識人が直接応答するような論考を一面に配置することもあった。

この読者との一体感は、学生運動を経験した人びとが雑誌の編集に直接関わることによって、一層強くなっていった。以上の歴史的な背景と雑誌の特徴を踏まえ、3節は、学生運動を下支えするメディアとして機能した新左翼系雑誌を編集することの意味について、編集者の営みに着目しつつ「運動」「表現」「商業」を関連づけて検討する。

3 「運動」「表現」「商業」の結節点としてのメディア

(1) 一九六〇年代後半のメディアと「運動」「表現」

2節で見たように、一九六〇年代後半のメディア空間の変容は、『世界』や『中央公論』に象徴される大手総合雑誌との対抗のなか、「運動」を理論的にも、実践的にも下支えしようとする雑誌の出現によって特徴づけられる。3節では、「運動」

と関わって浮かび上がる、編集作業などを通した自己呈示としての「表現」や、雑誌の維持に不可欠な「商業」との関わりについて、関連文献やインタビュー調査での「語り」から明らかにしていく。

この時期の転換を考えるうえで、大手総合雑誌とは異なる志向を持つ出版社を立ち上げ、または編集者として就職していった者たちが、学生運動を経験し、その延長上で雑誌づくりに携わっていたことに着目する必要がある。なぜなら、彼らは、学生との世代的な近さだけでなく、学生運動における実際の経験を資源としつつ、雑誌の特集テーマの選定や書き手の発掘を行っていたからである。ここでは、編集者として働くにいたるプロセスと編集という仕事の捉え方を素描し、「運動」とメディアとの関わりを見ていきたい。

大学新聞と編集者への道

まず、編集者へのルートの一つとして、学生運動とも関わりのある大学新聞を入口とする場合があげられる。当時、大学新聞(ないし新聞会)は、直接的な政治的主張や行動だけでは影響力を得られないと考えられたため、各党派の「表現」をめぐるヘゲモニー闘争の場でもあった。

一九五九年に東京大学へ入学した古賀暹(のぼる)は、六〇年安保後に分裂したブントの再建をめざしたことで有名だが、入学後から六年にわたって大学新聞(『東大新聞』、本郷が拠点)の編集に携わっていた。編集に携わってすぐは、日本学術会議や大学当局の動向を扱う一面を担当していたが、その頃から学生運動の方が本物だと感じていたという。学年が上がると思想面などの編集を担当することになるが、そのなかで後に『情況』発刊のきっかけをつくる廣松渉や、書き手ともなる吉本隆明、浅田光輝らとの関係性も構築されていった(5)。

また、『読書新聞』の編集者になる前田は、東京大学入学後、一九六六年頃に三派全学連によって再建された「全日本学生新聞連盟」の活動にも携わり、『駒場新聞』の編集を行っていた。新聞の編集では、『読書新聞』の紙面をデザインも含めて参考にしており、一方の『読書新聞』側も先述のように大学新聞の内容をチェックし、興味のある記事や書き手を探すといった、相互の関わりも存在していた。この相互関係は、編集者の採用にも現れていた。六〇年代後半、『読書新聞』は、社内で起こった賃上げストライキに端を発した労働争議で欠員が生じ、新入社員の募集を行っていたが、大学新聞の編集経験などから「一本釣り」的に前田を採用したのである(6)。

「運動」の延長としての編集者

大学新聞の編集に携わらない場合でも、彼らとメディアとの距離は近く、「運動」の延長として編集活動を行っていたことがうかがえる。一九六八年に『読書新聞』に入社した井出彰は、六四年秋の横須賀・原潜寄港阻止闘争に参加し逮捕された経験を持つが、「『日本読書新聞』をアジビラを手にするように読んでいた」(井出 2012: 8)。井出は、学生時代に『読書新聞』のスト支援に来ていたこともあり、入社試験の面接は大学時代のような雰囲気であった。入社直後には、羽田闘争への『読書新聞』からの代表参加について編集者同士が話し合っていたことに驚き（井出 2012: 5）、また、編集の仕事で会社に泊まり込むことや近くの大学で寝泊まりすることも多く、まさに学生時代の延長として編集者の仕事に携わっていた。

井出の『読書新聞』入社は、学生運動が一番の盛り上がりをみせる「1968」の時期と重なっているが、その年をあまり意識しておらず「高揚感の中で仕事をしていた」と表現している（井出 2012: 10）。このような感情は、当時の学生たちと同じような土台の上にいるという共感や共鳴に根ざしていたと考えられる。『現代の眼』に一九六七年に入った、山岸修も同様の指摘を行っており、編集者に運動経験者が多いことに触れたうえで、世代的な近さも含め、学生への共感が当時の記事にも反映していたと語っている(7)。『現代の眼』は、大手総合雑誌の保守化の中で「学生運動を主体的に取り上げることによって少数意見を尊重する」（丸山 1980: 96）方針に舵を切り部数を拡大していたが、それを支えたのが山岸ら編集者であった。

以上のように、「運動」を通して編集という仕事に携わった編集者らは、雑誌を編集するという行為自体をどのように捉え、実践していたのか。1節でも触れたように、編集とは、「表現」を含んだ行為であると言えるが、次にその点について検討してみたい。

「運動」と「表現」を結びつける媒介としての編集者

編集者になることは、生活の糧を得るといった経済的な側面もあるにせよ、それ自体が目的ではなかった。この点は、発刊の経緯からもわかるように、『情況』において特に顕著であった。古賀は、大学卒業後の一九六六年、大和（だいわ）書房に就職したが、就職後に明治大学の学費闘争に駆り出され、大学当局との交渉に関わったため、ブントのメンバーからは「裏切り者」扱いされて組織的な関係も切れていた。しかし、その状況でも「何かやれることとってあるかと。新左翼全体のためにね。というので、雑誌を決意しました」と古賀は語っている。いわば、雑誌の発刊という「表現」行為を通して、「運動」を支えることをめざしたと言えるだろう。

この計画を廣松に話したところ、後日、彼が百万円を持参し、『情況』の発刊を後押ししたのである。ただ、当時の一般的な評価としては、新左翼向けの雑誌が成立するとは考えられていなかった。そのような状況であったが、古賀は、時代の変化に寄り添うため「月刊誌」という発刊ペースにこだわり、また、近代合理性批判といった理論的視点や「変革のための総合雑誌」という基本的な方向性に合致すれば、名前の知られていない書き手の原稿も掲載した。書き手の側からすれば、他の媒体では掲載できない主張を載せられる「場」として『情況』を選びとったと言える(8)。

そして、このような雑誌という「場」を、書き手に結びつけたのが編集者であった。『情況』には、上記のようなテーマ的な広がりはありつつも、編集者である古賀の運動経験と人脈の特徴が色濃く出ていた。古賀は、この雑誌を取り巻く書き手のグループを四つあげている。それは、第一に廣松のネットワーク、第二に清水多吉らドイツ思想研究者のグループ、第三に第一次ブントのメンバーらで構成された東京大学大学院のグループ、そして最後に元トロツキストのグループであった。これらのネットワークは大学院生や若手研究者らが中心だったため、第三のグループから長崎論文のように大部の挑戦的なテーマが飛び出すこともあった。古賀と長崎は面識こそあったものの、このようなテーマでものを書く人物だとは認識しておらず、持参された原稿を読んだ際には「手が震えた」という。通常、原稿用紙200枚もの原稿を一括で掲載することは、雑誌として異例であったが、読者へのインパクトを考えて全文掲載を決断したと、古賀は語っている(9)。

また、時代や「運動」の動きを表現するという点では、『読書新聞』での紙面の差し替えや『現代の眼』における全国各地の運動のルポルタージュも、重要な事例としてあげることができる。

『読書新聞』は週刊であったため、ギリギリまで社会情勢の変化を反映した紙面にしており、「三島事件」や「よど号事件」の際には印刷直前に紙面を差し替えたため、「まさに号外のように売れた」（井出 2012: 16）という。

『現代の眼』には、七〇年七月号から、各地の地域コミュニティや小規模な運動団体の活動を紹介する「集団の発見」というコーナーも設けられた。この企画記事は、運動間の交流の媒介となっただけでなく、多くのルポライターを輩出することにもつながった。この雑誌は、特集主義をとっており、企画の大枠は編集者（六〜七人）が持ち回りで担当していたが、上記のような持ち込み原稿の多さも誌面の特徴としてあげられる(10)。

アジアやマイノリティの視点：問題関心と編集の結びつき

また、編集者は、「運動」の動機ともなる自分自身の問題関心や経験と結びつけ、アジアという地域やマイノリティの視点に依拠して特集を組むこともあった。『現代の眼』でおもに朝鮮問題を担当した山岸は、『京都大学新聞』の記者として朝鮮問題に強い関心を寄せていた長沼節夫と京大在学の頃から親交があり、長沼の朝鮮問題に関する持ち込み企画を雑誌の編集に生かしていった。

長沼は、早い時期から韓国民主化運動に関心を持ち、何度も取材を重ねているうちに金大中（キムデジュン）の信頼を得ることができた。朴正熙（パクチョンヒ）政権から殺害されることを恐れて日本に亡命した金大中に何度も呼び出されて話し合うなかで、彼は、このまま身を隠すより、日本のメディアに顔を出す方がむしろ安全であると助言した。

そして、日本のメディアと縁のない金大中のために、ベトナム戦争や日本の中国侵略などのルポルタージュで名を馳せていた朝日新聞記者・本多勝一と『現代の眼』で対談することを提案した（長沼・本多 2009）。山岸と本多は同郷（長野県。本多は飯田市、山岸は長野市）で、大学の同窓でもあり、同誌の連載ルポ『天皇の軍隊』（熊沢京次郎名。長沼と共著）を山岸が担当していたことから、以前から親交が深かったため、本多は対談の提案を快く承諾した。こうして『現代の眼』で対談が実現したものの（金・本多1973）、本多はそれまで朝鮮問題をほとんど扱っておらず、当時の情勢についての知識が乏しいのが難点であった。

そこで、長沼は、この危機を乗り越えるために以前から交流もあり[11]、韓国の政治や歴史にも詳しい「影の助言者」として任錫均（イムソクキュン）[12]に助けを求めた。「影の助言者」というのは、任が当時仮釈放処分を受けていたため、公開の席で政治的な発言をすると再び逮捕される恐れがあったからである。実際、本多の発言は、同席した任の情報をもとになされたものであった[13]。対談はおもに金大中の植民地期の経験や対日認識の方に焦点が当てられたが、これは任自身が朝鮮人密航者として戦後にも続く植民地主義的な日本の朝鮮人差別の構造に関心を持っていたからであろう。

山岸は、長沼の紹介で、来日中の金大中の警備を担っていた「在日韓国青年同盟（韓青）」の青年らとも交流し、金大中拉致事件発生後には韓国の民主化運動を弾圧する朴政権を批判した韓青の活動家の論説を載せ、支援を行ったのである（金昌英1973）。

同じく朝鮮半島への視線として、古賀は、学生時代に、在日朝鮮人の友人のジンちゃんから飲み会の場で「おまえらいいよな。デモができて。俺らは駄目なんだよ」[14]という言葉を投げかけられ、この経験が『情況』で関連するテーマを扱う動機ともなったという。この言葉には、政治的発言や行動が強制退去につながる在日朝鮮人の立場の危うさが表れていると考えられ、入管闘争を『情況』が扱う一因ともなったと考えられる。

前田も『読書新聞』の編集において、「在日問題」やパレスチナを扱っていたが、高校時代に自主的に立ち上げた「現代史研究会」では、朝鮮戦争の歴史などを生徒同士で学んでいた。そして、この会の立ち上げのきっかけをつくった鈴木という同級生が、卒業後の進路として平壌大学医学部を考えていることに前田は驚く（後に鈴木は自分が金という名前を持つ朝鮮人であることを明かし、帰還船で朝鮮民主主義人民共和国に帰国した）[15]。こういった経験は、編集の前提となるアジアやマイノリティについての幅広い問題意識を育てたと言える。

以上のことから、一方で編集者自らの個人史に根ざしつつ問題関心が形成されただけでなく、運動経験と人脈を編集活動に結びつけるなかで、金大中・本多対談のように同時代のアジアやマイノリティの問題を集約的に表現する誌面が形づくられ、それが新左翼メディアの一つの特徴を形成したと考えられる。

（2）「商業」と編集活動との関わり

これらメディアは、「運動」の受け皿としての側面がありながらも、自主制作的なミニコミ誌とは異なり、ある程度の商業性を担保する必要もあった。古賀は、これに関連し、「内容はわれわれの言うことを気に入る人たちと基本的にやると。なおかつ売れなきゃ駄目。売れない雑誌なんか出す気はない」[16]と指摘していた。雑誌の性格によって、「商業」との関連で強調される点は異なるが、以下では、経営自体の維持や、経営形態からくる編集活動への制限といった点を検討することで、新左翼メディアが多様性を持ちつつも、継続において不安定性を抱えていたことにも触れる。

雑誌発刊を継続する必須条件としての「商業」

古賀が語るように、『情況』においては、雑誌自体の継続のために「商業」という側面が重視されていた。近現代の出版産業は、その構造的特質として、雑誌を中心とした取引構造や大手取次の存在が指摘されている（蔡 2006）。「運動」と「表現」を結びつけた独立性の高いメディアとはいえ、『情況』もこの出版産業へと入っていく以上、上記の仕組みの下で発刊をスタートさせざるを得なかった。当初、流通に必要な取次コードがなかったため、販売元を柏書房として販売委託を行い、3千部程度を発行した。その後、柏書房が店をたたむという話が出たため、独立して取次コードを取得し、第3号からは情況社としての発刊体制が整うことになる[17]。

主要な取次は、現在も業界トップの日販などであったようだが、東京都内では人文・社会科学を中心に扱う鈴木書店の存在も大きかった。鈴木書店は、大学生協を対象に教科書や単行本の販路を広げる役割を担った取次でもあった（小泉 2014）。雑誌の維持において重要となる広告は、編集者のつながりのある出版社（三一書房や合同出版など）からのものがおもで、収益としてはそこまで大きくなかったという。

また、営業面では、書店での売れ行きをチェックしていたようで、臨時増刊などは東京都内だと一気に売れる一方、地方での売れ行きはあまり芳しくなかった。ただ、編集者の七字英輔は、臨時増刊の売れ行きの好調さから、一九六九年には情況出版を設立したと証言している[18]。当時、紙が安価という条件もあり、出版社設立のハードルは高くなく、流通の問題をクリアできれば経営的にも成り立つものであった。独立性の高い雑誌メディアにとっては、流通面での販売体制の構築と同時に、読者の反応に敏感に対応する「商業」が求められていた。

「理事会」の存在と編集活動の困難

一方の『読書新聞』と『現代の眼』では、経営形態と編集活動との関わりが焦点となった。

『読書新聞』は、読者との一体感の強さを一つの特徴とする書評紙であり、そのことが商業性を担保することにもつながっていた。発行部数は、学生運動の最盛期に10万部にのぼったとされ、それ以外の時期でも3万5千から5万部程度の規模を週刊で維持していた。特筆すべきは、前田が指摘している通り、そのうち2万部程度が定期購読の読者であった点にある[19]。単に読むだけではない、読者との関係性の強いメディアであったことが定期的な売り上げを支えていた。ただし、売り上げと広告料によって、ある程度経営的には余裕があったが、給与水準は低く据え置かれ、売れている感触があっても苦しかったという。井出によると、発行部数に比して雇用者が多かったことを理由にあげているが（井出 2012）、それ以外の理由も存在していた。『読書新聞』の発行は、戦後ＧＨＱから紙の配給・統制の権利を与えられていた「社団法人日本出版協会」が行っており、「理事会」の存在が強く、労働者の給与水準を低く抑えていた。先述の労働争議は、「理事会」に対抗して組合を結成したことに端を発したものであった。また、同時期に「理事会」による編集者の不当解雇もあり、編集活動への介入も問題となっていた（情況編集部 1969: 109-14）。

経営形態と編集の独立性の問題

『現代の眼』は、総会屋系雑誌という特徴もあり、経営形態と編集の独立性との関係がとりわけ問題となった。出版社（現代評論社）の経営自体は、総会屋活動で得た広告料でまかなっており、流通ルートについても大手取次の日販と東販（現トーハン）を通して地方まで確保していた。また、執筆者への原稿料の水準も高く、商業性を担保することは大きな課題ではなかった。むしろ、このメディアでは、編集の独立性が問われたが、基本的には「営業と編集は別物」とし、体制批判的な記事を幅広く掲載していたとされる。ただし、広告主である企業批判については、営業の側からクレームがつくこともあり、経営と編集をめぐる緊張関係は存在していた[20]。その後、一九八一年の商法改正によって総会屋活動が規制されると、経営が立ち行かなくなり休刊に追い込まれるが、最盛期の六〇年代後半から七〇年代前半でも、オーナー木島力也との関係悪化などから編集者の入れ替わりは激しかった（車谷・高橋 1998; 道場・丸山 2013）。

（３）三誌紙の特徴と出版文化の裾野の広さ

以上、「運動」「表現」「商業」という面から見ると、新左翼メディアの多様性と同時にその差異も明らかになる。それは、この三つの要素がどのように組み合わさってメディアとして成立しているかという点に関わっている。

『情況』においては、独立系のメディアとして、編集者と理論的志向を一定程度共有する書き手が、「運動」を直接的に「表現」する場所として雑誌を形成していた（広告など「商業」面にも現れる）。それに対して、マイノリティへの視座などを共有しつつも、『読書新聞』や『現代の眼』は、「運動」と「表現」を結びつけるプラットフォーム（基盤）を提供したメディアであったと言える。『読書新聞』は、読者の声を重視し、一体感や連帯感を醸成しつつその役割を果たし、『現代の眼』は、編集者の運動経験と人脈に依拠しつつ、時代情勢に合わせた特集を組み、「集団の発見」は書き手の発掘の場としても機能した。また、「商業」面での持続の困難さは、独立系メディアである『情況』に顕著であったが、一方で、協会・企業を発行母体とする『読書新聞』や『現代の眼』は、収益性の問題とは別に編集の自立性が問われた。

そして、新左翼メディア全体に共通する特徴としては、〈新聞—雑誌—出版〉の垣根が低いという点も指摘しておかねばならない。これは、当時の出版文化の特徴でもあると言えるが、言い換えれば「書き手」「編集者」「読者」の垣根の低さとも表現できる。前田は、「編集者は二〜三年で辞める。そこを通過地点として、自分がモノを書くような送り手になる」と指摘しており、当時のメディアの「インキュベーター」としての役割を強調していた(21)。また、一九六〇年代後半から七〇年代前半に現代評論社(出版部)の編集者であった車谷長吉と高橋義夫は、後にいずれも直木賞を受賞している(車谷・高橋 1998)。この出版文化の裾野を支えていたのは、人や情報が行き交う「たまり場」の存在であり(井出 2012: 30)、なかでもインタビューにおいて多く言及されたのが、新宿ゴールデン街であった。次節では、当時の新宿という「場」の特徴とも重ね合わせて、編集者と書き手が織りなした出版文化を支える「場」やネットワークを検討する。

4　編集者と場所
——新宿ゴールデン街というインキュベーター

「運動」「表現」「商業」が絡み合う「場」

「場」というものは、人びとが交流をする際に欠かせないものである。そして「場」は雑誌が作られていく場合にも重要となる。雑誌の記事は、さまざまな人との関わりなどを経て掲載される。雑誌が「商業」に乗るまでに、人びとによる「表現」や「運動」が輻輳をすることで記事が編みだされ、雑誌という形態に収められる。

では、当時の新左翼メディアにおいて、「運動」「表現」「商業」はどのような「場」において結びつけられていたのだろうか。これまで各雑誌の特徴や編集者になる過程を見てきたが、ここでは、いかなる場所が編集者たちをつなげ、また彼らに着想を与えていったのかを考察していく。

編集者はどのような場において特集の「ネタ」を収集していくのかを見ていきたい。『読書新聞』の井出は「ネタ」探しについて、作家や学者とお酒を飲んで耳学問で記事を作っていたと述べている(井出 2018: 106)。お酒を飲むという行為は、単なる娯楽ではなく、編集者にとって「ネタ」を集めるための重要な営為であり、どこで飲むのかが重要であった。

当時において、編集者がよく飲みに行った場所は、新宿騒乱やフォーク集会などの「運動」や「表現」が行われた新宿である。『文藝』(河出書房新社)の編集者をしていた寺田博は、未知の執筆者との出会いは酒場であったとし、「新宿は私たち編集者にとっては酒場の街」であると述べている(寺田 2005: 67)。活動家で後に編集者となる府川充男は「新宿というトポス」がなければ「六八年」はおそらく成立し得なかったと強調する(絓・高橋・府川 2003: 19)。一九六八年一〇月二一日の新宿騒乱なども新宿に現れた「運動」の一つであろう。新宿はさまざまな人びとや文化を内包しており、編集者にとって飲みに行くのにも適した場所であった。

そうした新宿の中で新左翼メディアの編集者がよく「ネタ」を集めた場所は、社会の階層の序列が作用しにくく、反権威的な志向を持った人びとが集う新宿ゴールデン街であった。『読書新聞』の前田はゴールデン街を「第一の出会いの場」であったと指摘している[22]。ゴールデン街で「ナベサン」を経営し編集者や作家でもあった渡辺英綱は、ゴールデン街について「革命的ウルトラ零細呑み屋集団」で客筋は「無産有知識階級」の人びとであり、文化を担う人びとの憩いの「場」を提供していたと指摘している（渡辺 2016: 212, 218-9）。新左翼メディアの編集者にとって、文化人と出会うことができるゴールデン街は「ネタ」を集めるのに適していた。

人びとの生活や運動を意識した新左翼メディアには、飲みに行くことで「ネタ」を探す傾向が強かった。従来の総合雑誌では、著名な学者や作家など、原稿を依頼する相手が決まっていることが多い。だからこそ、一九六〇年代後半において、同じ書き手が書く傾向が強い総合雑誌に対して、学生が失望し批判をしていったこともあった。新左翼メディアが学生の求心力を得たのには、総合雑誌ではあまり見ることができない文章や書き手を登場させたことも関係している。そのような書き手を探したり、文章の「ネタ」を収集するのにも、お店で飲むという行為がなされた。もちろん、それはすでに交流のある学者や作家との親交を深めることにも使われるが、それだけではなく新しい「ネタ」を探すのにも有用であった。編集者は、「ネタ」を集められる場所に飲みに行ったのである。

この編集者とゴールデン街の関係性を考察するために、次に新宿とゴールデン街の成り立ちを確認し、ゴールデン街の特色について見ていきたい。

新宿とゴールデン街の成り立ち

まず、新宿の第一の特色としてあげられるのは、無差別に人びとを受け入れながらも独自性を失わない消化能力であろう（吉見 2008: 282）。一九六〇年代に上京し、後に『噂の真相』の編集者となる岡留安則は新宿について、「初めて新宿駅東口広場に出て、歌舞伎町に続く雑踏を歩いた時から地方出身者の私もスムーズにとけこめるフンイキ」があったとし、「なんでも受け入れてしまう巨大な胃袋のような吸収装置をそなえた街に見えた」と述懐している（岡留・荒木 1984: 18）。

第二の特色は新奇性である。当時、新宿でフィールドワークをした深作光貞は、銀座のような格や浅草のような伝統がないからこそ、新宿は新しいものを抵抗なくやることができると指摘している（深作 1968: 96）。新宿のそうした特徴を支えていた要因は、街自体が日本全国からの流入者によって形成されており、つねに新しい、見知らぬ流入者が増えていたことにもあった（同 : 95）。

一九六〇年代のゴールデン街の形成は、五八年に罰則が施行された売春防止法に影響を受けていた。それまでゴールデン街は青線であったため売春によって経営を成り立たせていた。しかし、売春防止法により、経営形態を変更せざるを得なくなり、現在のゴールデン街が形成されていったのである。

ゴールデン街の特色と機能

ここでは、ゴールデンの特色と機能を詳述する。ゴールデン街はその特色ゆえに新左翼メディアの編集者がよく集まり、そこでの交流によって、「運動」や「表現」が「商業」へとつながる場所でもあった。

ゴールデン街の特徴は第一に、だれでも受容する新宿の消化能力を持ち合わせながら、同じ志向性を持った人びとを引き合わせる場所という点にあった。その志向性とは、既成権力に対する反抗である。ゴールデン街は、政治や経済の中枢を担っている人びとに対して文化戦線から「ノン！」を言い続ける人たちが集まる傾向が強い街であった（岡留・荒木 1984: 62）。この反権威の志向性は新左翼メディアの編集者たちにも共有されていた。そして、ゴールデン街は人びとをつなぎ合わせる機能があり、『読書新聞』の前田は、ゴールデン街がインキュベーターであったと指摘している。

> 書かれたものももちろんあるけども、その書かれたものとさらにもうひとつのインキュベーターがあって（ゴールデン街も）そういうものだと思うなあ。単に文学や政治だけじゃなくて、演劇とか映画とか、いろんなやついたわけだから［…中略…］ぼくらはそういう生身の付き合いのなかでいろんなものが育っていった。[23]

普段の出版社の付き合いでは交わることが少ない、さまざまな人びとと交われたこともあり、ゴールデン街は新左翼メディアの編集者にとって格好の「ネタ」探しの場所にもなった。また、新宿はアングラ、カウンターカルチャーの場でもあり、ゴールデン街は特にその傾向が強かったため、新左翼のムードと重なっており、新左翼メディアの編集者に親和的な場所であった[24]。

第二の特徴として、意見交換の「場」であったことである。当時、ゴールデン街で「むささび」の店主をしていた佐々木美智子は、みんな自分の意見を持っているからぶつかるものの、それによって互いにどういう人間かもわかったと語っている[25]。ゴールデン街は議論をし、「表現」の基盤となる環境にあったのである。

そして、ゴールデン街の議論のしやすさは、出版社間のヒエラルキーを作用させにくくする傾向も持った。朝日新聞社の編集者などがゴールデン街に来ても、彼らは学歴や年収が高いため「負い目」があり力関係が逆転していたという[26]。『情況』の編集者の中澤教輔は、岩波や朝日の編集者が来るときは一人では来ないで、彼ら御用達の作家をともなって文壇バーに行っていたと述べている[27]。岩波などの大手出版社の編集者は、ゴールデン街にはあまり来ずに、また来ても「デカい顔」をすることができなかったのである。

もちろん、学歴や年収などが高い階層が「負い目」から行きにくい傾向があったことは、ゴールデン街が単純にだれでも参与しやすいわけではなかったことも意味している。しかしながら、社会における階層の論理がゴールデン街では作用しにくかったからこそ、階層にかかわらず自分の意見を主張できる土壌も醸成したのである。

また、これは新宿でも編集者が行く場所に濃淡があったことを示している。文化人や活動家、学生も参与するゴールデン街に新左翼メディアの編集者が積極的に集い「ネタ」を収集したことは、従来の総合雑誌との相違を生み出す一因でもあった。

第三の特徴は、ゴールデン街が編集の仕事に結びつく「場」、すなわち「商業」へと連なる場となっていた点にある。たとえば、『噂の真相』の岡留はゴールデン街で知り合った広田和子に「別れた夫・佐木隆三への恋文」という原稿を寄稿してもらうなどしている（岡留・荒木 1984: 64）。実際に、『読書新聞』の前田は、ゴールデン街で人を紹介してもらったり、着想を得たりして横につながっていったと述べている(28)。そこで知り合った人に仕事を依頼し原稿を書いてもらうこともあった(29)。ゴールデン街は交流を通して「商業」へとつなげていく場所でもあった。

第四の特徴は、ゴールデン街が編集者同士のつながりの場として機能したことである。『読書新聞』の前田は、毎日ゴールデン街に行って雑誌の知り合いや書き手とお酒を飲み、情報収集をしていたという(30)。また、『現代の眼』の山岸も編集者たちと飲んだりしていたと述べている(31)。編集者同士のつながりを生成させる場としてゴールデン街があったのである。こうした特徴も、雑誌の誌面を構成していく一因であった。

当時において新宿は「運動」の場であり、さまざまな「表現」がなされる場でもあった。この新宿において、新左翼メディアの編集者と「商業」を結びつけるものがゴールデン街であった。ゴールデン街は新宿の特色を持ちながら、反権威志向の強い人びとの紐帯として機能した。劇作家、活動家など文筆家ではない人びととも交わりながら、編集者同士でも意見を交わし仕事を進めていくことで、「運動」「表現」「商業」が結節していったのである。

5　おわりにかえて

本稿は、インタビュー調査も踏まえ、編集者がどのように雑誌に参与し、新左翼メディアがいかに作られていったのかを明らかにした。

2節では、戦後の総合雑誌の変遷と新左翼メディアの受容を分析した。既存の総合雑誌が保守化し無難な論考が掲載されることになった状況に対して、新左翼メディアは総合雑誌では触れられなかった社会問題に積極的に言及する論考を掲載することで支持を得ていった。支持を得た一因には新左翼メディアが読者と近く、一体感があったことも関係していた。

3節では、「運動」「表現」「商業」の視点から、編集者の「語り」も盛り込みつつ、編集者の営為から新左翼メディアの特徴を考察した。大学新聞から編集者になる流れもあり、編集者たちは編集を「運動」の延長線上に捉えていた。また、このメディアは、「商業」という面において、多様性を持ちつつも編集活動の関係で不安定さも抱えていた。

4節では、編集者たちがどのような「場」に集い「ネタ」を収集していたのかを明らかにした。ゴールデン街は人びとが行き交う場所であったがゆえに、編集者にさまざまな出会いや着想を与え、インキュベーターとして機能していた。

本稿の着眼点の独自性は、雑誌メディアを成立させた編集者という存在の分析にある。時代状況はもちろん、読者と書き手をつなぐ存在であり雑誌に欠かすことのできない編集者の関わり、そして、その編集者が着想を得るために集った場所など、雑誌が形成される過程と「場」を、本稿は明らかにしてきた。これはまた、編集者が持っていたつながりとも関連しており、大学新聞と編集者の関係性、ゴールデン街における編集者同士の交流など、ネットワークも重要なものであった。

従来の社会運動研究で雑誌が対象になる場合、雑誌はあくまで社会運動を描くための素材であり、それ自体が考察の対象となることは少なかった。本稿では、雑誌というメディアを対象にするとともに、誌面にだけ着目することなく、雑誌の裏側にある人びとの営為を編集者の「語り」も用いて浮かび上がらせた。

今後の課題として、媒体、流通などの観点からも社会運動とメディアの関係を考察していく必要があるだろう。媒体という面では、商業誌、ミニコミ誌や大学新聞など、多様な媒体にどのような書き手や編集者がおり、またどのような結びつきがあったのかも考慮する必要がある。これと関連して、結びつきという面では、ジェンダーの側面についての考察も必要となるだろう。今回インタビューを行った編集者は、男性のみという制約があった。

流通という面では、雑誌をどのように人びとに届けていたのか、という視点も重要となる。一九七六年に地方・小出版流通センターが設立されたことで大手出版社以外も地方に書物を届けることが容易になった。流通を検討することは、新左翼メディアの中央と地方での受容の差異を明らかにすることにもつながるだろう。

メディアをめぐる経験を捉えることは、新左翼運動に留まらず社会運動の受容や広がりを考えていくうえでも重要となる。これらを踏まえ、連合赤軍事件など外的要因で語られがちな一九七〇年代半ば以降の新左翼系雑誌の衰退を、内的要因から検討する必要もあろう。

注

（1）松井隆志は、小熊の研究方法を、資料の「政治性」への配慮がなされていない点で批判し、また、雑誌の媒体としての立場性やバイアスの存在、「流通範囲や読者層」の考慮の必要性を指摘している（松井 2019）。
（2）『読書新聞』は「新聞」という名を冠した書評紙であるが、総合雑誌的な性格を持っていることを鑑み、本稿では「雑誌」として扱った。
（3）たとえば、事件発生翌日の『毎日新聞』一面「羽田で学生デモ暴走化」（67年10月9日朝刊）や『読売新聞』一面「暴力団とみなす：石ころも凶器」（同日）などを参照。
（4）２０２０年10月23日、前田和男インタビュー。
（5）20年1月26日、古賀暹・菅原秀宣・中澤教輔インタビュー。
（6）20年2月23日、中澤教輔・前田和男インタビューおよび鹿砦社編集部編（2019: 139）。
（7）20年10月3日、山岸修インタビュー。
（8）『情況』発刊の経緯は、20年1月26日、古賀暹・菅原秀宣・中澤教輔インタビューおよび古賀（2020）を参照した。また、『情況』の理論的な視点への言及は、21年2月1日、古賀暹・中澤教輔インタビューより。
（9）21年2月6日、古賀暹・中澤教輔インタビュー。
（10）21年2月6日、山岸修インタビュー。
（11）京都べ平連と深い交流のあった長沼は、大村収容所の実態を取材するなかで、京都べ平連が支援する任錫均（注12）と知り合い、朝鮮人の立場から同収容所の劣悪な環境を告発する任の論説の掲載を山岸にすすめていた。任は、金健柱というペンネームで、べ平連が支援していた韓国人脱走兵・金東希の手紙を翻訳して『展望』に連載していた（朴正功 1969）。
（12）任錫均は、一九二九年東京生まれ。第二次大戦末期に韓国に疎開して学生運動の先頭に立つ。四八年一月二一日の韓国の軍部隊を中心とした人民蜂起（麗水順天事件）に加わったことで逮捕されるが、逃走して日本に密航した。六五年に密入国容疑で逮捕され、韓国に強制送還。反共法違反で投獄されたが、病気で保釈の後に逃亡し、六六年に再入国。六七年九月、大村収容所に二度目の強制収容、六八年三月、結核のため仮釈放処分。その後、毎月二五日に出入国管理局に出頭することが義務づけられていた（「任錫均氏、神戸入管に強制収容」『べ平連ニュース』69年9月1日）。なお、注11の「朴正功」も任のペンネームである。
（13）21年2月6日、山岸修インタビュー。
（14）20年1月26日、古賀暹・菅原秀宣・中澤教輔インタビュー。
（15）20年10月23日、前田和男インタビュー。
（16）20年1月26日、古賀暹・菅原秀宣・中澤教輔インタビュー。
（17）同上および『情況』第3号（68年10月）編集後記。
（18）20年3月6日、七字英輔・中澤教輔インタビュー。
（19）20年10月23日、前田和男インタビュー。発行部数については、井出（2012）の証言も参考にしている。
（20）20年10月3日、山岸修インタビューおよび20年11月6日、中居寛インタビュー。
（21）20年10月23日、前田和男インタビュー。
（22）同上。
（23）20年2月23日、中澤教輔・前田和男インタビュー。
（24）21年2月6日、山岸修インタビュー。
（25）20年9月11日、佐々木美智子インタビュー。
（26）20年2月23日、中澤教輔・前田和男インタビュー。
（27）同上。

(28) 20年10月23日、前田和男インタビュー。
(29) 20年2月23日、中澤教輔・前田和男インタビュー。
(30) 20年10月23日、前田和男インタビュー。
(31) 20年10月3日、山岸修インタビュー。

参考文献

青地晨（1972）「総合雑誌の斜陽化をめぐって」『出版ニュース』921: 6-9.
天野恵一（2020）「関係を編み上げる〈編集と運動〉」『「1968」を編みなおす　社会運動史研究2』新曜社: 174-8.
井出彰（2012）『書評紙と共に歩んだ五〇年』論創社
―――（2018）「日本読書新聞と混沌の六〇年代」『情況』第五期1(1): 103-8.
大澤聡（2014）「『流動』――新左翼系総会屋雑誌と対抗的言論空間」竹内洋ほか編『日本の論壇雑誌――教養メディアの盛衰』創元社: 245-70.
―――（2015）『批評メディア論――戦前期日本の論壇と文壇』岩波書店
岡留安則・荒木経惟（写真）（1984）『新宿よ！　岡留安則＋荒木経惟 Jam session』青峰社
木本至（1985）『雑誌で読む戦後史』新潮社
金昌英（1973）「金大中先生とともに――金大中先生奪還・韓国民主回復促進への決意表明」『現代の眼』14(10): 195-9.
金大中・本多勝一（1973）「民族の真の独立とは何か」『現代の眼』14(7): 238-52.
京谷秀夫（1996）『一九六一年冬「風流夢譚」事件』平凡社ライブラリー
倉橋耕平（2018）『歴史修正主義とサブカルチャー――90年代保守言説のメディア文化』青弓社
車谷長吉・高橋義夫（1998）「受賞特別対談　作家稼業はやくざ剣法」『オール讀物』53(9): 268-71.
小泉孝一（2014）『鈴木書店の成長と衰退』論創社
香内三郎・定村忠司（1988）「解説」『日本読書新聞解説／記事・執筆者・書評索引』不二出版: 1-22.
古賀暹（2020）「『情況』前夜――「1968」を準備した六〇年代前半期」『「1968」を編みなおす　社会運動史研究2』新曜社: 100-20.
情況編集部（1969）「民同的労働運動の限界をこえて「日本読書新聞闘争」の意味するもの」『情況』第一期10号: 109-14.
絓秀実・高橋順一・府川充男（2003）「「68年」問題をめぐって」『情況』第三期4(7): 6-33.
鈴木均（1973）「雑誌ジャーナリズムの〝分化〟の状況――「スペシャル・インタレスト・マガジン」時代の始まり」『月刊アドバタイジング』18(9): 14-9.
―――（1978）「まえがき」鈴木均編『職業としての出版人――現役たちの証言』中経出版: 1-3.
―――（1979）『出版界――その理想と現実』理想出版社
蔡星慧（2006）『出版産業の変遷と書籍出版流通――日本の書籍出版産業の構造的特質』出版メディアパル
寺田博（2005）「石つぶての中の酒場と文学」『東京人』20(7): 64-71.
長沼節夫・本多勝一（2009）「貧困なる精神――金大中（元・韓国

大統領）を偲んで（中）」『週刊金曜日』17(36): 60.
根津朝彦（2013）『戦後『中央公論』と「風流夢譚」事件――「論壇」・編集者の思想史』日本経済評論社
朴正功（1969）「朝鮮人密航者の歴史と現実」『現代の眼』10(5) : 196-205.
深作光貞（1968）『新宿考現学』角川書店
毎日新聞社編（1996）『岩波書店と文芸春秋――『世界』・『文芸春秋』に見る戦後思潮』毎日新聞社
松井隆志（2019）「私の運動史研究宣言」『運動史とは何か　社会運動史研究1』新曜社 : 11-28.
丸山実（1980）『マスコミの内側――『現代の眼』編集長が語る』幸洋出版
三木卓（2020）『若き詩人たちの青春』河出文庫
道場親信・丸山尚（2013）「証言と資料――日本ミニコミセンターから住民図書館まで」『和光大学現代人間学部紀要』6号 : 175-242.
吉見俊哉（2008）『都市のドラマトゥルギー――東京・盛り場の社会史』河出書房新社
鹿砦社編集部編（2019）「一九六九年混沌と狂騒の時IX前田和男さんに聞く　一九六九年鹿砦社創業のころ」『紙の爆弾』（11月増刊）: 138-52.
渡辺英綱（2016）『ゴールデン街物語』講談社α文庫

【特集　メディアがひらく運動史　インタビュー】

古賀　暹さん

雑誌『情況』の時代——火玉飛びかう共同主観性のなかで

『社会運動史研究2』に掲載した古賀暹さんへのインタビューの続篇である。今回は第一期『情況』の時期の話をうかがった。『情況』は、月刊の商業誌として全共闘や「新左翼」党派など闘争当事者の声も伝え続けた。同時に、六〇年代の学生運動に参画した古賀さんを筆頭に、運動に深く関係した人々がつくり出した雑誌であり、まさに時代と並走したメディアだった。しかしそのことは、避けがたく同誌を運動の奔流に引き込み、その道行きを左右することにもなった。本インタビューによって、この時代の運動とメディアの複雑な絡み合いが浮かび上がるだろう（他方で、『情況』が提起した理論や思想についての議論は不十分に終わっている。この点は別の機会に深める必要がある）。インタビューは二〇二〇年一二月二三日・二六日にオンライン上で行い、松井が編集・再構成したあと、古賀さんが加筆訂正した。前回に引き続き、『情況』（第一期）の総目次（下・54号〜101号）を資料として収録した。（聞き手・松井隆志）

古賀　暹さん

■闘争の時代の中での創刊

——前回は『情況』創刊の手前までお聞きしました。今回は第一期『情況』の時代をうかがいます。まず『情況』は古賀さんとお連れ合いと高橋茂夫さんと中澤教輔さんの四人で始めたとのことですが、人間関係のことからお願いします。

古賀　高橋茂夫さんはもともと中央大学の社学同（社会主義学生同盟）メンバーでブント（共産主義者同盟）にも加入していた。社学同時代からの付き合いで、東中野近辺の福岡軍司さんの下宿に中澤さんも高橋さんもよく集まっていた。そこで四人で何をしてたかというと、世の中面白くないなぁという感じでトランプばかりやっていた（笑）。

——前回触れた明大学費闘争で追われた六七年二月以降のことですね。

古賀　はい。数ヵ月はそんな状態だった。廣松渉さんに呼び出されて、何をしているんだと尋ねられたのですが、そんな有様だったので答えようがない。そこで、窮した僕が、笑い話のつもりで雑誌でも出そうかと言ったら、例の百万円を持ってきてくれたという流れです。その頃、暇だった記憶があるから、先に大和書房は辞めていたんでしょう。

――本誌前号のインタビューでは『情況』を始める際に大和書房をお連れ合いと二人で辞めたというニュアンスでしたが。

古賀　妻はその頃はまだ辞めていないので、少し話をはしょったかもしれません。僕は毎日会社に行っているというのではなく出版請負とか編集の手伝いのようなことをしていました。神田の小さな出版社に単行本の企画を売り込み、それを出版するなどです。それで三一書房にも出入りして、谷川健一さんの『日本庶民生活資料集成』の仕事を請け負った。全二〇巻の仕事の手伝いで、「内容見本」作りからです。中澤さんも手伝ってくれていましたし、後に第一期『情況』のデザインをすべてやってくれる秋山法子さんらと組んで仕事してました。

『情況』創刊号（情況社1968年８月号）

　三一書房では金にならない仕事をやっているとみんなに冷やかされました。「一将功成って万骨枯れる」などと、ほとんど毎日社に来て編集部の人たちとマージャンをやっていた顧問格の前村さんという年配の方に冷やかされたのを覚えています。僕を励ましてくれたのは、編集部の柴田勝紀さんほか二、三人はいましたが……。

――『情況』は情況社（一九七〇年秋以降は情況出版）から出ますが、発売元は最初2号（68年8月号・9月号）まで柏書房です。柏書房もそういう請負の仕事先だったのでしょうか。

古賀　そうかもしれないけど、由井格さんに紹介された気もする。由井さんも三一書房によく出入りしていましたから。三一書房の柴田、合同出版の木元、図書新聞の高坂といった編集者のグループと知り合いになったのもその頃です。特に、柴田さんとは親しく、雑誌発行の構想についても話し合ったりしました。これが『情況』の第一回の企画会議だったともいえるかもしれません。

――話を戻すと、中澤教輔さんも中大出身ですね。その四人が仲良くて雑誌を作ることにしたと。創刊号の編集後記を読むと「一年がかりで企画していた雑誌」とあって、六七年の真ん中くらいから準備が始まったと思うのですが、すぐに10・8（一九六七年の第一次羽田闘争）が起きたり、六八年一月はすでに東大医学部闘争や佐世保のエンプラ闘争があります。この辺りはどういう風に見ていましたか。

古賀　運動の外にいたので、新聞で見て頑張ってると思った程度です。

――古賀さんは運動から離れたとしても、高橋さんや中澤さんは続けているわけですよね。もう少し血が騒ぐのかと思いましたが。

古賀　もちろん、参加できない立場にいた自分は悔しかったですよ。

たしかに、高橋は当時ブントの「幹部」でしたが、僕が強いてそういう話を聞こうとしなかった。それに、ブント内部でもマル戦派と対立していて皆さん大変だったし、そこにまた僕が出て行ったらややこしくなる（笑）。そっとしていざるを得なかった。

——なるほど。ところで、『情況』の雑誌タイトルについて、清水多吉さんがサルトルの『シチュアシオン』に由来すると書かれています（『語り継ぐ戦後思想史』彩流社 2019: 95）。そうなのでしょうか。

古賀　それもあったかもしれません。ですがやはり吉本隆明さんの影響の方が強かった。後に、浅田光輝さんから「普通は『状況』と書くのが正しいのに、『情』の字を使った。君は国語辞典を変えたんだね」と皮肉られたけど（笑）。僕の主観的な意図は、「状況」という漢字では、その中に自分というものが含まれていない。自分が含まれるという意味で「情」の字を用いたんです。つまり廣松哲学と関連する発想で、自分の外に客観状勢なるものは存在しない、自分も含めた主客両方が入ったものとして情況というものがある、という意図です。

——確かに誌面にサルトルはほとんど出てこない印象がありました。ところで前回のインタビューでは、「新左翼」の商業誌が可能とは誰も思っていなかったという話でしたが、モデルにしたメディアはあったのでしょうか。

古賀　モデルはないです。雑誌をやれると確信したのは、『東大新聞』にいた時に吉本さんや浅田さんやその他いろいろな人に書いてもらって、それで売れていたから。それと、雑誌でいえば『現代の眼』というのがあって、なかには感心させられた論文もあったけど、全体としてみると総会屋系の雑誌で、一貫したものが感じられない。読者はあまり感じないかもしれないが、雑誌というのは、個々の論文も大事だけれど、編集者から言わせると、デザインや見出しの配列を含めて、全体としてのイメージが重要なんです。そこに、雑誌の「人格」みたいなものが滲み出る。

■雑誌の人脈と新たな思想

——雑誌の中身に入りますが、前回載せた第一期前半の目次を見てもわかるとおり、フランクフルト学派がかなり目立つ印象があります。こうした誌面を作るには古賀さんだけでなく、大学院生や研究者のブレーンが必要になると思いますが、その辺りを教えてください。

古賀　ブレーン集団といえば、一つは廣松さん。もう一つは先ほど名前が出た清水多吉さん。清水さんとは廣松さん経由で紹介されたと思うのだけど、初めから親しかったからどう出会ったか覚えてない（笑）。三つめは東大の安保ブント系で大学院に残ったグループ。この三つが大きくいえば支えだった。

それ以外に、浅田光輝さんたちの知識人、それから宇野弘蔵さんの学派の人たちももちろん関与しています。宇野先生に僕がインタビューしたこともありました（71年5月号）。その頃に発表された廣松さんの物象化論と宇野さんの価値論の相違を、わからないながら、なんとか明確にしたかったのです。

他に気にかけてくれていたのは中国問題系のグループで新島淳良

さんや廣松さんの友人の太田勝洪さんもいました。また、藤堂明保さんという高名な漢文学者なんかも書いています。

このように、主張も議論もいろいろで、よって立つ学的な根拠も異なっている方の寄稿が集まった背景には、先ほど述べた雑誌の「人格」みたいなものが関わったと感じています。

――先ほど名前が出た新島さんは確かにかなり登場していますね。

古賀　「大学解体」の討論（69年7月号）にも加わっている。彼の東大での「最終講義」と言われたものを聞きに行って僕がテープ起こししたものも載せています（「わが南京大虐殺」71年8月号）。新島さんの議論自体というより、彼の心の叫びみたいなものに感激しました。

いずれにせよそうしたいくつかのグループが僕の周りにたまたまあって、それらの人たちが心の叫びの火玉を飛びかわせるような場を作りたかった。

時代状況としては、ソビエトの崩壊過程が進んでいる一方で、中国では文化大革命。この二つが国際的要因としてある。それに加えて理論・思想的には構造改良派もそうだけど「人間の顔をした社会主義」、人間の主体性をどう確保するかという黒田寛一さんの議論。それに対置する吉本隆明さんの「自立」から「共同幻想」論に至る問題提起。そしてまた、宇野先生を中心とする経済学の中での降旗節雄さんや大内力さん、岩田弘さんたちの新しいアプローチ。

そういうなかで雑誌を作ろうという話になっていったんじゃないかと思います。だけど、これは現在の僕が振り返って考えたことであって、当時の自分というのは、もっと、「物」を求めていました。「物」にはお金も含まれますが、革命が行えるような「大きな組織」とか、「総てを包括できるような政治理論とか思想」とかです。実は、そんなものはあり得ないのですが。しかし、それが、僕自身の思想的欲求であり、また、時代の欲求でもあったのです。

だから、同人誌みたいのは嫌だと思った。それは部分ですよね。部分の雑誌ではなくて、不定形で構わないから、様々な議論が交わる場所がなきゃダメ。したがって最初から商業誌で、しかも、総合誌を考えた。売れるかどうかは、みんなの心を摑むバロメーターだと。党派の雑誌を作っても意味はない。党派は党派でやるべきだろうけど、党派に対して外側から包み込んでいくことを考えていた。なおかつ自分も編集部の人たちもみんなそれで食える、という発想もあった。自分が正しいと言わない党派はないが、僕らはそうじゃない。党派と『情況』との区別はそこにある。

――ブレーンの話に戻りますが、清水多吉さんの人脈とは別に廣松さんの人脈があったのですね。

古賀　廣松さんの昔の仲間で筆名・下条寿郎だとか、中国問題の太田勝洪さん、朝鮮問題の梶村秀樹さん、他に元外交官だとかいろいろいる。一方、多吉さんの方は、片岡啓治さん、船戸満之さん、菅谷規矩男さんなどの独文系の人たち。

――清水多吉さんといえば、『情況』の関連で「寺小屋」を作ったそうですね（『語り継ぐ戦後思想史』第五章第一節）。

古賀　それは、創刊の頃ではなくもっと後のことで、全共闘運動と関わる「反大学」や「自主講座」という流れの中でのことです。情況の関与でいえば、「小屋」の場所を借りた。お金を情況出版が出したかどうかは覚えてないけれど、少なくとも場所を選んだのは僕だ。十二畳くらいのワンルームにテーブルを二つくらい置いて、下には絨毯も敷いて、サロンを作った。後に光芒社を創設し坂野潤治らの本を出版する矢掛弘司くんというブント系の活動家が当時下宿代わりに常駐し、管理運営は多吉さんと矢掛くんに任せました。一九七一年頃から三年くらい続いたと思う。ここの講座の生徒には姜尚中さんとか、ボルフガング・ザイフェルトというドイツ人、酒井杏朗などという日大全共闘の中心にいた人などもいた。ちなみに、この講座の影響もあってか酒井さんは留学し、後にドイツでの反日闘争に関わったという話です。

人脈の話に戻ると、大学院に行っていた元ブントとしては、加藤晴康さんとか長尾久さん、長崎浩さんたちがいました。

――長崎さんは後半もキーパーソンとなりますが、古賀さんとの交流はいつ始まったのですか。

古賀　交流という意味では「叛乱論」を持ち込んできた時からかな。彼が、ふらりと編集部に現れて「これやらんかね」と。原稿用紙で200枚もあるものを、その場で見た。読んでいる時に、手が震えてきたような記憶がある。「いける」となって一挙掲載ですよ。薄い雑誌でしたから200枚というとだいたい半分くらいを占めるわけで、表紙にも「200枚」とデカデカと書いて（笑）、大変だったよ。

ちなみに作業で大変だった思い出としては、雑誌コードを印刷し忘れた号（69年7月号）があって、これがないと取次（出版卸会社）が扱ってくれない。僕ら編集部員四人で一晩朝まで三千部くらい糊で全部貼ったこともある（笑）。この徹夜の作業に表紙のデザインをその後も引き受けてくれた秋山法子さんも手伝ってくれたのは忘れられない。

――秋山さんは文学者の秋山駿さんのお連れ合いですね。

古賀　そう。法子さんが創刊号からデザインを無料でやってくれたんです。創刊号はわーっと口を開けて騒いでいる絵で、われわれが何者であるかを象徴していると思う。

――再度人脈の話に戻りますが、東大闘争関係者として誌面に登場する折原浩さんや山本義隆さん、最首悟さんも六〇年代前半期の人脈でしょうか。

古賀　折原さんは直接の知り合いではなかった。山本義隆さんは社学同の総会に出ていたこともあったと思います。ただ最首さん含めてブレーンということではなかったが、広い意味では僕らの仲間でした。全共闘運動そのものが思想的意味でも編集に強いインパクトを与えたのは自明ですが、特に折原さんの論文に教えられた。教師は「教える」だけではなくて、学生に「教えられる」存在だという指摘は重要でした。

「教え―教えられる」関係というのを、僕は廣松さんの「共同主観性論」のモチーフと重ねていました。廣松さんは『世界の共同主観的存在構造』（勁草書房 1972）のなかで、牛を「ワンワン」だという子どもに、なぜ親が「モウモウ」だと教えることができるのかという話を持ち出す。親はいったん、子どもの視点に立ってその物体を見る。つまり、自己の視点だけでなく、他者の視点を取り込んで自己を二重化する。それを「自己分裂的自己統一」と廣松さんは言っています。

旧社学同関係者という点に戻ると、菅孝行さんの劇研グループや、その関係で知り合った音楽家の林光、劇作家の福田善之さんなども参加してくれました。

――第一期の後半には寺山修司も登場しますが、これも東大劇研系からの人脈ですか。

古賀　いや、寺山さんは大和書房の頃に原稿を頼みにいって僕とかなり仲良くなっていた。大和書房では結局本は書いてもらえなかったけど、その後も寺山事務所には何回も行っています。ある時、寺山さんからフーコーにインタビューしたからお前のところに載せてくれと言われて、二つ返事で載せました（76年4月号）。

こうした様々な思想が交差するのが『情況』で、社外にいたけれど三一の柴田さんなどはそうしたライターを紹介し続けてくれていたように覚えています。原稿依頼の基準とは何かと問われると答えようがないのですが、新しい時代の編集者の直感だった。

■叛乱は拡大する

――時代を巻き戻して一九七〇年代前後の運動との関係を聞きます。荒岱介さんの古賀さんへのインタビュー（『破天荒な人々』彩流社2005）によると、編集部に活動家も結構出入りしていたそうですね。ちなみに会社の場所は、柏書房から独立したあと神田で二ヵ所移って、最後は新宿区戸塚（現早稲田周辺）に移っていますね。

古賀　神田にいた頃は情況社が近くにあるというので中大の若い連中がよく来てた。別に政治の話をしたわけじゃなくて、コーヒーを飲みに来た（笑）。

――かれらは古賀さんが影響力を与えられる「部隊」だったのでしょうか。

古賀　遊びに来ていただけだから「部隊」なんかじゃないです。しかし、セクトとかそういう固定した観念を経由せず、かれらの雰囲気に触れることができたことは事実です。

そもそも、当時狭い意味での政治と僕とは関係があるわけではない。ブントについては全然情報を与えられてないから、内部で何がどう動いているかについて僕は基本的には知らない。たとえば、重信房子さんがアラブへ「出撃」する直前に社を訪れてきたということも後から聞きました。「後から」というのは変な言い方ですが、実は朝早くに、社に女性が訪れてきたので、僕がコーヒーを出したのですが、その女性が何も言わないから重信さんとは気づかなかった。彼女は明大の社学同のメンバーで、何回か同盟の会議でも会ったことがあるはずなんですが。この時、ほとんど言葉を交わしませんでした。

後から、誰かに「重信さんが来ていたのを古賀さんは気づかなかったのか」と言われました。もし、あの時の女性が重信さんだったならば、とその心情を考えると大変失礼なことをしたと今でも後悔しています。

――石井暎禧さんの本『聞書き〈ブント〉一代』（世界書院 2010）では、「六八年の夏には古賀が復帰する」（同：120）と表現されていますが、どういうことなのでしょうか。

古賀　復帰などはしていません。だけど、高橋よっちゃん（良彦＝

松本礼二）の活動の補助をしたのは確かです。きっかけはブントが国際反戦会議を開くということで、これは会社によく来ていた中大の工藤興平さん（通称「ペテンスキー」）が中心です。ドイツのSDSやフランスの組織を紹介しろということでした。この件では中澤教ちゃんが積極的に動きました。その関係で「よっちゃん」とも会い、再び、ブントとの関係が生まれたということです。しかし、これは「『情況』としての私」と松本礼二さんとの関係ということであり、組織への僕の「復帰」などではありません。ちなみに、国際会議は、六八年八月に中大の講堂で行われますが、僕は出席していません。

松本礼二さんは僕をえらく評価してくれていた人で、大和書房に勤務していた僕を明大闘争での応援に働くように仕向けたのも彼でした。だからよっちゃんとは仲が良かったのですが、彼はこの頃ブントの副議長だったけど、党内事情について何も教えてくれない。また、高橋茂ちゃんも同盟員でしたが、彼も口が堅かった。僕もそれでよいのだと思っていたし、『情況』の立場で、協力できることはするというつもりでした。

――元々の知り合いも含め、雑誌を編集する過程で大学闘争のリーダーたちとも接触すると思うんですが、その辺りで運動との関わりはどうなのでしょうか。

古賀　一番大きいのは、八派共闘から全国全共闘を作るプロセスに関わった。この時代のノンセクトと言われる人たちや学園闘争の現場で闘った党派の中心人物には、前回述べたように東京社学同のかつての仲間が多かったのですよ。それで、八派共闘をまとめて全国全共闘を作るという構想を聞かされて、『情況』の仕事ではないけれど、良いことだからやりましょうといろいろ動いた。松本礼二と一緒に最首悟と会って動くように要請したり、八派の方も、プロレタリア軍団との関係で太田竜やら、ML派などに根回しすることの手伝いをした。

『情況』という立場からいえば、様々な人々が理論や思想の相違を孕みながらも団結―連帯することはもともと望んでいた。ある一党の指令の下に連帯や団結をするのでは思想や理論の発展は望めないが、自由で開かれた重層的なつながり、そういうものができればというのが、僕の目指すところだった。

しかし、僕がそういうことを表立って提唱すると、それは一つの党派になってしまう。『情況』は機関誌ではないし、党派になっては駄目だと思っていました。だから、僕は波風立たないように動いたのだけど、しかし、六九年九月の全国全共闘の結成集会で赤軍派が登場し、ブント内部がぐちゃぐちゃになってしまった。八派共闘とか全国全共闘とかについては批判する人は多いが、その言い出しっぺのブントが崩壊に向かい、これらの試みが難破したことが時代の転機の始まりだったといえると思う。

――最首さんにも働きかけたとのことですが、最首さんとはその頃すでに親しかったのですか。

古賀　はじめは話ができるという程度の関係だな。ちなみに最首さんは話も人間も大変な人なのだけど、それだけに文章やインタビューは解読が難しい（笑）。『情況』に「ノンセクト・ラジカルの思想」というのが載るけれど（69年3月号）、テープに吹き込んだものから彼が言いたいことを一生懸命理解して僕が何とかまとめた。
――末尾に「談」とありますね。話を戻すと、八派共闘の枠に乗るという展望に最首さんも同意したのでしょうか。

古賀　基本的には僕と同じだと思う。つまり全共闘の中身の話だけど、先に話した「教え―教えられる」という関係の問い直しというのが一番の問題だった。これは文化大革命やフランクフルト学派のハバーマスがいう対話的理性の問題にも、根本においては異なりますが関連はすると思います。東大の場合、医学部の一方的な医局支配に異議申し立てした青医連の闘いが出発点となり、そこから処分問題が起こり、東大全共闘へと広がっていったわけだし、日大の場合、デモもできないような管理体制が相手だった。

――そのことと、八派をまとめるという形である種政治的な着陸をすることは別だと思うのですが。

古賀　たしかに、そう考えることはできる。表面的にはセクトの方は「政治闘争」を主眼に考え、ノンセクトの方は学内のことを主体に考えるから。しかし、それが、相互に刺激し合ってきたから、あの運動は発展してきたというのもまた事実なんですよね。問題はこの二つが交錯する場を構築するにはどうするかということだったわけ。『情況』は思考が交錯する「場」だったから、ある程度この二つをつなぎ合わせることができた。しかし運動の場ではできなかった。両者は次元が違うんだね。

――こだわるようですが、学問のあり方を問うとか「教え―教えられる関係」の変革という論点は、党派は問題にしていない場合が多かったのではないでしょうか。

古賀　まぁそうだよな。当時、僕も直感的には実は大変な問題だと肌では感じていたけれど、その意義を決定的なことだとは考えていなかった。しかし振り返ってみると、ここに実は、党なるものの出発点も、その行動の基礎もあると思えるようになってきた。党なるものはいつも正しく不抜なもの、ではなく、大衆や他党派に対して「教え―教えられる」関係にある対他的―対自的存在であるべきだということです。党といえば、レーニンやルカーチのいうような「外部注入論」がまず思い浮かぶでしょう。たしかに、情勢次第では、そういうことも必要になるでしょうが、それが党なり活動家集団の原理論ではない。党や活動家集団は「教え―教えられる」ものでなければならない。

　これはさっき触れたフランクフルト学派でいえば批判大学の理念などにつながる。つまり、閉じられた体系とも読まれてしまうヘーゲルや、その裏返しのような閉じられたマルクス主義を批判して、大衆的な共産主義革命を考える。そういう思想は全世界的な流れで、全共闘運動もそうした思想的根拠に立っていたんじゃないか。廣松思想にしたってマルクスを読み替える、つまりコミュニケーションや協働労働（Zusammenwirken）を基本として考える。他者とともに労働することによって人類は文化を築いてきたということです。そうであれば、当然この「教え―教えられる」関係が基本となるはずです。

　では、なぜそういうことが問題とならなかったかというと、いま話したような党組織論とともに問題なのは、情勢分析をして「ここが突破の環である」とする発想の方式です。これは戦前からの日本の左翼の伝統だった。だから、大学でごちょごちょやるんじゃなくて、一気に突破しようという話になってしまう。そして、そこに長崎さんのいう「近代の反乱」の宿命が加われば、赤軍が出てきてしまう。アジテーターはつねに大衆に乗り越えられないよう過激にならざるを得ない、あるいは、大衆に乗り越えられるとその大衆の中から別のアジテーターが現れるという話です。この議論は、長崎さんの第一次ブント論が背景にありますが、赤軍派は結局そういう道に入ってしまった。

ちなみに、ちょっと話がずれるかもしれないけれど、赤軍などのブントの前段階階級決戦論というのに僕も責任があるのかもしれない。六七、八年の段階では現状がファシズムだとする議論に対して、僕はまだファシズムではない、せいぜいその前段階だと言ってみたけど、そうしたら、「先行性ファシズム」というのが出てきちゃった。ファシズムになる前段階で叩かねばファシズムになるという議論です。たしかに、ファシズムも管理社会の一種ですが、管理社会には様々なタイプが存在します。そうした管理・統制社会の攻撃的で抑圧的な形態はファシズムといえると思いますが、現在の日本みたいな管理社会も存在します。廣松さんは労働者階級の体制内在化という言葉を使い、また、清水さんなどは管理社会と言ったと思いますが、あの時、もっとこうした視点を打ち出せればよかったと、当時の自分の未熟さを悔やんでいます。

■『情況』の作り手たち

――雑誌編集の話に戻りますが、確認したいのは、編集後記が無記名のこともあれば、イニシャルのこともあります。創刊号は「A」で阿由葉茂（古賀さんの筆名）ですよね。その後は「N」とか「M」とか「P」とか出てきますが、誰が書いたかわかりますか。

古賀　前半期には、ほとんど僕が書いていると思う。編集部がいっぱいいるように見せるために変えたんじゃないか（笑）。「K」とか「N」は「こが・のぼる」でしょう。ただ後半期は僕の文体じゃないものもある。

――天野恵一さんが自分が書いたと記憶している号もありますし、「S」の他に「シ」というのもあって、これは柴田勝紀さんかもしれませんね。

古賀　中盤以降は編集部にも人も集まってきていたので、その号を「主に」作った人に書いてもらったんじゃないかな。ですが、「主に」と言ったのも、企画段階から決めていたのは稀で、それぞれが取ってきた原稿をにらんで、どれをトップにするか特集名をどうするかなどを決めていました。

――その中盤以降に編集に加わった方の名前や経緯を教えてください。

古賀　まず柴田さんだな。初めの段階から参画してくれていたしね。だけど、情況の専従になると言われた時は不安だった。何が不安かといえば、ちゃんとした給料が出せるかということ。彼は、三一書房という左翼の名門出版社のプリンスと言われるほどの編集者だった。それに比べると、僕らは、明日どうなるかさえ定かでない浪人。それが、ある日突然「俺、『情況』をやる」と三一書房を辞める決意をして合流した。

天野さんは古本屋をやってて、そこで売る本を仕入れに情況出版に出入りしていた。かなりの部数が彼の「寅書房」で売れていたんじゃないかな。そうしているうちに、いろいろしゃべっていると参考になる点もあった。それで僕の方から編集部に参加してもらうように誘った。

――柴田さんが関わるようになったのはいつ頃からですか。

古賀　関わりという意味では初めからだよ。だけど、三一書房を辞めちゃったのがいつかはあまり記憶が定かでない。中盤から後半にかけての三年くらいだと思う。柴田さんが主体となって作った号も多いが、僕とは全く矛盾がなかった。さすがプリンスという感じ。それはそうだろう、三一を辞めて情況に来るくらいなんだから。

――柴田さんと言えば、当時の滝田修（竹本信弘）の地下潜行（一九七一年八月の朝霞事件のフレームアップで指名手配されたため）工作にも関係していたそうですが、古賀さんは滝田問題との関わりはどうだったのでしょうか。

古賀　相模大野に住んでいた時で、覆面パトカーに張り込まれていたのを見つけた。それから、べ平連の脱走米兵援助の中心にいた高橋武智さんのところにこの件で話に行ったこともあったように記憶している。

――地下潜行の助力をお願いしにいったのでしょうか。

古賀　僕は主役であるわけはないけれど、依頼か念押しかで話をしたんだろうね。柴田とともに高橋茂ちゃんが関わっていたと思う。かれらは『朝日ジャーナル』と関係があったから。そうしたなかで、私も協力して一緒に動いたのだろうが、その件とは別に、滝田本人とは事件の前から付き合いはあった。彼の運動を支援したい気持ちがあったことは確かだ。

――高橋武智さんが脱走兵援助（第二期ジャテック）の中心にいたことは対外的には秘密だったと思いますが、運動内部ではある程度知られていたのでしょうか。

古賀　その点は僕にはわからない。そういうことはあまり知る必要のないことだったから。考えてみれば『情況』編集部も面白い組織で、統一した政治方針などはないし、政治的にはみんな勝手にいろいろやっていた。編集に関しては、それぞれがアイディアを出し合うので、互いにその「思想」というか「発想」を理解し合うことができていた。それで十分だった。

あぁ、一つだけ茂ちゃんと政治的なことで対立したことはあったな。三里塚の戸村一作をかついで選挙をすることに僕が強く反対したんです。なぜ反対かというと、全共闘や三里塚の大衆的実力闘争の質を選挙という市民的運動へと後退させるのではなく、その質を全国的な政治闘争へと発展させることが重要だと考えていたから。後に述べることになるだろうが、三里塚に関わっていた教ちゃんも僕と同意見だったよ。

――他に、編集部にはどういう方がいましたか。

古賀　七字英輔さんだな。誰が連れてきたかは覚えてないが、彼から映画や演劇についていろいろ教わった。ちなみに、彼も関わって「高円寺反戦」というのを作った。僕が全国全共闘の結成の手伝いなどをしていた時期ですが、そういう裏の話ばかりだと、自分の情念というか、実践ができない。本質的に、僕は「現場」が好きなんです。大衆的活動を組織する現場が。

そこで、『情況』や党派とは別に地域で運動を作ろうと、高円寺周辺の人を対象に、学生運動している人じゃないような人も集まった。高円寺駅前で何回かアジテーションをしたり。最大動員で20人くらい集まったかな。駅前「ハンセン」などと、茂ちゃんなんかに冷やかされたけれど。

秋に大きな羽田闘争があった時に、うちらも参加しようという提案をした。ヘルメットも必要だという話になったので買ってきて色を塗る。何色ですかと聞かれたから「赤に決まってるだろ」と俺が言うと「ブントの許可を得ないで赤く塗ったら殴られます」と言われた。「へぇそんなものなのか」と驚いた。僕が「現場」にいた時代だったら、ブントを支持する大衆が多いことに喜んだはず。偉そうに「許可」が必要なのかと軽い反発を覚えた。ともかく、僕だけは赤で、他の人は黒く塗った（笑）。そういう部隊で羽田に向かった。とはいえ、このことが、各セクトの「軍団主義」と関係しているということまでは、当時考えが及ばなかった。

■分裂の時代のなかで

——古賀さんは六九年に高円寺に引っ越したとのことですから、高円寺反戦での羽田闘争も六九年の秋でしょうね。その話の流れで政治闘争の議論に入りますが、ブントは赤軍が分派した後、あっという間に散り散りバラバラになります。その辺りを古賀さん流に解説するとどうなりますか。

古賀　さっきも言ったように内情を詳しくは知らないのだけど、赤軍が出て行った後、さらぎ派、松本礼二派、戦旗派に分かれる。戦旗はすぐに荒派と両川派に割れる。だけど最初は赤軍が出て行くだけでみんなまとまっていたようだ。それが集会でぶつかって殴り合っているうちに分かれていく。

だが、この問題を理解するには武装闘争という問題を了解していなければいけない。武装闘争をやるには「軍団」を作るという発想になる。つまり「軍団主義」の問題です。党・社学同という大衆運動の主体であった組織が、軍団編成・軍事規律になってしまう。こういう方向性は当然出てくる。武装闘争となるともう一つの国家になってしまうのだと関西のバラキン（榎原均）が言っていたが、たしかに、そうなのだろう。

卑近な例は先ほど出した、ヘルメットを赤く塗るのは「許可がいる」という話だ。「軍団」を強くするためには、一般大衆から自分たちを差異化して一定の規律を持つようにしなければならない。そうしたことが、積み重なっていくとどうなるか。それは国家に似たもののようになってしまう。しかし、活動家がみんな「軍団」の兵士になってしまえば、大衆をオルグし、大衆への呼びかけができなくなる。つまり、自己の思想からいったん離れ、相手の立場に立ってモノを考えてみる、牛をワンワンといったんはとらえるということができなくなる。こうなれば、運動の幅が狭まっていく。

——分裂の底にある問題についての意見はわかりますが、もう少し古賀さんに即して事実確認させてください。赤軍派のあとにさらぎ派と戦旗派も分かれ、残ったのが松本礼二派で「右派」と見られたようですね。その中でさらに叛旗派とも対立が出てくる。そして、叛旗派と対立する側は「情況派」とも呼ばれます。この頃の古賀さんはブントとの関係が回復しているということなんでしょうか。

古賀　回復なんかしてないよ。そういう意味では私はずっとブントの社外社員（笑）。

――叛旗派が割れた後にブント再建準備委員会が作られるそうですが、石井暎禧さんの『聞書き〈ブント〉一代』（前掲書）によると、古賀さんはその中心的メンバーだというニュアンスです。

古賀　その話か（笑）。まず叛旗と対立することになってしまうのだが、なぜ「対立」するのかさえ僕にはわからなかった。せめて叛旗くらいとは一緒にやれよと言ったのだけれど。

――石井さんの本では情況社が叛旗派に襲撃された話を紹介しています（同：154）。

古賀　神田から高田馬場に移転する前の時期のことで、大したことのない事件だよ。私の連れ合いの阿由葉さんが一人で会社にいる時に四、五人の学生が来て、書棚を少々ひっくり返したという話です。彼女の話だと、「『ここは堕落した奴らがよくコーヒーを飲みに来るところだから』と言うので、『この前まであなたもコーヒー飲みに来たのに、なんで暴れるのよ』と言った」と（笑）。笑い話ともいえますよね。

それよりも、僕にとっては叛旗派の人たちに「情況派」と呼ばれたことが耐えられなかった。それはかれらが、雑誌としての『情況』の意義を全く理解していなかったことを示していると思えたからです。

――石井さんの推測では、古賀さんの裏には、当然、ブントを分解させたくないという廣松渉さんの意図があったのではないかと見ていますが、そうなのですか。

古賀　廣松さんもバラバラにするのは阻止したかっただろうけど、その頃は、僕には廣松さんからは何も言ってきていない。『情況』をちゃんとやれということだと思っていました。

――一九七〇年五月に廣松さんが襲撃されて入院する事件があったとのことですが（小林敏明編『哲学者廣松渉の告白的回想録』河出書房新社 2006: 195）。

古賀　あれね。あれは大変な事件だった。廣松さんの苦悩を思うとね。廣松さんはゲバられた後には医者に診せず、僕にも知らせず極秘にしていた。医者に診せて新聞にでも出て騒ぎになると、警察が介入したり、ブントの分解が深まることを危惧したんだと思う。僕に電話連絡がきたのも、事件の二、三ヵ月後のことです。

廣松さんは何も語っていないけれど、有名な『現代革命論への模索』（盛田書店 1970）という著書が「大ブント構想」だと言われて攻撃の対象となったのではないかと推測している。いくつかの論文を集めたこの書物を、最初、廣松さんは情況で出版したらと言ってくれました。当時、これを出すと一万部は確実に売れると予想できたので、僕としては喉から手が出るほど出したかったけれど、「ダメです、出さないでください」と断りました。なぜかというと、多少なりとも廣松さんよりも僕の方が現場に近かったので、あの時期にこれを出版すると、廣松さんの意図とは反対にブントの分解を深めてしまうと判断したからです。

あの人と僕の意見が分かれたという記憶はないのですが、この時だけは強硬に諫めた。しかし廣松さんとしては、この本を出版しなければブントも全体の運動も立ちいかなくなると考えたのでしょう。そこで、盛田さんのところに持っていった。どうしてもあの時期に出さざるを得ないと考えたのでしょう。

――古賀さんとしては分裂を深めかねないことはできるだけ避けようとしていたわけですね。しかし、再建準備委員会として動いていた古賀さんが七四年に分かれていくと、石井さんは話していますが。

古賀　まず、僕の記憶には「再建準備委員会として動いた」記憶があまりないのですが、とにかく、よっちゃんが主導した政治局という組織に、あの日参加したことは覚えています。問題は三里塚。篠田邦雄さんが先頭に立って、「三里塚に学生を行かせて、妥協しろというビラを撒け」と主張しました。

僕は驚きました。みんなが現地で一生懸命闘っている時に、妥協しろとか、闘争をやめろとか言い出せるわけがない。それにもかかわらず、石井さんをはじめ、みんなが賛成するので、驚天動地です。そして、即座に思い浮かんだのは、三里塚に行って闘った廣澤君や田口君をはじめとする若い人たちの顔です。怒りがこみ上げてきました。

考えてみれば、先の全国全共闘の結成も、廣松さんがあえて『現代革命論への模索』を出版したことも、実力闘争の地平を維持しつつ新局面を切り開かなければならないということだったのではないか。ついでに付けくわえれば、中澤教ちゃんと僕が、戦後初期の常東（茨城東部）農民運動の指導者として有名だった山口武秀さんにお願いし、三里塚と連絡を取ってもらったり、『情況』に論文も依頼しました。また、教ちゃんは運動の大衆化のためにか三里塚幻野祭（一九七一年八月）でも一生懸命動いた。それなのに闘争をやめろとは信じられなかったです。当時の情勢を調べてもらえば、僕が反対したのは誰もが当然と思うでしょう。

――石井さんは、「若い奴らを束ねてることになってた古賀を、篠田ががんがんいじめたからね。彼はけっこう無理を言うから、とうてい無理なことでもやらせようとするんです」（前掲書：175）と表現してます。

古賀　その書き方では、なにやら僕が「党」に役割を任命されたかのような印象を与えますね。石井さんは医者で、篠田さんは何をやっていたか知れたものではありませんが、かれらは全くと言って良いほど「若い奴ら」とは関係がなかった。若者たちは、高田馬場に事務所のあった僕のところに時々来ていたにすぎません。

――ちなみにどこの大学のどういう人たちだったのでしょうか。

古賀　日大の廣澤一男さん、明治の本校の横谷優一さん、生田校舎の人々、中大の山本啓さん、和光の田口さん、村木さん、それに早稲田の川音さん、独協のグループなどです。つまり、戦旗派や叛旗派といったセクトと激しく論争し、ブントの正統派であると自らを任じ、最後まで松本礼二さんを信頼していたメンバーです。

■新たな「役柄」を引き受けて

――古賀さんはその学生グループにそれをやらせるわけにはいかないとかれらを引き連れて独立した。つまり古賀さんはリーダーだったのですよね。

古賀　「引き連れて」という言い方には違和感を覚えますね。僕はただ、そんな会議から離脱したかっただけです。だから、この会議が終わったのちに、廊下でよっちゃんから、「ブントを率いるのは大変だぞ、しっかりやってくれ」と言われて、びっくりしたことを覚えています。このよっちゃんの発言で、これからは僕がブントを率いねばならないのかと漠然と考えたのを記憶しています。そして、それとともに、血友病を患っていたよっちゃんの立場を考えていました。

　僕という人間は、廣松さんの哲学を曲解しているからかもしれませんが、自分の「役柄」を受けてしまうような人間だと自分では思っています。若い人たちが、私を強く望んでいることを知れば知るほど、やってやろうかと思ってしまうんです。

――いずれにせよ、結果として結成されたのが游撃派ですね。そもそもなぜ「游」の字で、普通の「遊撃」でないのですか。

古賀　それは覚えてないな。「遊」は気に入らなかったんでしょう。

――游撃派では、さらぎ派だった中井正美さんを党内に入れたということでしたね。

古賀　ブント再建という望みを抱いていたことの現れでしょうね。中井は東京社学同の昔の同志でしたが、その頃はさらぎ系と目されていた。ブントの諸セクトを統一するという夢を抱いていたのに、僕には党という経験がなかった。社学同やブントと離れてからほぼ十年間、僕は『情況』の編集者をやってきたわけで、その間のブントや活動家たちの成長ということをあまり知らない。いわんや、その内部というか分派の論争など。だから彼と組んだのです。

　当時は、どのセクトも軍団化のなかにありました。ですから、その党もやはり軍団の指導部たらざるを得ず、党の組織論といえばレーニン的なものにならざるを得なかったわけです。中井はその具体的やり方を心得ていた。僕のところに集まっていた活動家たちは、彼に教えられたところがあったようです。しかし、十年後くらいに廣澤さんから聞いたところでは、それに学びつつも、それを克服したなと感じました。

――リベラシオン社のウェブサイト上に游撃派の機関誌があらかたアップロードされています（http://0a2b3c.sakura.ne.jp/yugeki.html）。これを見ると、一九七四年の一〇月に最初の機関誌が出てますね。

古賀　その後に出した雑誌『ボルシェヴィキ』に載せた山下誠というのが僕のペンネームです。

――雑誌の創刊号の前に創刊準備号が出ていて、そこには山下誠と沖田友士の二論文だけ載っています。沖田が中井さんですね。山下論文の方を読むと、主に長崎浩批判。沖田論文は山口武秀に対する批判への反論（高浜入闘争問題）などですね。

古賀　遠方派（「情況派」の分裂後に石井暎禧や長崎浩らが『遠方から』を発行した）のことは、党だとは思っていなかった。だから、長崎さんの「私党」とい

『ボルシェヴィキ』創刊準備号（1975.7.20）

うのを、一生懸命理解しつつ批判していた。私からみると、どうも、長崎さんには「個」というものが強くあって、協働ないしは共同主観という考え方が薄いというのが批判の論点です。

——石井さんや長崎さんとはそれまで長く付き合っていたと思うのですが、この段階ではケンカ状態になったという感じでしょうか。

古賀 そういうことではありません。三里塚の方針に関しては、この時は、かれらのことをどうしようもないと思っていましたが（笑）。僕の考え方は他者を理解することで、それを超えようとすることですから。

——游撃派の機関誌を読むと、タイトルは『ボルシェヴィキ』ですし、ずっとレーニンの話を書いている。決戦主義ではないとしても、党と軍隊は切り離さないでやりきる、つまり武装を全然手放さないことを力説していると思うのですが、武装闘争に傾いたということでしょうか。

古賀 いや、そうではありません。今の人たちは、武装というと、すぐ連合赤軍や内ゲバなどを連想してしまうようですが、それは全くの見当はずれです。

僕らが言っていた権力闘争や実力的武装闘争ということは、大衆の抵抗です。大衆の憤りの発露としてのもので、ヘルメットや旗竿、角材、火炎瓶程度のものです。銃撃戦などとんでもないというのは、その当時のわれわれの共通認識ですよ。それは、圧倒的な国家権力の武装の前では、線香花火にさえなり得ない。逆に、大衆運動の足を引っ張るものだと思っていました。ただ、「挑発」などと非難していなかったのは、かれらがそうせざるを得なかった心情を理解していたからにすぎません。

それでは他方の、平和的・秩序を保った整然たる抗議はどうか。これは、初めから、反乱の手足を縛っているわけだから、発展のしようがない。圧倒的で、多様なコミュニケーション手段をもつものには飲み込まれてしまう。もちろん、一定の、抵抗らしきもの、つまり薄っぺらな啓蒙は可能です。しかし、こうした啓蒙は、大衆を管理されるだけの「教えられる存在」にしてしまう。そこに発展はあり得ません。

ところが、まことの「教育」やコミュニケーションでは、当然のことですが、学生や大衆の「異議申し立て」が心の底からのものに深まっていくのです。ですから、その反論や反撃の仕方には凹凸があっていいし、そうでなければならない。僕は当時も今もそう思っています。

——ちなみに廣松さんは游撃派の活動をどう見ていたんでしょうか。

古賀 他にやりようがない、しょうがないだろうと思っていたはずです。石井さんの本に、私が「再建準備委員会」を抜けた後、廣松さんが謝りに来た話が書いてあるけど（前掲書：176）、あの人はそういうことをよくやってくれる人です。共同主観の人ですからね。

■希望はいずこに——幕引きの章

——この件で再度『情況』の話に戻るのですが、古賀さんが游撃派に中心的に取りかかる時期に、編集部に亀裂が生じますよね。具体的には、中澤さん、柴田さん、天野さんが編集部を離れたそうですが。

古賀　確かに柴田さんら編集の三人は離れてしまいました。だが、編集部ではないけれどデザインをやってくれていた秋山さんはその後も最後まで続けてくれた。法子さんは大和書房で会って以来、私の姉貴分みたいな存在で、『情況』創刊メンバーの一人と言ってもよい関係でした。

六九年だったか、秋山駿さんや私の妻も含めた四人で新宿で飲んでいた時に、僕が右翼に突然刃物で襲われた事件があったのだけど、その場で犯人を追っかけて捕まえてきたのが駿さんだった。頸動脈を狙ったと思われる刃が逸れて頬を切られ、一週間くらい入院しました。傷害罪や殺人未遂の可能性もあったけど、いろんな経緯で結局当時の50万円のお金で「和解」して、その大金は『情況』の運営資金に回った（笑）。

話が横道にそれてしまいましたが、柴田さんが離れた経緯に話を戻すと、僕としては『情況』を引き継いで欲しかった。ところが、柴田さんはそれを受けてくれない。編集は彼がやるが、経営者としては残れという、社長と編集長の分離が柴田案だった。柴田さんが、僕のために名前を残してくれようとしたんだとは思いました。これに対して、僕が出したのは全権を委任するという提案。変ないきさつだと思うでしょう。莫大な借金が会社にあったなら話はわかりやすいが、そうではなく、まぁ健全財政でした。僕は、そもそも資本家のような立場になる経営者というのは嫌だった。『情況』のような雑誌は、売れるか否かが生命線ですから、それも含めてやってくれということだったのですが、二人とも頑固だったために決裂。互いに他のことを考えすぎたんでしょうかね。

――編集の中心にいた人間がごそっと抜けて、七四年の秋以降の編集部は大変だったんじゃないでしょうか。

古賀　それはまぁ。義弟の斎藤克彦を編集長、後に『日刊ゲンダイ』で活躍した二木啓孝なんかに新しく入ってもらった。游撃派の関係です。

――游撃派として『情況』を乗っ取るというか、自分たちの宣伝広告塔にしようという考えはなかったのでしょうか。

古賀　もしそんなことがあれば、僕は反対していたと思うけど、全然なかった（笑）。戦線を縮小してその代わりきちんとした党を作ろうというのが中井をはじめ、みんなの発想だから、そんなことは全く考えにはない。游撃派から見たら、まずブントを確立したいと思うのが当たり前。党というものは、党が全体を体現するわけですから。

むしろ『情況』自体をやめるよう、かれらは要求していました。なかには、ちゃんと党が確立したら「広告宣伝塔」としての『情況』を作ればよい、とつぶやいた人もいたけれど、もちろん、僕は全く話にはならないと思って笑い飛ばした。様々な思想が交錯する場としてのみ『情況』の意味があるので、党の政策なり方針を広報する場だったら別に作ればよいわけでしょう。

――七五、六年の『情況』誌面と游撃派のビラは課題がだいぶ重なる印象もありますが。

古賀　そんなことないでしょう。何か、松井さんが色眼鏡をかけて当時の『情況』を読んだんじゃないのかな。というのも、任せた斎藤は編集に関して全くの素人で、仏教者の丸山照男さんや中国問題の専門家の加々美光行さんなどを迎え入れ、かれらの意見を聞き、筆者を紹介してもらっていたようですから。

――第一期『情況』は98号（76年8月号）で編集発行人が阿由葉茂から越山宗見という方に変わった後、101号の別冊『ヘーゲル』（同年11月臨時増刊）で突然終わるわけですが、100号の時の編集後記でも休刊予定について全く何も触れていません。

古賀　党派についての仔細な話はあまり触れたくないですが、まず前提となる話として、「政治活動が抱く全体性」と「思想が抱く全体性」のズレに関する僕の意見を言っておきたい。

すでに語ってきたように、『情況』は理論や情念の火玉をぶつける場で、それが一つの「人格」をなしているものなのだと言いましたが、その火玉の中身は、筆者それぞれが自分の専門とか経験を踏まえた全体への発言なのです。それらを結びつけているのはその熱い火玉自身なのです。その例の一つとして、秋山駿さんの『情況』に寄稿してもらった「遠方の友へ」という評論（72年6月号）があげられるでしょう。

なぜ、遠方だと言うのか、なぜ友なのかと考えれば、ことは明らかですね。方向は違っていてもそこにはみんなが共有するものがあります。その火玉は、それぞれの人が全体へと発するものですが別個です。編集者とは、それ自身もまた火玉です。執筆依頼によって、火玉をかき混ぜて、かたまりとして、一つの「人格」にさせる存在です。だから、読者にも、たぶん一つの運動として見えたと思います。

僕が、政治という現実の場に踏み込んだのは、現実という場においても同じことができると思ったからです。僕のふるさとともいえるブントという火玉がバラバラになりかけている。また、それ以前に、全共闘の全国組織を結成することに賛成して動いたのも、その中では、火玉がぶつかり合う場でありながら、一つのものとして動いている状態を形成できると考えていたのでしょう。

それが夢であったということは、現実が示してしまいました。誌面においては、言語による火玉のぶつけ合いだから、一つのまとまりができたのですが、現実の闘争体の相互関係ではそうは簡単にはいかなかった。たちまち火玉は互いにぶつかり合い、物理的な衝突になってしまう。これは、党なるものを含めたすべての大衆的な闘争体の内外についていえることでしょう。

僕が游撃派結成に動いたのは、ブントという火玉の一つの部分のそのまた部分からではあるが、全体の火玉を燃やそうとしてのことです。そうするためには、それぞれの団体や個人が、それぞれ自分の役柄ということを知ることが必要なのです。打倒しようと思う対象との関係や様々な味方たちとの関係、自分たちの行動や相手の立場を踏まえた関係を考えることができたならば、それなりの道が開けもしたでしょう。僕は、これがマルクス主義の言うプロレタリアートが政治的指導的階級へと成長するという中身だと考えています。

――具体的に、『情況』と游撃派の関係でいうとそれはどういうことになるのですか。

古賀　細かい説明は省いて、率直に結論だけ言います。

僕という一人の物理的な個人が、一方で『情況』という思想的雑誌の編集者となり、他方で、ブントという全体性を目指す現実的運動の指導者になろうとしてできなかったという結果になった、ということです。僕は、「『情況』の編集者としての古賀」と「游撃派としての古賀」とを自分としては明確に区別していたのですが、現実には、他者はそんな僕の内的な区別までは見てくれません。

一知半解な廣松さんの哲学からいうと、人間は、「父親としての私」とか「社員としての私」とか「車を運転している私」など、いろいろな関係の束なのですが、この社会では個人をそのようなものとは見ません。一個の「人格」としてみなします。だから、『情況』の編集部の人たちは、私に「情況出版としての古賀」になりきるようにと言い、游撃派の諸君は「游撃派の指導者としての古賀」になれと要求したんだと思います。これは当然なことですが、僕自身が関係の一個の火玉でありつつ、様々な火玉の編集者でありつづけることが、僕の役柄だと思っていたのですね。しかし、それが現実には不可能だと知って、柴田さんに『情況』をお願いしたが断られたわけです。

――それで最終的にドイツへと旅立たれたわけですか。

古賀　『情況』だけに専心しようとすれば、党派の人たちの信頼を裏切ることになるし、逆に、游撃派だけということになれば、それまで『情況』を応援してくださった筆者や読者に、あの雑誌は党派を作るためだったのかと失望させることになる。だから僕にはどちらもとれなかったのです。

その頃、洋行といえば華々しいイメージがまだありました。しかし、僕の場合そんなものではありません。羽田に行ったのは、七六年の一一月の終わりか一二月のどんよりと曇った寒い日でした。送りに来てくれたのは、廣松さんと秋山法子さん、それに母親だけでした。秋山さんの話だと、みんな暗い顔をしていてお葬式のようだったと、後で言っていました。

――事前に廣松さんとこのことは相談されたのですか。

古賀　もちろん。まだ暑かった九月頃、廣松さんを僕の住んでいたアパートに呼んで事情を打ち明けて、今後、どうしたらよいかと相談したんです。昼間でしたが、盃を用意していました。廣松さんはその杯を少し舐めるようにして、「奥さん、硯と二本の筆が欲しいんだけど」といきなり、その相談を遮るように言います。そして、怪訝な顔をしている僕に対して、「古賀君、もう結論は出ているんじゃないか。その結論をこの筆で中指に書いて互いに見せ合いましょう」と言ったのです。僕は一つの結論として考えていた「ドイツに行く」と書いたのですが、手のひらを見せ合うと、廣松さんの中指にも「外国に行け」と記されていました。

――そしてドイツに十数年滞在した後、日本に戻ってきてしばらくして、第二期『情況』（一九九〇年～）となるのですね。

最後に少し抽象的なことをお聞きします。今の時代、放っておくと最悪の状態になってしまう社会をせめて食い止めるにはどうすればいいか、ということくらいしか私は希望を抱いていません。つまり人類は同じ過ちを百年と言わず、十年後でも繰り返すだろうし、どんなに素晴らしいものも壊れたり腐っていくのは必然で、理想の社会にいつか到達するとも思えないのですが、六〇年代には社会主義という理想が存在していました。古賀さんも社会主義を信じていたのですか。

古賀　松井さんのいう「最悪の状態」を食い止めるというのは、僕の出発点でもあり、到達点でもあります。六〇年安保世代が考えたような、まず経済的平等を達成し、それから共産主義に向かうという類の整然とした段階論はもう成り立たない、という前提をつけた上で。革命が起こるにしてもどういうものなのかはわかりませんが、全共闘の場合は「教える立場」に対する「教えられる立場」の異議申し立てでしたが、社会の問題として考えれば「管理」に対する「管理されるもの」の異議申し立てということになります。

　こうした問題は、永遠に、協働社会である人類には付きまとっている。それを明らかにしているのが、廣松さんの哲学がいう「ワンワンとモウモウ」という自己分裂的二重性の統一なんでしょう。だから、理想郷というものは人間が人間である限り、求められるが存在し得ないともいえます。そんなものができ上がれば歴史の終焉になってしまうのだと考えています。

　しかし、他方では、なんとか自分の生活を守りたいとか、こんな社会はごめんだという気分から、それが実現できるという夢もなくなってしまうとすれば、人類は人類ではなくなってしまうとも僕は思います。だから、あなたの言う「最悪の状態」から、そういう夢を抱くのもまた必然なのだと思います。それがなければ生きていけない。

――第一期『情況』の終刊時（１０１号、76年11月）の編集後記（阿由葉茂名）で、次のように書いていますね。

「われわれになにができたのだろうか――などと今さらつぶやくつもりはない。［…中略…］〝思想〟への信仰や、いわんや雑誌でなにかが形成できるなどというロマンチズムとはそもそも無縁なところからの出発だったからである。／そうした意味からいえば、そもそも『情況』の敗北は、出発の当初から予定されていたとさえいえなくはない」。

　これは「雑誌」という終わりのない作業に向けたレトリックではありますが、一方で、『情況』のおかげで、飛びかう火玉の痕跡が歴史の大地に刻まれたことは、半世紀後の今なら指摘できます。そしてそのこと自体が、次の火玉の可能性を孕みます。

　今回も長時間にわたるインタビュー、ありがとうございました。

（２０２０年12月23・26日）

【資料】『情況』（第一期）総目次 下

（54号一九七三年一月〜
　101号一九七六年一一月臨時増刊）

本総目次の表記は、各号の目次ページの記載に基づく。ただし以下のような補訂を行っている。
・明らかな誤字や表記抜けは訂正した。また、「★」等の強調は随時「・」などに置き換えた。
・ルビは（ ）で表記した。
・特集タイトルが表紙または目次ページに書かれていない場合、「特集なし」と判断した。
・副題は「――」、タイトルと著者の区切りは「／」、著者が既に書かれている場合の訳者は「（ ）」内に記した。
・複数名の共著（共訳）または対談・座談会は、すべて「+」で人名を並べた。
・著者の肩書等は省略した。
・連載や上下で掲載された記事は、その回数表記の統一や記載の追加を行った。
・目次ページ内の区切りは、特集の範囲を示す場合のみ「――――」で区切った。

（作成・松井隆志）

54号　一九七三年一月

【特集　実存・物象化・共同主観】
座談会　サルトルの地平と共同主観性／足立和浩+白井健三郎+廣松渉
J・P・サルトルと《自我》の苦悶／高味文雄
「歴史理論」としての共同体論／園村奎
マルクス主義の歴史における『ドイツ・イデオロギー』の位置／バガトゥーリア（坂間真人解説・訳）

ベトナム和平と世界革命／川田洋
新人民軍の最初の銃声／北沢洋子
大アジア主義とアイヌ・蝦夷独立戦線／太田竜
自由都市連合の建設への道／矢崎久
東大裁判闘争公判記録〈続〉／山本義隆+折原浩
革命の神学者トーマス・ミュンツァー（3）／エルンスト・ブロッホ（今泉彩+樋口大介訳）
書評
『天地報道』／山崎昌夫
『狭山事件』／園村奎

55号　一九七三年二月

【特集　刑法改悪と警察国家】
対談　歴史のなかの「法」と「人民」／羽仁五郎・水戸巌
刑法改正の意味するもの／作田治朗
胎児考――堕胎罪と女の論理／吉清一江
警察国家を弾劾する／浅田光輝
公安警察の取調べの実態／須藤正
法定刑（犯罪類型）比較一覧表／東京弁護士会編
刑法全面改正要綱案に対する意見／日本弁護士連合会

刑法改悪阻止にむけて／救援連絡センター
インタビュー　選挙と大衆と住民闘争／山口武秀
赤軍の同志たちへ／千葉正健
御用（ツキノエ）アイヌへの挑戦から始めよ／太田竜
フランス陸軍治安出動要綱／佐伯遼編・訳
小説　猶予の四日間／兵頭正俊

56号　一九七三年三月

【特集　国家の出現と文化・言語】
古代史のなかの〈国家〉／園村奎
漂海漁民と国家――陸上民秩序への収斂の構造／野口武徳
常民論ノート／後藤総一郎
乱世と知識人／森秀人+山口昌男
古代史における国家と常民――現代史としての古代史を問う／金達寿+谷川健一+鈴木武樹
シンポジウム・日本語と東アジアの諸言語
満州族の歴史と日本古代／三田村泰助
朝鮮語からみた日本の「神」と「祭」／金恩燁
日本語の成立／大野晋

アジア的生産様式論への一視角／岸田滋
モルガン・エンゲルスと現代人類学（1）／エマニュエル・テリー（宮本隆訳）
都市的革命（上）／ルフェーブル（北林寿信訳）
腐食列島73
書評
『何が私をかうさせたか』／小沢遼子

57号　一九七三年四月

【特集　弾圧は分断されたものをひとつに結集させる】
〈竹本処分〉が暴露したもの――いま何が問われているか／池田浩士

捜査される側の論理──警察国家への前衛・埼玉県警との宗教的会見記／丸山照雄
不当捜査・対抗のための原点──警官職務の法的研究／千代丸健二

腐爛する世界の七〇年代へ──忍者と爆弾・国家の黄昏に恐慌が笑う／川田洋
人民遊撃戦争路線の深化のために──党内にあらわれた清算主義を批判する／天地正春
東亜同文書院と荒尾精──ある情報将校の侵略的連帯論──竹中憲太郎
モルガン・エンゲルスと現代人類学（2）／エマニユエル・テリー（宮本隆訳）
都市的革命〈下〉／ルフェーブル（北林寿信訳）
書評
『ロシア十月革命』／藤本和貴夫
『フランスファシズムの生成』／山崎カヲル

58号　一九七三年五月

【特集　連合赤軍の軌跡──獄中書簡集】

Ⅰ　闘争
京浜安保救対宛書簡／坂口弘
プロレタリア革命党──赤軍の建設及び世界──日本革命戦争の勝利へ向けて／植垣康博
Ⅱ　敗北
高橋弁護士宛書簡／永田洋子
高橋弁護士宛書簡／永田洋子
角田弁護士宛書簡／永田洋子
京浜安保救対宛書簡／永田洋子
高橋弁護士宛書簡／坂東国男
革命の同志諸君へ／坂東国男
九・一八人民集会へのアピール／坂東国男
西垣内弁護士宛書簡／植垣康博
九・一八人民集会へのアピール／植垣康博
角田弁護士宛書簡／森恒夫
全国で日々闘っておられる方々へ／森恒夫
もっぷる社宛書簡／森恒夫
三・三一党声明に応えて／加藤倫教
再生に向けての資料／加藤倫教
統一公判に向けて──抗議・戦闘宣言／加藤倫教
公判対策委宛書簡／坂口弘
謝罪と闘争宣言／坂口弘
Ⅲ　自死
吉野雅邦宛書簡／森恒夫
坂口弘宛書簡／森恒夫
塩見孝也宛書簡／森恒夫
坂東国男宛書簡／森恒夫
森恒夫宛書簡／坂口弘
日・米帝国主義、資本家階級、政治治安警察との戦闘再開に向けて、亡き同志達、同志森の戦死を追悼する／坂東国男
三上弁護士宛書簡／吉野雅邦
同志森の死を悼む／永田洋子＋坂口弘＋植垣康博＋加藤倫教＋前沢虎義＋奥沢修一＋寺林真喜江
Ⅳ　発言
六全協以下的政治＝エセ「総括」を粉砕しよう／福田宏
連合赤軍公判闘争に関して、公対委、被告団、弁護団への要求／高原浩之
Aさん宛書簡／Q
京浜安保救対宛書簡／石井功子
一二・一八集会アピール／渡辺正則
Ⅴ　公判
緊急抗議声明／加藤倫教
抗議声明／統一被告団
ハンスト宣言／坂口弘
一・二三百回指定粉砕集会へのアピール／前沢虎義
救援連絡センター宛書簡／永田洋子
連合赤軍統一公判問題について／植垣康博
公判に向けてのアピール／坂東国男
救援連絡センター宛書簡／吉野雅邦
「第一回公判」での発言／永田洋子
〈迫る会〉奮戦記／田中美津
〈分離公判〉レポート／穂坂久仁雄
Ⅵ　討論／丸山照雄＋小沢遼子＋蔵田計成＋菅孝行＋西山逸＋穂坂久仁雄
Ⅶ　資料
軍の統一の問題について／川島豪
「軽井沢銃撃戦と粛清問題の総括と自己批判」のために／川島豪
われわれの基本路線のために／川島豪
連合赤軍敗北の正しい総括の下、プロレタリア革命主義の旗を高く掲げてさらに前進しよう／塩見孝也

59号　一九七三年六月

【特集　〈生〉か〈政治〉か──抑圧社会の根基（ラデックス）を視よ】

政治的共同性の構造／長崎浩

対立と抗争の政治哲学／清水多吉
階級闘争と身分闘争／土方鉄
道を切り拓くには手に豆をつくらねばならない／梅割酒男
敗北の構造と人民戦争――『智異山パルチザンの詩』をめぐって／許元沢＋丸山照雄
連赤敗北の真の総括のために／塩見孝也
連合赤軍の「革命」の意味／浅田光輝

傀儡子／杉山萌圓
夢野久作ノート――冥府からの廻状に応えて／西原和海
「傀儡子」と「ドグラ・マグラ」／狩々博士
現代史の調査資料は誰のものか――『日本人の海外活動に関する歴史的調査』復刻出版禁止仮処分をめぐって
コラム・デ・イエロー・セプテンバー
書評
『現代という時代の気質』／村井紀
『オルレアンのうわさ』／長沼行太郎

60号　一九七三年七月

【特集　草莽・攘夷・千年王国】
国学運動の展開と反転――その精神の思想史的位置／芳賀登＋清水多吉
攘夷論――〈西欧〉なる他者との直面／片岡啓治
土着の叛乱――秩父蜂起の基底から／姫岡秋介

戦後農民の斗いの軌跡／山口武秀
三里塚空港の騒音問題／伊藤京子
国家の〈時間〉と歴史認識／野田茂徳
〈遊撃戦争路線〉の総括／雪野健作
〈アフリカ的生産様式〟について／神庭三郎
政治的共同性の構造　II／長崎浩
日本革命思想の転生〈中〉③／黒木龍思
物象化・存立構造論としての『資本論』／廣松渉＋真木悠介
コラム・デ・イエロー・セプテンバー
書評
『破防法裁判傍聴記』／丸山照雄

61号　一九七三年八月

【特集　宗教批判と国家―社会】
キリスト教批判の現代的意義――その自然観と時間軸の構造／村上陽一郎
なぜ「宗教批判」か――キリスト教批判から現代批判へ／桑原重夫
パウロ主義批判――その義認論をめぐって／千葉宣義ほか
宗教批判と観念の位相――吉本集会をめぐって／田川建三

支配者の〝総括〟を超えるものを――〈竹本処分〉が暴露したもの2／資料編集・池田浩士
日石・土田事件被告への死刑策動を許すな／「法大レーニン研」被告
政治的共同性の構造　III／長崎浩
ブルジョア民族国家の存立構造――天皇制―日本資本主義論争を超えるもの／高橋道郎
コラム・デ・イエロー・セプテンバー

62号　一九七三年九月

【特集　天皇信仰と土俗宗教】
民族宗教としての天皇制――その宗教―社会的構造／二葉憲香＋里村暁洋
天皇信仰の心性構造／後藤総一郎
白のフォークロア／宮田登
神秘主義的政治学――ニューレフトからの亡命者たち／アンドリュ・カプキン

パレスチナ解放戦線の地平――〈近代〉の超克とハイジャック闘争／北沢正雄＋加茂雄三＋広河隆一
《最大帝国主義》のある帰結／北沢洋子
住民自治と町長選挙／山口武秀
医学の革命から革命の医学へ／堂本文彦
〈障害者〉への差別・抑圧の構造／原進
古代史のなかの〈国家〉〈中〉／園村奎
モルガン・エンゲルスと現代人類学〈完〉／エマニュエル・テリー（宮本隆訳）
総破壊の使徒バクーニン――〈第一部〉初期バクーニン／千坂恭二
コラム・デ・イエロー・セプテンバー

63号　一九七三年一〇月

大衆闘争の現状と〈戸村選挙〉／咲谷漠
【特集　新左翼労働戦線】
いわゆる〝反戦派〟以降／仙波輝之
第二回全国労働組合活動交流集会ルポ　緒についた戦線形成／清水一

64号　一九七三年一一・一二月

65号　一九七四年一月

66号　一九七四年二月

67号　一九七四年三月

68号　一九七四年四月

宇野理論と現代／降旗節雄
プロレタリアートの権力闘争／仙波輝之
『国民春闘』の成熟と陥穽／津村喬
〈千載一遇〉の電力危機！／よしだともや
突破口としての本山闘争——友と心を敵の手に渡すな／青柳充＋由良博＋根岸敏文

トロツキズム批判と綱領問題／高原浩之
日帝を滅ぼす二つの道／太田竜
予防反革命権力としての天皇制／いいだもも
「抗日暴動」のアジア的構造〈下〉／北沢洋子
戦後思想と吉本隆明——戦後責任論・《大衆の原像》をめぐって／片岡啓治＋最首悟＋菅孝行
正史'74
書評
『吉本隆明論』／鵜戸口哲尚
『日本人の精神構造』／菅孝行

69号　一九七四年五月

【特集　『資本論』——その現代的位相】
価値形態論と物象化——『資本論哲学』をめぐって／杉原四郎＋清水正徳＋廣松渉
フェティシズム論について——コントとマルクス／今村仁司
『資本論』原蓄章と共同体論／園村奎
マルクス・エンゲルスと革命ロシア／和田春樹

マルクス研究の二、三の問題点——坂間真人論文に応える／岩淵慶一
「合法・非合法」活動の定義について——敵の文明の体系から脱出せよ／太田竜
総破壊の使徒バクーニン〈完〉／千坂恭二
住民闘争の過程と地平——農民闘争の転換点／山口武秀＋中村幸安
正史'74
書評
『騒乱のフォークロア』／綱沢満昭
読者欄

70号　一九七四年六月

【特集　ルカーチ——「階級意識論」とその時代】
ルカーチとウェーバー——客観的可能性のカテゴリーをめぐって／湯浅赳男
ボリシェヴィキ化とドイツ共産党の文芸政策——ハインツ・ノイマンの栄光と没落　1／池田浩士
革命過程における大衆意識の変化——レーニン・トロツキー・ルカーチをめぐって／長崎浩
三〇年代からみたルカーチ・コルシュ——同時代精神の行く末／清水多吉
民衆のユートピアと社会革命の磁場——一九一〇年代ドイツ表現主義とレーテ運動／結城博音

価値形態論と物象化〈完〉——『資本論』の読み方をめぐって／杉原四郎＋清水正徳＋廣松渉
『国民春闘』総括／永瀬庸一
国民管理の危険なたくらみ／城瀬滋雄
無罪をはらすのではなく恨みをこそはらせ／桐野敏博
「朝鮮征伐」を征伐する／宋斗会
藤井斉と海軍青年将校運動——〈五・一五事件〉序説／山崎博
正史'74
書評
『哲学の社会的機能』M・ホルクハイマー著／山泉進

71号　一九七四年七月

【特集　現代民族主義派運動批判】
戦後の終焉と右翼運動／菅孝行
天皇制批判をめぐる民衆と知識人／久野収
「大東亜共栄圏」の夢を喰う男たち
田中清玄——石油利権をめぐる一方の雄／北山美晴
矢次一夫——〝台湾ロビー〟の黒幕／野沢史朗
児玉誉士夫——戦後右翼のゴッド・ファーザー／阿岐六郎
笹川良一——国際反共連合の名誉会長／浅川宏
現代民族主義派運動・資料

天皇制国家と社会的危機の再編／結城博音
アイヌモシリ、建国↕建軍の弁証法／太田竜
観念と歴史——福永武彦論・序説／黒木龍思
『ド・イデ』と疎外論の超克（1）／廣松渉
正史'74
書評
『原発の恐怖』／よしだともや
『奈落の神々』／宮田登
読者欄

72号　一九七四年八月

【特集　74年・深化する社会叛乱】

キリスト教会告発闘争——闘いの軌跡と課題／高尾利数

狭山差別裁判闘争——〈無罪＝惨勝〉を超えるもの／亀井トム

医療救対運動——恐るべき〝獄原病〟の実態／山田真

女性解放運動——女の自立と対の回復／河野信子

保安処分反対闘争——進行する棄民政策／高杉晋吾

生協告発運動——臨職組の闘い／法大生協臨職組

高浜入干拓反対闘争——政治汚職の暴露へ／高浜入反対同盟

無認可保育運動——子育て・社会運動・階級形成／仙波輝之

釜ヶ崎の現実——未完の断章／寺島珠雄

「葬式暴動」の体験——革命の主体形成と仏教／丸山照雄

プラナリア通信・創刊号／滝田修

『ド・イデ』と疎外論の超克（2）／廣松渉

パンサー分裂後の黒人運動／類家治一郎

親鸞における〈仮〉の認識／阿満利麿

書評

『中国近代史』／吉田富夫

『危機の文明と日本マルクス主義』／園村奎

73号　一九七四年九月

【特集　保安処分体制批判】

〈刑法改悪＝保安処分〉批判の歴史的視座／園村奎

保安処分——恐るべきその実態／山田真

収奪・治安管理としての社会保障／楡村達男

公衆衛生活動と保安処分／汐見素子

東大病院人体実験を告発する／木村健一

生きて奴らにやりかえせ／山谷現闘医療班

〈刑法改悪＝保安処分〉関係資料

会議の国際主義か行動の国際主義か——日本・アラブ文化連帯会議をめぐって／津村喬＋北沢正雄＋松田政男

部落解放の新たな位相／植松安太郎

狭山差別裁判（1）——差別犯人・新犯人追及の方向へ／亀井トム

『ド・イデ』と疎外論の超克（3）／廣松渉

正史'74

読者欄

74号　一九七四年一〇月臨時増刊

【特集　生産管理闘争——資料・戦後革命】

大衆実力闘争・労働者自己権力の復権へ——まえがきにかえて

Ⅰ　生産管理闘争の一般情勢

『労働年鑑』（昭和二十二年版）

Ⅱ　第一次読売争議

「争議のトップは新聞から」

民主化闘争から自主管理へ

資本の側からの経過報告

占領政策と闘争の波及性

Ⅲ　京成電鉄闘争

「実録・京成争議日記」

「京成電車のユニークな戦術」

わが闘い・わが勝利

経営協議会設置までの過程

私鉄経営者の回想

Ⅳ　鶴鉄争議と四相声明

鉄鋼労働者の実力闘争

四相声明

鶴鉄労組・声明と抗議

幟を打立て鉄板押鳴らし闖入せり

不真面目な当局の態度

Ⅴ　三菱美唄闘争

「生産管理と経営参加の現状」

ドキュメント・人民裁判への道

炭鉱争議の先駆性

北海道労働部の追跡調査

Ⅵ　高萩炭鉱闘争

生産管理の中心・炭鉱

座談・経営協議会要求闘争から

労働者対石炭庁の攻防

Ⅶ　生産管理闘争の位置づけ

小池浩＝「労働者生産管理の限界」

宮島次郎＝「生産管理の波紋」

「全国化し複雑化した生産管理」

末弘厳太郎＝「政府の生産管理対策」

大河内一男＝「生産管理の基本問題」

Ⅷ　生産管理闘争の戦略的位置

『エコノミスト』誌＝「争議の焦点・生産管理」

関根弘＝「ストライキ論」

『ストライキ戦略・戦術』より

斎藤一郎＝『二・一スト前後』より
斎藤一郎＝『戦後労働運動史』より
海野幸隆編＝『戦後日本労働運動史』より
田川和夫＝『日本共産党史』より
年表

75号　一九七四年一〇月

【特集　虚構と作為――七〇年代フレームアップの構造】

七〇年代フレームアップの構造――虚構解体から国家解体へ／桐野敏博
《土田邸・日石郵便局爆破》事件――権力の謀略に総体的反撃を／松沢哲成
《警視総監公舎爆破未遂》事件――実録・虚構解体／福富弘美
《朝霞自衛官殺害》事件――只今暴露中・中間奉告／山口百恵男
沖縄・松永優裁判闘争――「白」が白であり続ける世界を／松永優を守る会
三里塚・東峰十字路裁判闘争――我々は「じっと我慢の子」ではないのだ！／三里塚青行隊
七〇年代権力弾圧の様態――警察のCR作戦とフレームアップ／小川一
〈共謀共同正犯〉理論批判――「よど号奪取」事件の場合／川端和治
〈犯人蔵匿罪〉の問題性――すべてを官憲の恣意のままに／福富弘美
〈爆取〉捜査のための別件逮捕・勾留――「土田邸・日石郵便局」事件の場合／井上庸一
爆取事件の科学鑑定の謀略性――そのフレームアップに占める位置／石山才
年表（一九六九年一月〜一九七四年九月）
資料・集団犯罪の捜査に関する諸問題／法務総合研究所

76号　一九七四年一一月

【特集　教育叛乱――その原点と現在】

「大学闘争」以後の日々のたたかいのなかで――現場の諸課題といかにかかわるか／折原浩
入船小・指導要録撤廃の闘い――斜線記入は何を問うか／向井承雄
入船小闘争・資料
国民教育運動批判――差別を拡大する教師聖職論／高橋勉
〈高校闘争〉以後――闘いの持続の主体的根拠を求めて／新潟高校裁判闘争を支える会
良妻賢母主義教育批判――家庭科の男女共修を／曳地稜子

狭山差別裁判（2）――二審・最終弁論／亀井トム
「国民総背番号」体制への新たな布石――プライバシー保護法を粉砕せよ／城瀬滋雄
『ド・イデ』と疎外論の超克（4）／廣松渉
プラナリア通信（2）／滝田修
書評
『二・二六と青年将校』／有馬学

77号　一九七四年一二月

【特集1　『ドイツ・イデオロギー』の成立と共産主義の地平】

望月清司氏の『ド・イデ』論をめぐって／廣松渉
マルクスの歴史理論――市民社会論と階級形成論／今村仁司
『ドイツ・イデオロギー』研究と私の立場――「唯物史観」の方法に関連して／竹村民郎
『ドイツ・イデオロギー』編成史――廣松版の歴史的意義／山崎カヲル
『ドイツ・イデオロギー』の共同体論――物象化論的視座への定位／山本啓

【特集2　虚構と作為――権力犯罪を告発する】

戦後冤罪事件論／後藤昌次郎
狭山差別裁判（3）――自己破産の矛盾充満の怪文書・寺尾判決を批判する／亀井トム
殺人罪フレームアップの完結を許すな――11・7判決に見る裁判所のデッチ上げ完遂を糾弾する／松永優
70年代〈爆取〉弾圧の実態――その現代的反革命性について／桐野敏博
書評
菅孝行著『解体する演劇』／佐伯隆幸

78号　一九七五年一・二月

朴政権の価値体系と韓国の民衆／藤森一清
日本資本主義と朝鮮／沢田明子
大村収容所――その屈辱を訴える／宋斗会
反アナキズム論・序説／千坂恭二
『ド・イデ』と自己疎外論の超克（5）／廣松渉
狭山差別裁判（4）――寺尾判決の狂燥／亀井トム

連載時評・神話と歴史認識（第一回）――《知識人》の位相について／野田茂徳
書評
『実録　虚構解体　其之二』／亀井トム

79号　一九七五年三月

【特集　春闘構造の止揚にむけて――新左翼労働運動の現在】
世界の経済　三十年代と七十年代と――インフレ不況の意味するもの／岩田弘＋冨岡倍雄
春闘方式と七五春闘／清水一
保革連合春闘を解体せよ／村木昇
「弱者」攻撃と闘う論理・組織／滝沢範治
教育労働運動再生への道／河島仁
千日を超えた中公闘争／小園泰丈
東映契約労働者（臨工）の烽火／東映東京制作所労組
苦悩する雑誌記者――我々は臨工だ／朝倉喬司

企業爆破事件の政治的性格／日田玄葉
「狼」の「三菱爆破」と自民党政府の動揺／太田竜
緊急インタビュー・中国新体制をめぐって「人民民主主義からプロ独へ」／菅沼正久
狭山差別裁判（5）・近世部落形成史論を巡って（その一）――徳川時代はどんな絶対主義があったのか？〈上〉／亀井トム
赤堀差別裁判糾弾！〈上〉――無実の「精薄」「精神障害者」への死刑攻撃を打ち砕け／結城満

80号　一九七五年四月

【特集　戦後価値意識の再検討】
ノンセクト大衆運動の昂揚と崩壊／丸山照雄
非在的な共同性の陥穽／宮本隆
市民的価値意識を斬る！／五木寛之＋寺山修司
現本質者のための方法序説――自立思想をこえるものへ〈上〉／中村文昭

過渡期の社会認識――「聖家族」研究ノート／黒沢惟昭
物象化論とシュティルナー――唯一者と唯物史観の相剋と異相／千坂恭二
マルクス学の最近の動向――新たなる潮流の芽ばえ／今村仁司＋山本啓＋廣松渉
狭山差別裁判（6）・近世部落形成史論を巡って（その二）――徳川時代はどんな絶対主義があったのか？〈下〉／亀井トム
赤堀差別裁判糾弾！〈中の一〉／結城満
連載時評・神話と歴史認識（第二回）――《反動主義》の舞台裏／野田茂徳

81号　一九七五年五月

【特集　世界叛乱の新地平】
新段階に入った世界階級闘争――インドシナ・アラブ状勢を中心に／北沢正雄＋松田政男＋山崎カヲル
アメリカ帝国の今日／北沢洋子
西ドイツSDSとその後／福沢啓臣
イタリアの〝危機〟とPCIの「歴史的」妥協路線／野田茂徳
アフリカはどこへ行く／北沢正雄
キューバにおける人民権力機関の創出／山崎カヲル
エリトリア解放戦線〈上〉／藤本治

プロレタリア民主主義・プロレタリア独裁（1）――岩田氏の著書『労働者自主管理』によせて／石井保男
『賢人ナータン』考――転換の基軸を求めて／高尾利数
連載時評・神話と歴史認識（第三回）――パスカリーニ的世界と中ソの鏡／野田茂徳
書評
竹村民郎編『経済学批判への契機』／大井正

82号　一九七五年六月

【特集　国家論への一視角】
ファシズムと現代国家――現代国家の考察／浅田光輝
民族と国家――その歴史性の相互連関について／湯浅赳男
「生涯教育」論批判序説――教育と国家に関する覚え書／黒沢惟昭
『資本論』の論理と国家論――国家論カテゴリーの確立に向けて／千坂恭二
プロレタリア民主主義・プロレタリア独裁（2）――岩田氏の著書『労働者自主管理』によせて／石井保男

83号　一九七五年六月臨時増刊

84号　一九七五年七月

85号　一九七五年八月

狭山差別裁判（9）――真犯人・権力犯人に到達する道／亀井トム

書評

廣松渉著『事的世界観への前哨』／村上陽一郎

86号　一九七五年九月

【特集　政治・暴力・革命】

パレスチナ革命の現段階――PFLP＋日本赤軍／北沢正雄

阿Q外伝――わが「市民主義」／丸山照雄

暴力――粛清・党派闘争論／蔵田計成

テロルの政治と空間――三島由紀夫の場合／千坂恭二

暴力考／浅田光輝＋木下半治

プロレタリア革命と党派闘争／日本革命的共産主義者同盟（革マル派）

プロレタリア革命運動に於る党派闘争の論理／革命的労働者協会

反帝反社帝世界革命戦争の一大前進＝中国継続革命＝根拠地化・インドシナ革命戦争の勝利に、プロレタリア単一党建設―建軍・攻撃的蜂起の前進でこたえよ！／共産主義者同盟赤軍派（プロ革）議長・塩見孝也

87号　一九七五年一〇月

政治は死滅するか――人間の本源的存在が問うもの／埴谷雄高＋秋山駿

マルクスのプロレタリアート観形成をめぐって／黒沢惟昭

マルクス学説の補正と廣西理論／坂間真人

SDS後の西ドイツ／福沢啓臣

エリトリア解放戦線（下の一）／藤本治

「人間論」としての政治倫理――長崎浩「両極としての政治と倫理」をめぐって／山本次郎

東アジアの反帝闘争と朝鮮人民の闘い――「日韓」一体化路線の犯罪性／安宇植＋北沢洋子＋太田勝洪

「幼帝」来沖と沖縄――〝素朴〟凶器論／赤嶺秀光

ミステリー・日共と学会の合意劇／深川一平

赤堀差別裁判糾弾！（下の一）――精神鑑定を巡って／結城満

狭山差別裁判（10）――差別犯人のいない差別裁判などない／亀井トム

連載時評・第一回　権力が想像力をとる／松田政男

88号　一九七五年一一月

【特集　人民遊撃戦論構築のために】

ロシア革命と軍隊――労農赤軍の歴史的位置／藤本和貴夫

ポスト＝ベトナムの米・朝鮮半島戦略の実相／小山内宏

自衛隊の内的構造とその戦略／藤井治夫

国家警察軍としての警察／速見勇

人民に牙を向けた天皇の厳戒体制／救援連絡センター

朝鮮戦争と日共の軍事方針／城戸昇

日共の五一年綱領と軍事方針／大竹史郎

階級総力戦争論序説――現代ゲリラ戦争を開始せよ／蔵田計成

都市ゲリラの戦術と戦例――トゥパマロス民族解放運動／山崎カヲル訳

資料　コミンテルン論文（1）・コミンテルン論文（2）・50年代日本共産党文書・メーデー事件の軍事的教訓・自衛隊野外令第一部（抜萃）

――

寺山修司海外対談シリーズ第一回　フランスは今どこにいるか――五月革命・ポルノ・マルクス主義／ジャン・マリー・ドメナック

連載時評・第二回　権力が想像力をとる／松田政男

書評

山口武秀著『権力と戦う住民』／丸山照雄

査証編集委員会編『赤軍ドキュメント』／細谷未知男

89号　一九七五年一一月臨時増刊

【特集　現象学】

現象学とは何か／立松弘孝

フッサールの「或る夜の対話」草稿をめぐって――相互主観性の現象学の立場／新田義弘

ハイデッガーと現象学／渡辺二郎

近代思想史の中の現象学――『ヨーロッパ諸学の危機と超越論的現象学』をめぐって／木田元＋生松敬三

現象学の再検討／細川亮一

「意味」の現象学――フッサールとハイデッガーをめぐって／足立和浩

マルクスの『要綱』における物神性批判について／ピエル・アルド・ロヴァッティ（竹内良知訳）

論理学絶対主義の批判／テオドール・W・アドルノ

（三島憲一訳）
美学の現象学／足立美比古
表現――『知覚の現象学』にそくして／加茂英臣
メルロー＝ポンティと現象学／田島節夫＋足立和浩
書評
『経験と判断』エドムント・フッサール著・長谷川宏訳／千田義光
『精神としての身体』市川浩著／国分幸
『現象学と弁証法的唯物論』チャン・デュク・タオ著・竹内良知訳／足立美比古
『現象学の展開』山崎庸佑著／松井良和

90号　一九七五年一二月

【特集　差別支配の根基を撃て！】
差別構造における支配と表現／土方鉄＋津村喬
狭山差別裁判――今、問われているもの／中山重夫＋亀井トム＋今出信吾
共産主義運動の旋回軸としての狭山闘争／伊達邦彦
八鹿闘争・その総括と今後の方針／村田拓
民族差別の構造とその背景／桑原重夫
「狭山事件」と「丸正事件」／宋斗会
天皇と朝鮮、そして「消えたナポレオン像」／由利静夫
天皇制と差別／塚田理

無名からの出発――マルクス主義と宗教／真継伸彦＋丸山照雄
プロレタリア民主主義・プロレタリア独裁（4）／石井保男
ネチャーエフとブルガリアの革命運動／左近毅
京浜工業地帯・連続レポート（1）ヤシカにみる「不況」下の反合闘争／鎌田慧
狭山差別裁判（11）――権力犯罪告訴告発こそ正常の道／亀井トム
資料
最高裁は14の新事実を審理せよ！（「狭山差別裁判」23号より）
10・31寺尾差別判決糾弾・狭山完全勝利中央総決起集会・基調提案・集会宣言・石川一雄氏よりのアピール
「狭山事件」の口頭弁論・事実審理と石川一雄さんの即時保釈を要求する署名とカンパ要請文
「狭山事件」の全ての証拠の開示を要求する署名とカンパ要請文
書評
中村尚司著『共同体の経済構造』／山本啓

91号　一九七六年一月

【特集　反原発――近代科学技術を撃つ！】
原発反対運動のめざすもの――科学技術にかかわる立場から／高木仁三郎
原子力発電所――この巨大なる潜在的危険性／水戸巌
座談会　住民闘争の駆動力と階級意識――住民闘争の壁はいかに破られるべきか／山口武秀＋菅沼正久＋松崎国雄
実践的住民闘争論序説――女川原発反対闘争の戦闘体型／矢崎久
世界の核戦略の現実とその重負荷／小山内宏
日本原子力産業の戦略――ウラン買付にみる／北沢洋子
原子力社会の構図／松岡信夫
公聴会の一二五日――アメリカの原子炉安全論争／山本智
インタビュー　世界環境破壊の現況と公害反対運動／宇井純

ウェーバーの歴史方法論とリッカート／佐伯守

92号　一九七六年二月

【特集　支配の危機と先行する改悪刑法】
刑法改「正」の歴史的源流／永野周志
農業破壊・労災職業病・保安処分／高杉晋吾
対談　刑法の治安法化――法原理の破壊と破防法／井上正治＋浅田光輝
法に「なじむ」「なじまない」ということ／清水多吉
先行的弾圧と闘う視座／日置伊作
釜ヶ崎・刑法改「正」・保安処分／敷津潮
入管体制と「刑法改正」／「刑法改正」に反対する市民連合
国際反革命機構＝ICPO／速見勇
座談会　代用監獄の実体を衝く！／前原和夫＋加納良昭＋古瀬駿介＋代用監獄パンフレット編集委員A・B・C・D＋水戸巌（司会）
資料
1　大韓民国法令集／金栄洙編
2　各国の治安法――スペイン・イギリス・スウェーデン
3　優生保護法／リブ新宿センター編

4 大衆闘争と治安動向'69～'75／破防法と闘う会編
アッピール
三里塚空港――その強制収用は完全に非合法
書評
秋山駿第一対談集『文学への問い』／芹沢俊介

93号 一九七六年三月

【特集 帝国主義の現局面・IMF体制以後】
インフレーションとその帰結――日本資本主義の現状／川上義夫
国際通貨体系と世界資本主義の現段階――キングストン合意の基本的意義（その一）／下条寿郎
危機における日本資本主義の現況／鎌倉孝夫
戦後通貨体制崩壊の現局面／岩田弘
理念ゼロの南進――東南アジアの私的経験から／南浦泰
細見英氏追悼 細見経済哲学とマルクスの思想構造／稲村勲

中国の性解放――対的幻想と共同幻想の弁証法／加々美光行
W・ライヒとオルゴン理論――W・E・マン「オルゴン・ライヒ・エロス」をめぐって／友近龍男
周総理の死と七六年一月の中国／菅沼正久
科学と社会――北京シンポジウムとパグウォッシュ会議／中村禎里
プロレタリア民主主義・プロレタリア独裁（5）――岩田氏の著書『労働者自主管理』によせて／石井保男
京浜工業地帯・連続レポート（2） 住友・追浜造船所――同盟支配への反攻／鎌田慧
書評
浅田光輝著『市民社会と国家』／栗原幸夫
アッピール
日本化学蔚山工場四月本操業阻止に向けて！

94号 一九七六年四月

【特集 マルクス主義の今日的復原】
認識と実践の哲学的根源／鈴木伸一
カール・ポラニーと経済人類学／山崎カヲル
フォイエルバッハ――マルクス関係と新MEGA／山本啓
マルクスにかわるフォイエルバッハ――論説「シュトラウスとフォイエルバッハとの審判者としてのルター」の著者について／ハンス・マーティン・ザス（山本啓訳・解説）
モルガン・エンゲルスと家族論／青山道夫＋江守五夫＋山本啓（司会）

共同体論の現在／松本健一
物質の自己運動としての認識活動／村田一
寺山修司海外対談シリーズ・第二回 犯罪としての知識／ミシェル・フーコー＋寺山修司
国民春闘路線の排外主義的本性をあばき出せ！／村木昇
生身の存在感覚を語る！／佐木隆三＋中上健次＋秋山駿（司会）
坂間真人氏追悼／飯田裕康＋廣西元信＋廣松渉
書評
岩田昌征著『社会主義の経済システム』／中山弘正
アッピール
アジア政治犯の即時釈放を！／アジア政治犯情報センター

95号 一九七六年五月

【特集 革命と芸術――二～三〇年代文化運動の今日的意味を問う！】
超現実主義とマルクス主義――ナヴィル『革命と知識人』をめぐって／湯浅赳男
消された一作家＝オットヴァルト／野村修
時の洗礼を受けて／粟津潔
座談会 プロレタリア文化運動はなぜファシズムに敗北したのか？――〈リアリズム〉と〈現実〉のあいだ／池田浩士司会・訳
演劇と文化――ドラマを孕むものをめぐって／小苅米晛
革命ロシアとフレーブニコフ／亀山郁夫
権力と芸術――カタストロフィー期における芸術家の仕事について／津村喬
シェーンベルクとファシズム――音楽の精神と美の物象化／千坂恭二
革命の美意識――演劇の遊星教程／田中未知

ニーチェ・フロイト・マルクス／ミシェル・フーコー（前田耕作訳）
ロッキード犯罪と独占略奪論／大門一樹
全日本人民に狭山差別裁判を訴える／中山重夫
アフリカ南部・人種差別にみる資本関係／北沢正雄
キビ刈りに来た「ニライカナイ」――沖縄与那国島

の〝援農舎〟の提起するもの／赤嶺秀光
'76春　沖縄労働運動の現在／志波武人
京浜工業地帯・連続レポート（3）　ゼネ石精――敗北からの出発／鎌田慧
アッピール
韓国政治犯救援の闘いを！
鈴木国男君虐殺を糾弾する！
釜ヶ崎―越冬闘争
書評
井之川巨詩集『死者よ甦れ』／植松安太郎
マーク・セルデン著　小林弘二・加々美光行訳『延安革命』／赤尾修

96号　一九七六年六月

【特集　学問の可能性――問われつづける課題】
学問論の地平――学問とは何か／山崎正一
イデオロギー問題と社会科学／望月哲也
「いい加減」の学問――堅気の人たちのために／福田定良
学者と魔術――全共闘以後／丸山照雄
権力に奉仕する御用学者たち／生越忠
「科学論」の基礎的問題／針生清人
書評論文　カッシーラーの問うたもの――『アインシュタインの相対性理論』を巡って／村上陽一郎

――――

国際通貨体系と世界資本主義の現段階――キングストン合意の基本的意義（その二）／下条寿郎
冬の雑草（1）――獄死した市川正一氏の遺体発見の記録／郡山吉江
女神と娼婦のはざまにて――フィリス・チェスラー『女性と狂気』によせて／友近龍男
金芝河――その闇と光／宮山妙子
日朝「連帯」を超えるもの――二〇年代をめぐって／小田久
中国天安門事件ノート〈上〉――〝反革命政治事件〟に見る諸相／林丈人
書評
渡辺寛著『レーニンとスターリン』／湯浅赳男
石塚正英著『叛徒と革命――ブランキ・ヴァイトリンク・ノート』／山本啓
権力を知るために（1）／西尾漠
奔流――現場から現場へ

97号　一九七六年七月

【特集　こどもとおんな――解放の契機】
1　妻と娼婦――二重存在を生きる女
子供――不在の親たち／河野信子
女と子の出会い――〈産とその周辺〉／国沢静子
子殺しと母性／岡田秀子
〈産〉の完結なき社会／深見史
2　抑圧か解放か――新らしい人間学を求めて
ウル・キント論――受難と復讐の原像／清水多吉
元型としての人間――幼児論の試み／芹沢俊介
近代子ども観とその成立過程／佐野美津男
子ども観の歴史を越えて／山中恒
3　闘いのなかの子ども
革命の後継者――中国の子ども／古島琴子
資料紹介　朝鮮民主主義人民共和国幼児保育教育法／古島琴子解説
若気のいたりで終らないために……――「東京こむうぬ」の教訓は、今生かされる！／武田美由紀
マルクスと子どもたち／井上五郎

――――

狭山差別裁判糾弾・無実の石川君即時奪還！　ハンガー・ストライキを闘い抜いて／中山重夫
書評
『現代子育て考（その一）』／松浦民恵
鎌田慧著『わが幻影工業地帯』／小関智弘
権力を知るために（2）／西尾漠
奔流――現場から現場へ

98号　一九七六年八月

【特集　学校の死滅――「教育論」を超えるもの】
「民主的」教育論の批判視座――マルクス主義教育論の再構築へむけて／ボードロ＋エスタブレ（山崎カヲル訳）
パリ便り　パリは燃えているか？――フランスにおける《学校》問題とその現実／今村仁司
「対話」と文化革命――『被抑圧者の教育学』をめぐって／花崎皋平
教育の可能性を求めて――パウロ・フレイレの文化運動とその思想／楠原彰
公教育制度批判の文献紹介／楠原彰
現代社会と「学校化」――《Deschooling Society》を読んで／竹内良知
進歩の儀式化――『学校無化社会』から／イヴァン・イリイチ（鈴木昭彦訳）
学校無化論とのマルクス主義的対応／山本哲士
モスクワ子供の家（ハイム）―研究所について／ヴエーラ・シュミット（福沢啓臣訳）

中国天安門事件ノート〈下〉――〝反革命政治事件〟に見る諸相／林丈人
亡命の聖地――メキシコの中の〝異国〟メノニータの土地を訪れて／伊高浩昭
京浜工業地帯・連続レポート（4）日産追浜・暗黒工場〈上〉／鎌田慧
冬の雑草（2）――一九四七・二・一ゼネストの前後／郡山吉江
秩序喪失と体制犯罪／大門一樹
権力を知るために（3）／西尾漠
奔流――現場から現場へ

99号　一九七六年九月

【特集〈日本共産党〉批判】
プロレタリア独裁の歴史的基礎／廣松渉
プロ独放棄をめぐって／竹内芳郎＋いいだもも
日本共産党論序説／しまねきよし
戦後支配の転換と日共／浅田光輝＋前野良＋宮嶋信夫
日本平和委員会と日本共産党／吉川勇一
「日本共産党」の宗教政策批判／桑原重夫
民青・同全学連の現状／松井幸
部落解放運動と日本共産党／猪野健治
腐臭を放つ「同盟休校」への攻撃／岩井貞雄
原発反対闘争と日本共産党／阿部宗悦
在日朝鮮人運動と日本共産党／甲（朝鮮人）＋乙（日本人）
わが心の「驚産党（きょうさんとう）」／永山則夫
パロディ　国立代々木病院／橋本勝

戯曲　不破雷同・宮憲一代記／魚住有年
冬の雑草（3）／郡山吉江
京浜工業地帯・連続レポート（5）日産追浜・暗黒工場〈下〉／鎌田慧
暑いパリ／今村仁司
権力を知るために（4）／西尾漠
アッピール
「丸正事件」はまだ終っていない
徳野稔氏虐殺糾弾
書評
芹沢俊介著『浮力と自壊』／梶木剛
奔流――現場から現場へ

100号　一九七六年一〇・一一月

【100号記念特集　社会主義と現代――魅力ある社会主義像の構築は可能か】
社会主義とは何か――人間生活＝文化の創造としての社会主義／城塚登
社会主義と文化／内村剛介＋川崎浹＋刀禰矢徹
社会主義とユダヤ人問題／好村冨士彦
ソ連における資本主義の復活――シャルル・ベトレーム『ソ連における階級闘争』を中心にして／山崎カヲル
ソ連における第三世界分析の論理／G・F・キム（北沢洋子訳）
「後期資本主義」論の構造的問題性〈上〉――現代社会主義論への道標／山本啓
プロレタリアート独裁と現代修正主義――不破哲三『科学的社会主義研究』の批判／いいだもも

社会主義と言語問題――エスペラント運動を通して／栗栖継
文化大革命の栄光と暗影／加々美光行
鄧小平批判の論理／矢吹晋
シンポジウム　社会主義と経済／岩田昌征＋石井保男＋太田勝洪
グラビア　秘録・科学的社会主義への道／構成・木村恒久＋語り・池田浩士
冬の雑草（4）／郡山吉江
権力を知るために（5）／西尾漠
書評
『ヨギヘスへの手紙』（ローザ・ルクセンブルク　伊藤成彦訳）・『革命的自然発生――ゲランのローザ論』（ダニエル・ゲラン　村上公敏訳）／江川潤
奔流――現場から現場へ

101号　一九七六年一一月臨時増刊

【特集　ヘーゲル――その思想体系と研究動向】
対談　ヘーゲル哲学の全体像／上妻精＋加藤尚武＋廣松渉（司会）
ドイツ観念論とヘーゲル／茅野良男
『精神現象学』以前――ヘーゲルの思索と体系への志向／渋谷勝久
ヘーゲルの討論テーゼについて――体系との関連／中埜肇
ヘーゲル『精神現象学』における〈社会性〉の発想／加藤尚武
ヘーゲル論理学の課題――ヘーゲルがカントから受

【インタビュー】熊本 一規さん

闘争終盤に東大全共闘になった
——東大闘争参加者の生活史聞き取りから

聞き手・解題：小杉 亮子

熊本一規さん

■解題

一九六八～六九年に起きた東大闘争の参加者である熊本一規さんから聞き取った生活史をまとめた（以下、敬称略）。

熊本は一九四九年八月に佐賀県小城町に生まれた。一九六八年四月に東京大学教養学部理科I類に入学し、その二ヵ月後に東大闘争が本格的に始まった。一九六八年秋から冬にかけては穏健派の学生たちが結成した「クラス連合」の一員として熊本は活動していたが、一九六九年一月一〇日の「七学部集会」をきっかけにクラス連合から心が離れる。そして、東大闘争の終盤期に入ってから東大闘争全学共闘会議（以下、東大全共闘）派として活動していった。とくに、一九六九年一一月に駒場キャンパスで東大全共闘を支持する教員たちが始め、全共闘派学生が集う場となった自主講座「連続シンポジウム《闘争と学問》」では、運営側として積極的に関わった。その後、工学系大学院都市工学科に進学し、各地の住民運動を支援してきた。一九八七年からは大学で教鞭をとり、二〇一八年に退職している。

熊本から聞き取った生活史を原稿としてまとめ、ここに発表する目的は、次のふたつである。

第一に、熊本は東大闘争当時、所属する教養学部のクラスでリーダー的存在として活発に活動していたものの、一年生だったこともあり、東大全体の運動に影響を与えうるような位置にはいなかった。しかし、東大闘争は、当時の大学闘争のなかでも学生による抗議活動が起きていた期間が長く、一時は全一〇学部がストライキに入っていたことに表れているように、参加者も多かった。このような東大闘争の規模の大きさをつくりだしていたのは、それぞれのクラスや学科を現場にして熱心に行動していた、熊本のような学生たちだったと考えられる。

さらにいえば、熊本は東大闘争が始まった当初は東大全共闘派ではなく、クラスを主導していた学生の影響を受けて、東大全共闘と対立する日本民主青年同盟（以下、民青）に近い立場をとっていた。民青の組織構造に疑問を覚えるようになってからは、東大全共闘と民青とは異なった立場をとる第三勢力として駒場キャンパスで組織化されたクラス連合に入った。その後、最終的にクラス連合にも批判的になり、東大全共闘派の学生として行動するようになる。熊本の語りからは、全共闘、ノンセクト、いわゆる新左翼、あるいは民青といった勢力間対立から大学闘争をとらえる視点からは見えてこない、大学闘争が展開するなかで、問題にかんする認識を深め、現場で流動的に行動していった学生の実態が見えてくる。熊本の生活史をとおして、このような一参加者から見た東大闘争の記録を残すとともに、一参加者が東大闘争に参加するに至った経緯、かれの東大闘争での経験、その後の人生への影響を長期的な観点からたどりたい。

　熊本の生活史を取り上げるもうひとつの目的は、そこから、当時の学生が経験したと思われる、覚醒とも呼べるような、急速な政治的社会化が読み取れるからである。熊本は、一九六八年四月時点では高校を卒業したばかりで、社会的な関心は多少あったものの、それまで政党・党派との接触経験はなく、デモに参加した経験もなかった。しかし、二ヵ月後の同年六八年六月から東大闘争に関わり始める。そして、東大全共闘派の学生たちがある種の「敗北」に至った一九六九年一月からは、全共闘派として授業再開を阻止するための行動を始め、同年一一月から始まる自主講座運動では学生側の中心人物の一人となっていく。このように比較的短期間のうちに運動主体として行動的になっていった熊本の様子は、東大闘争で熊本が経験した、一人一人の学生に政治的主体化を促していくような運動の質をよく表しているといえる。また、こうした急速な運動主体化は熊本だけが経験したものではなかっただろう。

　さらに、一九六九年一一月から始まった自主講座やその後の住民運動への関与を語る熊本の語りからは、大学闘争がもたらした急速な政治的社会化の影響が、その後にも長く及んでいることが浮かび上がってくる(1)。

■父は戦前の東大で学生運動に関わり、満州に渡った

熊本　私、佐賀の小城（おぎ）で生まれてるんですよ。父が唐津の出身だったから、満州から唐津に引き揚げてきて〔私が生まれました〕。なんで満州に渡ったかっていうと、いわゆる戦前の学生運動やって。東大の緑会事件(2)で退学させられた学生の処分撤回運動に、五高〔同窓生〕の代表として出たんですよ。東大の経済学部に入って、処分撤回運動やったもんだから退学処分になって。それで、パクられて、拷問にもあって。留置所の学生のそれまでの〔最長勾留期間の〕記録三ヵ月を二倍に伸ばしたって、自慢してましたけど。

　人間って、幸いなことに、耐えられなくなったら気絶するんだそうです。だから耐えられたんだって言ってました。一番大変なのは、ここ〔手の指と指のあいだ〕に鉛筆を入れてゴリゴリまわすのが一番大変だって、爪剝がされるより大変だったって言ってました。でも、〔留置所から〕出たら、〔逮捕されたほかの学生は〕みんな自白して、自分よりもとっくの前に出てたから、「こんな連中といっしょにやってたのか」とガッカリしたとは言ってました。二、三回は聞いたかなあ。それこそ小学校に上がる前ぐらいの小さいときですよ。

　それで、二倍に伸ばしたから憲兵に付け狙われて、満州しか就職先なかったんですよ。満州行ってもずっとつけられてたみたい。上海に渡って労働者にまぎれて働いてたら、インテリだって社長から見抜かれて、復学を勧められて、奨学金出してくれて。それで、復学した。二度目はいわゆる平賀粛学(3)のときで、陸軍の幹部に談判に行ったって話をよくしてましたけど。

私の上は、みんな満州の大連で生まれてます。五人きょうだいで、姉が三人〔みんな無事に日本に帰ってきた〕。弟が一人です。

私が生まれたころは、〔父は〕小城炭坑で、いちおう東大出てるから、労務部長やってたのかな。一歳のときに、戸上電機っていう佐賀で一番大きな会社に移って、私が物心ついた四～五歳のころには専務になっちゃって、みんな「専務、専務」って呼んでるから。経済的に安定したころに私は物心ついてるから、お坊ちゃん育ちと言われればそうなんですけどね。小さいころ、父から「貧しい弱者の味方しろ」みたいな話はよく聞かされてましたけど。まあ、それが大きいのかもしれない。

母は津田〔塾の卒業生〕で、英語が好きだった。長野出身で、父よりは反権力めざすようなところはないんだけども、理解はあった。私の安定を願うんだったら「〔運動は〕やめてくれ」とかなんとか言うんだけど、そういうところはなかったですよね。

〔私は〕学生時代だってろくに授業出てないし、それから〔大学院に入ってからは〕住民運動に取り組んでたでしょ。一番大変だったのは、博士課程の一年から。七六年から志布志(しぶし)(4)〔の運動を〕やり出して。〔大学院を出ても〕職はないし、もう夢中になって運動(それ)ばっかりやってるしね。博士課程のときは、志布志から帰ってくるたんびに、親が浦和に移住していて、そこに居候していたんですが、親父と喧嘩ですよ。「いつまでそんなことやってんだ」って言われて。ところが、そういうこと言いながら、〔志布志の〕地元の人から電話入ると、〔父が〕受け答えするでしょ。そのあと「もっとやってやれ」って言うんですよ。矛盾していますが、どちらも本当の気持ちだと思います。

あのころは大変だったですよね。年収40万〔円〕ぐらいの年が二年続いたから。もう限界だと思ったころ、八五年に就職の話が決まったんです。それまではもう将来の目処もつかないし。でも、志布志だけはちゃんとやろう、やめたら後悔するからと思ってやってたんです。

■一九七〇年代前半、東大地震研・臨職闘争での逮捕

――話は戻りますが、六〇年安保の記憶ってありますか?

熊本　いや、小学生ですから〔そんなにはありません〕。デモやってるみたいなのは新聞で見たことは〔ありました〕。近くに労働会館みたいなのがあって、社会党系だったから、その前にポスターが貼ってあったりして、というのは覚えています。

〔そのころには〕親父は、申し訳ないけど、戸上電機の重役になってるから、佐賀では名士になるわけですよね。佐賀県の公安委員長もやってますよ。一九四五年までは憲兵に付け狙われて、それから十年後ぐらいに公安委員長になってるわけだから。人から見れば転向ですよね。まあ、志はあったんだと思いますけどね。

そのおかげで私、捕まったときも親父がもらい下げてくれたんですよ。捕まったのは、一九七三年ごろにロックアウトされていた地震研に入って(5)。〔このときは東大の〕学生の運動はだいたいもう収束させられて、今度は臨職闘争が燃え広がったんです。とくに〔臨時職員の〕石川さんっていう足の不自由なかたが力武〔常次〕っていう所長に暴力振るわれて、部屋のなかから足持って引きずり

出されたっていうんで、みんなカンカンになったんですよ。安田講堂の前で百人規模で集会やってて、連続シンポのビラ撒きに行ったんです。集会が終わってデモに行くっていうから、最近ちょっと運動不足だから参加しようと思って、参加して一番うしろからついていったら、ロックアウトされてたとこに来て。反帝学評が30人ぐらい前にいて、一人が〔入口を封鎖している柵の〕上にロープをかけて引っ張ったんです。そしたら、一回目は倒れなかったけど、二回目に倒れちゃったんですよ。倒れたらやっぱり〔地震研の敷地の〕中に入らざるをえないでしょ。入って、地震研の前の階段のところで集会やったんです。そしたら、機動隊が「排除！」って言って入ってきた。私、「排除」ってちゃんと聞いてたから、ただ出ればいいと思って逃げなかったら、みんな逃げた。そうしたら、向こうが「逮捕！」って言い直したんですよ。それから逃げようとしたけど、もうダメで。40～50人ぐらい〔逮捕されました〕。

私みたいなのがいっぱい捕まったから、警察は喜んだんです。活動家はみんなわかってるけども、私みたいな〔面が割れてないのが〕捕まったから。三日ぐらい〔勾留されて〕父がもらい下げてくれた。怒るとかそんなこと一切ない。で、刑事が「なかなか男だ」って私のことを誉めてくれたって、その話だけ。ほら、いつも〔逮捕された場合には〕「完黙しろ」って言われるでしょ。完黙したら〔勾留が〕長引くじゃない。だから、私がやったことはみんな話す。証拠写真もたくさん撮られているので、否定したって始まらない。ビラ配りに来たんだとか、運動不足だったから参加しようと思ったとか、そういうことは言ったんですよ。そういうこと話すもんだから、〔刑事は〕「都市工〔学科〕の三階にメットがいっぱい入ってんじゃないか」とかいろいろ聞いてくるんだけど、それは一切答えない。だから、刑事としては、人に迷惑をかけることは一切喋らないっていうことで「男だ」って言ったってこと。私は、自分がやったことはバレてるのに、それを話さないために勾留が長引くのは馬鹿馬鹿しいと思って。逮捕されたのは一回だけ。

――小さいころから勉強は好きだったんですか？

熊本　算数は興味持ってやってましたけど、あとは自主的に勉強することはないですよね。〔小学校以来算数、数学しか〕興味がそもそもなくて、ずっと高校まで〔そうでした〕。受験のとき、しょうがないから、高三の夏ぐらいから理科やって、秋に社会やって、それで一応なんとかなりました。

小学校五年の終わりに〔神戸の〕魚崎町に引っ越しました。父が戸上電機で専務だったでしょ。社長さんとちょっと仲が悪くなって、それで、さっきお話しました上海で奨学金出してくれた方が大阪と神戸で運輸会社経営(あれ)してたから〔そちらに移ったんです〕。

小学校時代、幸い成績は良かったもんだから、とくに母のほうが進学校志向は強かったですよね。〔灘中に〕入れたがってて。私も当時は親に逆らうような気持(あれ)ちはなかったから、素直に〔従いました〕。ただ、やっぱりどことなく違和感あって。小学校六年のときに、校長が模擬面接をやるんですが、そのときに「なんで灘中を受験するのか」って聞かれて、私は「家が近いから」って答えたんですよ。そしたら、あとで担任から「そんなこと言うな」って怒られて。「なんて言えばいいんですか」って聞いたら、「いい学校入って、いい会社に就職したいって答えろ」って言われて。本番ではしょうがないからそう答えました。

いやですよねえ。子どもなりになんとなく抵抗感を感じてたんじゃないですかね。自分の利益を追求して出世をめざすっていうのは、子どものころからあんまり好きじゃないです。

——灘中ってどんなところでした？

熊本　中学から三クラスで。高校からプラス一になって、四クラス。私の学年はとても恵まれてて、国語と数学は人間的にとてもいい先生でした。中学一年からテニス〔部に入っていました〕。教室のすぐ脇にコートがあって目立つわけですよね。それで、友達がすぐ入るわけですよ。二学期ごろ入ったかな。高三の夏までやってました。

——将来の夢ってなにかありましたか？

熊本　やっぱり、数学しか好きじゃなかったから〔数学に関連することをと思っていました〕。他方で社会的な関心がなかったわけじゃない。ただ、高校までは詳しく知ろうとするということはないですね。〔社会的な関心が強まったのは〕大学入ってから、とくに東大闘争になってから。

山﨑〔博昭〕君〔が亡くなった一九六七年一〇月〕の羽田事件が高三ですね。衝撃は受けたけど、学校でほとんど話題にもならない。友達のあいだで話すっていうこともない。だから〔高校時代は〕政治的にはなんもないですよね。

〔東大に行ったのは〕なんていうか、流れに乗ってればそうなるわけですよ。そうじゃないのを志望するときに〔友達から〕理由を聞かれるぐらいで、とくにその流れに逆らおうと思ったこともないし。だって、私のときに〔一学年〕220人のうち96人が現役〔で東大に合格〕だから。受験者としたらもっと多いわけでしょ。半分以上は受けるわけですよ。

■大学入学後たった二ヵ月で東大闘争が始まった

——六八年四月に東大に入って、六月に東大闘争が本格的に始まる前の学生生活についてお聞きしたいです。

熊本　下宿でした。祖師ヶ谷大蔵にあった、土本典昭さん[6]の弟さんの家に下宿していました。滝田修[7]を逃がすときに、その〔家の〕車で逃げたみたいです。姉が東京来てたもんだから、〔下宿は〕おばと姉が探したんです。よりによって、滝田修の逃亡助けるような危ないところに決めるんだから、とんでもないよね。まったくの偶然でそうなるっていうのか、縁っていうか。とてもいい下宿でしたが。

〔サークルは〕スポーツ愛好会へ。曜日によってやるスポーツが違うんです。好きなスポーツを好きなときにやれるということで、けっこう人数は多いんですよ。私はテニスと野球と卓球と、〔複数の大学間でスポーツ愛好会が試合をする〕連盟戦には出てましたけど。東大闘争始まってからはほとんど行かないです。

〔授業については〕ほとんど出てないからわからない。ごめんなさい、いや、たまには出ますけど、〔クラスのなかで〕出席率一番悪いぐらいです。まあ、嫌いなのやるほうじゃない。好きなときに自主的に勉強するほうだから。

——記憶としては、東大に入ってすぐに東大闘争が始まってしまうんですか？

熊本　まあ、そうですね。〔機動隊導入が〕六月一七日ですからね(8)。〔この日は〕駒場にいたけども、〔教養学部理科Ⅰ類で同じクラスだった〕みんなで本郷まで行きました。〔クラスに〕民青の留年生がいたもんだから、ほとんど民青主導です。安田講堂前の集会には参加しました。夏休み前までは民青〔がクラスの〕主導権〔を握っている状態〕で。先輩ですから。

だから、〔教養学部の〕代議員大会に〔クラスから出す代議員8人が〕はじめて全部全共闘系になって。出たら、びっくりされました。〔全共闘系〕ゼロ〔民青系〕ハチのところがハチゼロになったって言って、全共闘系が喜んでましたけど。四ヵ月ぐらいでひっくり返っちゃった。

連日いろんなところで、クラス討論やってる。芝生なんかでも。ほんと毎日やってましたよ。まあ、日曜日は休んだでしょうねえ。〔クラスで集まったのは〕三分の一ぐらいですか。20人ぐらいは参加してました。7～8割は固定メンバーじゃないですかね。私はストに入ってからは熱心に行ってました。

私自身は別に反民青じゃなくて、でも、だんだんだんだん民青がヤになってくる。個人個人〔の活動家〕が自立してないですよね。党から命令きたらすぐ従っちゃうから、昨日まで言ってたことと今日言ってることが違う。そういう主体性のなさ。クラス討論〔でそれが見えてきた〕というか、まあ、駒場のキャンパス全体で民青の言うことがコロッと変わりますから。

それでクラス連合に入ったんです。クラス連合が駒場の特色ですよ。

〔駒場は無期限ストに七月五日から入るんですが、そのころの私たちの主張は〕「大学の自治を守れ」「機動隊が入れられてけしからん」とか、そういう感じじゃないですかね。〔私自身は〕そんなに政治的に成熟してたわけじゃないから、むしろ無知だったほうだから、みんな怒ってるし、やっぱりそれは大きな事が起きたんだろうなぐらいの意識じゃないですかね。

■クラス討論をつうじて意識が進化した

――そうすると、一九六八年夏ごろは、例えば医学部の学生処分問題やインターン制度の問題はどういうふうに見ていたんですか？

熊本　もちろん議論では出ますよね。だんだん知識が増えてきて、意識もだんだん深まる。一日一日成長してるっていう実感はありますよね。集団として成長するわけです。医学部処分問題を知れば知るほど、あるいは国大協路線を知れば知るほど、大学の自治にたいして機動隊が導入されたことに反発したけれども、自治なんていうのはなかったんじゃないか。そういうふうに自然に意識が進化しますから。面白かったですよね。ほんとにあれを経験してよかったですよ。毎日毎日みんなが成長してるっていう実感がありますよね。

〔留年していた民青の活動家がクラスを主導していたのは〕一〇月ごろまででした。セクトに入ったクラスメイトはいないですね。そういう意味ではノンポリっていうかノンセクトの学生ばっかり。

一二月ごろからかなあ、私はフロントと青ヘル(9)とからは、下宿に勧誘の電話がありました、かける人が下っ端から始まって、だんだん幹部になってくんですよ。もう、しょっちゅう〔電話がかかってきました〕。私、集団に拘束されるのはあんまり好きじゃなかったから、断って。フロントの自治会副委員長からもありました。彼とはのちに〔工学部の〕都市工でいっしょになりましたけど。

やっぱり東大闘争は二つの質が両方あったと思いますね。セクトの人はどっちかというと政治闘争と位置づけるし、私たちみたいなノンセクトとか〔教員の〕折原〔浩〕さんたちは学問のあり方とか、いわば実存的な〔闘争をしている〕。両方あったと思います。〔私は〕どっちかというと実存的です。私は、当時は安保とかはあんまり関心はなかった。いまは政治的な関心（あれ）も入ってますけれど。当時はほとんどないです。セクトのほうははっきりしてますよ。七〇年安保に向けて大学を拠点にするんだっていう発想でしょ。まあ、占拠しててずっと持続できるわけないし、ちょっとそのへんは子どもじみてるなっていうふうには思ってましたけど。だから、セクトの人たちとはあんまり合わない。やっぱり発想〔が違う〕。

――自分たちのビラはどんどん書いた?

熊本　もちろん。正常化に入る〔一九六九年春〕ころでしょうか、私も何度も書いて撒いたことあります。〔セクトのビラは〕もらうことはもらったと思います。どれぐらい理解してたか、特殊用語が多いからわかりませんけど、いちおう。〔セクトのビラは〕だいたい実存派じゃなくて政治派のビラですよね。だから、ちゃんと熟読してたかどうかわからないけど、いちおうもらってました。突き返すようなことはしてない。

討論では〔セクトにも〕みんなけっこう影響受けてますけどね。討論の場合にはあんな紋切り型じゃないですから。「批判こそ連帯の証である」とか、昨日までの認識からガラッと変われるようなところありますから、討論通じて学ぶことはいっぱいあります。ビラ読んで〔セクトから〕学ぶっていうのはあんまりないんですね。

■民青支持からクラス連合へ、そして全共闘へ

熊本　〔一九六八年夏は〕私、台湾と香港に初めての海外旅行に〔行きました〕。おじさんが貿易やってたもんだから、連れてってくれただけです。十日か二週間ぐらいだったのかな。全然運動とは関係ない。そういえば、スポーツ愛好会の合宿にも行った。長野でやりましたけど。

――六八年秋に、クラスでクラス連合に加盟したのはどういう経緯だったんですか?

熊本　やっぱり、民青に洗脳されてるから、〔全共闘は〕暴力学生っていう意識もあるし。うん。だけど、やっぱり民青はちょっとヤだなという気持ちになってくるから、そうすると〔入るのは〕第三勢力として台頭したクラス連合ぐらいですよね。〔クラスのなかで全共闘を支持する声は〕あんまりないけど、ひとりずっと意見言わなかった人が、みんなが「発言してくれ」「意見聞かしてくれ」って言ったときに、とってもラディカルな意見を言い出してびっくりしたことは、記憶はあります。その人がのちには私とともに長く全共闘側で関わることになるんですけど。〔教養学部理科Ⅰ類のクラスを集めてつくられた〕SＩ闘なんかも彼といっしょに出たり。〔クラス連合の主張は〕けっこうまともですよ。〔全共闘の七項目

要求は〕だいたい支持してたんじゃないですかね。駒場でも大変な勢力持つし。だからこそ、民青はクラス連合を利用したわけですよね。結局〔クラス連合は一九六九年一月一〇日の〕秩父宮ラグビー場の七学部集会[10]に出るわけです。

とくにリーダーの牛久保秀樹さんの演説はうまかった。全然活動家らしくないから、けっこう支持されてましたよね。だから、民青や全共闘からも牛久保さん中心に攻撃されてましたよね。私、とくに牛久保さんと親しくなって。私が全共闘のほうに移って、彼ずっと駒場の正門前で演説やるわけですよね。そのとき全共闘を非難する。そこに私が登校して、通りかかるでしょ。そしたら、だいたい私を呼び止めて討論になるんです。

〔七学部集会の〕直前に、法文二号館の地下で〔集まったんですが、そこにいたのは〕民青とクラ連と七学部集会の代表団かなあ。あそこには出て、私は報告しました。そのときに〔本郷キャンパスで組織されたストライキ反対派の有志連合の〕町村信孝なんかも見たと思います。〔一九六九年一月一八・一九日の〕安田講堂〔攻防戦〕の直前まで私、そっちのほうにいたんだから。でも、集会でもうかなり嫌になっちゃったですけどね。私〔集会には〕行ってませんよ。だって、いやだったもん、あんなかたちで収束するのが。

七項目要求を大学執行部が飲んで、〔医学部や文学部の学生〕処分が撤回され〔たらいいということ〕は考えてたんだけども、秩父宮ラグビー場みたいに、機動隊に守られてやるとは思ってないですから。機動隊導入を契機として燃え上がった運動が機動隊に守られて大学側と手を打つっていうのはおかしな話ですからね。そういうのは想定してない。

で、一八・一九〔の安田講堂攻防戦〕で、もう決裂。クラ連はやめました。〔この日は〕本郷のあたりウロウロしてました。〔キャンパスに〕入れないから。やっぱり、なるべく近いところにいてっていう感じで。怒り、ありましたよね。

――クラス連合をやめるときは、クラスのなかは団結してたんですか?

熊本　うん、なかでは〔揉めませんでした〕。でも、全共闘になったら、クラス単位〔で行動する〕という感じはあんまりないです。代議員大会になったら全共闘系でハチゼロで参加してましたけどね。

――クラスのなかではどういうポジションだったんですか？　リーダー？

熊本　秋ぐらいから〔代議員に選ばれるようになって〕六九年もだいたいずっと〔代議員をやりました〕。まあ、なんとなくそのころには、そんな感じで。私が〔意見や提案を〕言うとほぼ通るっていう感じになっちゃった。〔代議員に選ばれるときの〕票数もだいたい一番多くて。だから、〔クラスとしてクラ連に入っていたときには〕クラ連でもう全部〔代議員を〕握っちゃって。で、私が全共闘主義になったら、だいたいハチゼロで全共闘。ほかのメンバーは変わったりするんですけどね。〔教養学部で〕全共闘の一番強いクラスになっちゃった。だから、〔一九六九年三月の授業再開後に起きた、東大全共闘派による授業再開反対、試験強行反対の運動でも〕授業も止められるんですよ。そういう意味で、クラスのなかで苦労したっていう覚え、あんまりないです。

授業までは止められたんだけど、試験強行〔阻止〕までは無理です。試験も少しやったかもしれませんが、ほとんどレポート〔に切り替わって、そうすると止めるのは無理でした〕。〔授業を止めるには〕討論するんですよ。「先生はどう思われますか」っていうようなことから始めて。大変でしたよ。〔それをクラスの授業〕全部やるんです。語学も全部。大教室の法学とかは潰してない。一回目、二回目は楽ですよ。三回目、四回目になると、おんなじことになるでしょ。だから、難しいんです。でも結局、四回か五回は止めたんじゃないですかね。

都市工に進学してからも、建築といっしょのクラスがあったけど、我々二つの学科でストライキ打ったりして、けっこう潰してました。都市工は全共闘が強い学科だったから進学したっていう同級生（の）もけっこういて。〔学年〕50何人中30人ぐらい全共闘系だったですから。

――いわゆるゲバルトとか暴力なんかについてはどういうお考えを持ってました？

熊本　当初は、暴力学生けしからんっていう、民青の意識ぐらいですよね。でも、そのうちに民青のほうがよっぽど暴力的だという〔ことがわかってくる〕。私、一一月に総合図書館前の衝突（あれ）[11]に参加するんですよ。〔そのころには〕クラス連合入ってたと思いますね。最初、三つのクラスで連合するんだけども。私のところが四つめか五つめです。

〔クラス〕連合と民青は連携関係にあったので、私がいたのは〕民青側で〔図書館を〕防衛する〔ほうです〕。それで、私のすぐそこ、1〜2メートルのところにいた人が消火器かなんか投げられて、頭蓋骨陥没ですよ。私だって被害者になった可能性はあったわけです。〔民青は〕うまいんですよ。あの日、奥に都学連が来てたんです。民青のやりかたは、そういう人は中に〔隠してお〕いて、一般学生を煽って最前線に立たせるんです。〔最前線の学生は〕暴力受けるでしょ。そうすると、民青の強固な活動家になるでしょ。それを狙ってるわけですよ。そういうことがつきあってるとだんだんわかってくる。

全共闘側は違うんですよ。私自身はゲバ棒持ったりしたことないんだけども、かれらは、自分たちでワーッと行っちゃうんです。石投げるときも。私が躊躇してるあいだにもう行っちゃう。だから、巻き込むっていうことは一切やらないんですよね。こっちのほうがフェアなんです、やりかたが。ですが、思想は変わり得るんで、思想の異なる相手を肉体的に傷つけることには、ずっと抵抗感はありました。

■連続シンポジウム「闘争と学問」

熊本　連続シンポジウム「闘争と学問」が始まったのは六九年の一一月二五日からでしょ。あのときまでは〔連続シンポを主催していた教養学部教官の折原浩や最首悟とは〕つき合いないですね。〔最初は〕立看（それ）見て行っただけです。やっぱり悩んでたから。もう、正常化のなかに埋没しちゃって、ずっと授業受けてるわけです。でも、東大闘争のことをずっと引きずりながらやってたから、ありがたいと思って。実験なんかもありましたけど、予習もちゃんとして、早く終わらせるためにぱっぱとやっちゃって、すぐ〔シンポに〕行ってました。最後のほうだって月に三〜四回ぐらいやってたんじゃないですかねぇ。

——とくに印象に残ってる回ってありますか？

熊本　いくつも覚えてます。大変感銘を受けたのもあるし。とくにひとつは〔選べません〕。出席率はけっこう高かったと思います。一年ぐらいたってからは〔裏方にまわって〕ビラ配りから立て看から、ほとんど一人でやってました。だから、本郷で授業受ける時間的な余裕もないです。

——テーマを決めたり講師を決めるのは誰なんですか？

熊本　それは〔教員だった〕西村〔秀夫〕さんや折原さんや最首さんや。こっちから提案するってことはないですよね。ほとんど毎日のように通ってましたから、あれが私の学生生活みたいなもんですね。

〔参加者は〕最初はいっぱい来ますけど、やっぱりだんだん減りますよね。社会人もいっぱい来ます。〔最後は〕学内からは少ないですね。多いときは50人ぐらいから100人のあいだぐらい来てたと思いますけど。だけど、〔それまで大学執行部と教養学部教授会の態度・方針を批判して授業再開を拒否していた〕折原さんが〔一九七二年に〕授業再開されてから、存在意義がもうひとつ薄まりますから、終わりましたよね。

——折原さんが授業を再開していくのは自然に受け止めたんですか？

熊本　まあ、もう〔そういうタイミングだと自然に受け止めました〕。今から思うと、私、正常化に屈服して、レポート出して〔工学部に〕進学してるじゃないですか。折原さん〔は授業を〕拒否してる。その負い目みたいなものはあったんだと思います。一学生がそこまで感じる必要はなかったと思いますけども。だから、再開されることに、むしろほっとしました。

〔そのころから関心を持ち始めた〕都市問題というのは、いわゆる公害問題です。当時、水俣病なんかの問題がウワッと出てきてましたから。チッソ前の座り込みなんかもありましたし。社会的に大問題になってました。数学やりたくて〔東大に〕入ったんだけども、他方でやっぱり、社会的な関心はあったから。〔教養学部から工学部に進学するときに〕数学科に進むか都市工に進むかちょっと迷いはしたんですけど、都市工に進んでよかったと思います。でも、私、化学なんか好きじゃないから、衛生工学ではなくて〔都市〕計画コースのほうに籍を置いて、それで社会科学やなんか〔の授業〕で単位取ったんです。

——工学部や大学院に進学したあと、都市工学の先生と学生の関係はどうだったんですか？

熊本　工学部に進学しても半年間は駒場で授業を受けるんですが、駒場では共に運動に取り組んでいた仲間も半年後に本郷キャンパスに移るとほとんど就職モードに入ってしまいました。私は連続シンポの事務で駒場に行くのでほとんど授業には出ないし。ときどき書類にサインしてもらったりするんで、指導教官に会う必要ありますけど、だいたい研究室行っても二〜三分ですかね。そんなもんです。人柄は悪くないから、私が全共闘系である、住民運動のサポートやってるってことで弾圧するようなことは全然ない。「お前がやってるようなことをやめたら、お前でなくなるからやれ」って言うんですよ。でも、「だから、世話できん」って言うよりはいいですよね。だから、関係はよかったです。

でも、〔大学院生時代には〕そう言いながらも世話してくれたことあるんですよ。ある研究所、世話してくれたから、行ったんです。事務局長みたいな人がいて、面接して。「二～三日後の理事会で諮りますけど、決まったも同然です。理事会後にまた連絡します」と。だけど、〔後日〕電話したら、「とても貴重なことをやっておられますけども、理事会でダメになりました」。志布志の支援やってたから、それがばれたんでしょう。調べたらすぐわかったみたい。「理由はなんですか」って聞いたけど、一切喋らない。「貴重なことをやっておられます」と、そればっかり。

■志布志の運動のなかで法律に詳しくなった

――大学院を出てからどうやって食べてたんですか？

熊本　ある研究所があって、そこを角川浩二さんというスポーツ愛好会の一年上の先輩が紹介してくれたんです。その人も土木の大学院で全共闘で、〔私の〕思想もよく知ってて。「そこにいる人は理解してくれる人だから」って。そこへ行って、調査なんか引き受けてやってたんですよ。それで年収２００万〔円〕ぐらいになったことはあります。調査引き受けて、埋め立て〔計画を〕潰したこともあります。明らかに埋め立てするための前段の調査で、委員会の場で討論交わして、全部論破して。そこで妥協するっていうことはやってません。調査を引き受けたのは、やっぱり稼がなきゃいけないから。

志布志に行きだしたのが七六年です。八〇年ごろになったら、もう年に20回ぐらい行ってましたから、そうすると調査を引き受ける余裕はない。〔年に〕２００万ぐらい稼いでたときの蓄えで、なんとか食いつないでて。途中から非常勤講師は収入少ないっていうことを知ってる人が助言してくれて、県総評が飛行機代だけは出してくれるようになったから、年20回ぐらい行けたんですけどね。

〔非常勤講師は〕八〇年ごろから二つの大学〔でやっていました〕。だけど、非常勤って〔給料〕低いでしょ。だから、年収40万が二回続いて。〔志布志から〕帰れば親と喧嘩だし、でも、電話がかかると「やれ」って言うし。それで助かってましたけど。志布志だけはちゃんとやりとおせば、あとはもう妥協して生きてもいいと思ってました。やっぱり人間関係というか、がんばっている地元の漁民の人たちとも知り合いになるし、それにたいして県や国のやりかたがひどすぎる。義憤ですよね。

〔地元の人たちと〕つき合って、だんだん質問されるんです。「これ、調べてくれないか」とか。それやってるうちにだんだんだん、法律に詳しくなっていったんです。往復運動やんないと貢献できないんですよね。ずっと向こうに住んだってダメなんです。〔東京に〕持ち帰っては調べて、成果を〔志布志に〕持ち帰るというふうにしないとね。地を這うような調査をやって。最後のほうなんか、私が情報ほとんど持ってるから、県議会でも国会でも全部質問つくって。記者会見も、〔運動組織の〕会長さんから一言挨拶してもらって、あとはみんな私が受け答えする。そういうふうになっちゃった。しまったと思いましたけどね。一番大事なときに一番必死な顔になってるの私だから〔笑い〕。やっぱり地元の人にもっと負担かけなきゃいけなかったと思いましたけど。

志布志湾住民運動の中心になっていた公害反対連絡協議会から月給を出してくれるという話も二回あったんだけど、断ったんです。どうしてかというと、それをもらっちゃうと、余計なこと考えちゃうから。例えば、こんなにやってるのに10万〔円〕じゃ足りないとか、10万もらってるのにこれぐらいでいいだろうかとか、金銭と比較して余計なこと考えるようになるでしょ。それ嫌だったから断って。でも、一番必死な顔してるの私だから、もうちょっと負担してもらったほうがよかったかなとも思いましたけどね。だから、それ以降の方針は私も身銭切るけど、地元の人にも切ってもらう。例えば実費はいったん出してもらって、そこからカンパするという原則でなるべくやってます。

それで、最後の親孝行のつもりで博士論文は書こうって言って〔親と〕約束したあと、〔一九八五年に大学教員の〕就職の話が舞い込んで。〔博論は〕約束したからしょうがない、書きました。〔博士号は東大の〕都市工でとりました。

〔大学教員になってから科研費は〕もらいたいとも思わないし、私みたいなものにくれるわけないし、申請したこともない。〔大学で教えているのは〕環境生態学と環境経済論。自然科学と社会科学の両方をやらなきゃいけなくて、負担は大変なんだけど、結果的には、総合的な視点をずっと持っててよかったんだと思います。一番専門性が高いのは漁業法、公有水面埋立法。法律でいかに埋立て、ダム、原発を止めるかという点です。20あまりの埋立事業等を止めてきましたが、今も上関原発を法律論で止めています。「学問とは何か」を問うて「新しい学問」をめざしてきたら、そういうスタイルになったということです。

しかし、そこを講義で話したらそれこそ学生ゼロになっちゃうから。一時間くらい要約を話すことはあっても、詳しくは話しません。もっとみんなが関心持てるような、ゴミ問題とか水問題といった話をします。

（2013年12月28日午後、東京・新宿の喫茶店にて。聞き手：小杉亮子・福岡安則）

注

（1）聞き取りを原稿化するにあたっては、読みやすさを考え、聞き手による質問や相づちを一部省略した。あわせて、言葉の繰り返し、口語特有の言い回しや淀み、意味が通らない表現などを省略し、語順を入れ替えるなどの編集を加えた。文中の〔 〕は小杉による補筆を表している。また、内容がわかりにくい表現は実際に話された語句をルビにし、小杉が文脈から推定した語句に変えた。なお、東大闘争にかんする拙著（小杉 2018）では、熊本はUとして言及されている。

（2）一九三一年六月、東京帝国大学法学部では、学生による食堂のデモや、集会の自由や学生消費組合公認などを主張して授業の中止を求めた学生による教官締め出し事件などが相次いだ。これによって、中心にいたと思われる法学部緑会委員三四名の解任、さらにそのうち二五名にたいして放校や停学などの処分が下され

た（『東京朝日新聞』1931.7.10朝刊、『読売新聞』1931.11.11朝刊）。

（3）平賀粛学は、一九三九年に東京帝国大学経済学部で起きた事件。背景には、一九三七年の矢内原忠雄事件（経済学部教授だった矢内原が、日本の軍国主義を批判した『国家の理想』を発表し、全面削除されたうえ、辞職に追い込まれた）や、経済学部の大内兵衛教授、有沢広巳・脇村義太郎両助教授の治安維持法違反による検挙・休職、一九三八年の河合栄治郎教授の著書四冊の発売禁止処分といった、思想弾圧事件があった。これに並行して、河合栄治郎と国家主義派だった土方成美教授が対立を深めてもいた。その結果、一九三九年一月に、平賀譲総長が河合・土方両教授を休職処分とした。これにたいし、両派閥の教授らが、学部の自治と思想の自由に介入したとして辞表を提出する事態に展開した（大和・中村 2020: 210-2）。

（4）志布志は、志布志湾開発計画に反対した住民運動を指す。九州南部に位置する志布志湾は、一九六九年の新全国総合開発計画において、大規模工業基地の候補地のひとつに指定され、志布志湾開発計画が持ち上がった。これに呼応して鹿児島県は、一九七一年に石油コンビナートの誘致などを含んだ「新大隅開発計画一次試案」、一九七六年に国家石油備蓄基地建設などの「新大隅開発計画（案）」を発表していった。これらの開発計画にたいして、志布志湾沿いのすべての市町で反対組織が結成され、活発な住民運動が展開された。

（5）東大地震研究所では、常勤職員としての雇用などを求めて交渉した臨時職員の石川良宣にたいする研究所側の横暴な態度をきっかけに、一九七〇年から臨時職員の不安定な身分を解消し待遇改善を求める運動が起きていた。東大全共闘派の学生たちが多く支援した。この時期の東大では、ほかの研究所などでも臨時職員の待遇改善を求める運動が起きていた。ロックアウトとは、闘争が起きた建物を大学当局側が封鎖し、学生などが入れないようにすること。

（6）土本典昭（1928～2008）は、記録映画作家。水俣病問題をテーマにした一連の自主制作映画で知られる。

（7）滝田修（1940～）は、ドイツ社会思想史の研究者で、一九六九年京大闘争が始まると助手の立場から参加し、学生から強い支持を受けた。本名竹本信弘。

（8）東大闘争は、ベトナム反戦運動と連動しつつ、無資格無給での卒業後研修を義務づけるインターン制度にたいする医学部生たちの反対運動から始まった。一九六八年当時、インターン制度は厚生省によって登録医制度への衣替えが提案されていたが、問題点が改善されていなかったことから、東大では同年一月に医学部全四学年が登録医制度への反対表明などを医学部教授会に求めて、ストライキを開始した。これにたいし医学部教授会は、反対運動に従事していた学生・研修生にたいする大規模な処分をおこなった。これは、処分事由となった事件の現場にいなかった者までが被処分者に含まれるという、杜撰な処分でもあった。医学部生たちは抗議のために本郷キャンパスの安田講堂を占拠したが、医学部教授会や東大執行部は対話に応じず、一九六八年六月一七日に機動隊を学内に導入した。これをきっかけに、抗議活動が一気に全学化していった。

六月二〇日に全学で一日ストが実施され、その後は文学部を皮切りに、六月から一〇月初旬にかけ、全一〇学部の学生たちが続々と無期限ストライキに入る事態となった。七月はじめには、学生たちが安田講堂を再占拠するとともに、東大全共闘が結成された。東大全共闘は大学執行部にたいし、医学部処分白紙撤回、機動隊導入自己批判などの「七項目要求」の実現を求めた。

民青系学生も独自の「四項目要求」を掲げて、機動隊導入や医学部処分を批判し、大学執行部にたいして異議申立てをおこなっていた。しかし、一九六八年一一月にストライキの長期化を危惧した日本共産党が介入し、指導を受けた東大の民青系学生たちは、大学執行部との交渉をとおした制度的妥結とストライキ終結をめざして動いていくことになる（小杉 2018）。

（9）青ヘルは、社青同解放派のこと。

（10）一九六八年冬以降、東大全共闘と民青の対立は、物理的衝突を伴いながら激化した。一九六九年はじめには、民青系学生とストライキ終結を求める学生たちが連携して一〇学部のうち七学部の代表者から構成される統一代表団を結成するにいたった。そして、一九六九年一月一〇日に、大学執行部と統一代表団が秩父宮ラグビー場で「十項目確認書」を取り交わし、前後して各学部でストライキが解除されていった。これによって、東大全共闘は制度的には敗北に追い込まれることになった（小杉 2018）。

（11）一九六八年一一月、大学執行部が七項目要求をめぐる全学大衆団交を受け入れる様子がないことから、東大全共闘は、それまで個別に各建物を占拠・封鎖していたのにたいし、これ以降は全学の建物の封鎖と占拠をおこなう「全学バリケード封鎖」を方針として打ち出した。東大全共闘は、全学封鎖の最初の対象として本郷キャンパスの総合図書館を選び、一一月一二日に封鎖を試みた。これを阻止しようとした民青系学生たちと全共闘派学生とのあいだで、図書館前でゲバ棒や投石などを用いた大きな衝突が起きた（小杉 2018: 222-3）。

参考文献

小杉亮子（2018）『東大闘争の語り――社会運動の予示と戦略』新曜社

大和裕幸・中村覚（2020）「平賀譲における造船学と粛学のあいだ」吉見俊哉・森本祥子編『東大という思想――群像としての近代知』東京大学出版会：203-26.

【社会運動アーカイブズ　インタビュー】

杉山　弘さん（「ネットワーク・市民アーカイブ」運営委員）

アーカイブズをつくり育てる市民運動

「市民アーカイブ多摩」は、東京・北多摩に位置する玉川上水駅（西武鉄道・多摩モノレール）を降り、畑と住宅の小道を進んだ先にある小さな森の一角に置かれている。二〇一九年四月の『社会運動史研究1』合評会（『社会運動史研究2』所収）に「市民活動資料」に詳しい平川千宏さんが来られ、「市民」自身がつくり出し維持・運営しているアーカイブズとして紹介された。果たして「市民アーカイブ」とはどのようなものなのか。運営主体である「ネットワーク・市民アーカイブ」設立時に代表も務めた杉山弘さんにお話をうかがった。（聞き手：大野光明・小杉亮子・松井隆志）

■東京都の「市民活動資料」を引き継ぐ

――まず、市民アーカイブ多摩の概要を教えてください。

杉山　二〇一四年に開設され、今年で七年目になります。資料は、ミニコミタイトル数1800、約5万点の他に未整理ミニコミやチラシなどを所蔵しています。開館は毎週水曜日と第二・第四土曜日、年間の開館日数は二〇一九年度は71日でした。年3回、『アーカイブ通信』（以下、『通信』）というニューズレターを発行し、会員に届けています。

杉山弘さん。市民アーカイブ多摩にて

管理主体は「ネットワーク・市民アーカイブ」（以下、NT・市民アーカイブ）という任意団体で、現在運営委員が9人。そのうち施設としての市民アーカイブ多摩の開館業務に関わっている者が5人で、開館日に2人ずつ当番に入るので、一人あたり月2～4回通うことになります。それ以外にボランティアが全部で4人、資料整理などを一緒にやっています。

運営委員には交通費が出ますが、運営委員もボランティアも無償で活動しています。年間の予算が毎年約百万円前後で、工夫をして出費を抑えています。収入は、6割が会費収入です。会員が約16

0名、そのうち正会員が約60名。事業収入は、催しの参加費や資料代実費などで少額です。残りを寄付や助成金で賄っています。昨年度は、これまでの歩みをまとめた冊子『ようこそ！　市民アーカイブ多摩へ』（以下、『ようこそ！』）を、寄付や助成金を受けることで、発行できました。これまで赤字は出さずにやってこれましたが、これからは基金を取り崩さざるをえないかもしれません。

——所蔵資料について詳しく教えてください。

杉山　ぼくたちが資料保存を始めた資料は、もともと東京都立多摩社会教育会館（立川市）の「市民活動サービスコーナー」（以下、市民活動ＳＣ）が収集していたものでした。市民活動ＳＣは、市民団体の支援を目的とした事業ですから、さまざまな市民団体や市民グループ発行のミニコミなどを収集していました。ぼくは利用者の立場でしたから、内部事情はよく知りませんが、たとえば「こういうテーマにふさわしい講師を紹介してほしい」といった市民からの要望に、そのミニコミを活用して対応していたそうです。資料の収集・保存は、市民活動ＳＣの事業の三本柱の一つでした。

市民アーカイブ多摩が所蔵するミニコミ等の資料

　その資料群をわれわれは引き継ぎました。政治的な、あるいは社会的・地域的な目的を持った市民団体やＮＰＯの発行物が多いのですが、公民館や図書館、博物館などの発行物、さらに自治体史など行政が発行したものも含まれています。

——一九七二年に革新都政下で始まった市民活動ＳＣが、石原都政の二〇〇二年に廃止される。それが市民アーカイブ多摩の端緒になるわけですね。

杉山　二〇〇六年にＮＴ・市民アーカイブの前身である「市民活動資料・情報センターをつくる会」（以下、センターをつくる会）が始まりますが、その前に「市民活動サポートセンター・アンティ多摩」（以下、アンティ）の活動がありました。

　東京都のなかで市民活動ＳＣの廃止が取りざたされるようになると、職員や利用者から動きが出てきます。職員の雇い止めと資料群のゆくえが問題となるわけです。廃止がもはや撤回できない情勢となった後、まずはお膝元の立川市と交渉して資料の移管を働きかけます。結果的に、立川市は一時的に資料を廃校で預かってくれたのですが、資料室のような形での保存は実現しませんでした。その過程で、公民館資料など社会教育関係のものは和光大学などに分散して移管しました。可能な限り、他機関などに引き受けてもらい、できるだけスリム化しましたが、ミニコミが５００箱残った。それが、あとでお話するように、最終的には法政大学に行きました。

　この辺りから、元職員たちが市民活動ＳＣの事業を自分たちで継続する意味もあってアンティをつくっていました。この当事者が、山家利子さんや田中幹子さん、今も市民アーカイブ多摩の運営委員を務めている江頭晃子さんです。「市民活動資料は現在進行形で収集しておかないと、過去のものは集められない。だから、細々とだけれど、アンティでも新規資料の収集を続けた」と、江頭さんは語っています。

——民間で資料の収集を続けるというのは、大きな決断だったと思います。アンティ多摩が新規に収集した資料はどこで保管していたのですか。

杉山　市民活動支援センター・アンティ多摩は、その名の通り市民活動支援が本業です。NT・市民アーカイブもアンティに事務局を委託しています。しかし最初の頃は、現在の市民アーカイブ多摩はまだ形をなしていないわけで、アンティが自前でアパートの一室を借り、そこに資料を並べて「ミニコミ広場」として開いていた時代がありました。

センターをつくる会は、アンティが中心になり、ミニコミの発行者や社会運動の研究者、博物館・図書館の関係者に呼びかけ、事態打開のために結成されました。ぼくもそのタイミングで関わりました。今の運営委員の半分くらいがこの時から参加している人たちです。

■試行錯誤の連続

杉山　ぼくは市民活動SCの利用者だったので、廃止の問題は早い時期から知っていました。その頃は町田市立自由民権資料館に勤務していたので、声をかけられたのは資料館関係者ということもあるかもしれません。

センターをつくる会の結成は二〇〇六年。一方、SC廃止は二〇〇二年で、すでに四年経っています。先ほど触れたようにこの間にもいろいろ手探りをしていた。結成後も手探りは続きます。自前の資料センターを開設するか、それとも他の機関に移管するのか、両睨みで進まざるをえなかった。メンバーで手分けをして、自治体や大学、さらには私企業などの情報を集め、実際に訪ねたりもしました。なかなか色よい返事はもらえず気が重かったです。ただその両睨みが結果として功を奏する。

一つは、当時法政大学に「サスティナビリティ研究機構　環境アーカイブズ」というプロジェクトができ、運営委員の一人、平川千宏さんがそのプロジェクトリーダーと出会ったことがきっかけでした。市民活動資料の移管が持ちかけられたのですが、そのプロジェクトは立ち上がったばかりで、収蔵する資料を探していたのだろうと思います。

センターをつくる会では、「環境アーカイブズ」の目的と自分たちの目的が合致しているのかどうか、あるいは大学とセンターをつくる会との協働が実現できるか、さらには市民が利用する利便が損なわれないかなど、さまざまな論点をくり返し議論しましたが、最終的には、市民活動SCからの500箱を法政大学に移管することを決定しました。

もう一つは、現在の市民アーカイブ多摩があるスペースを使えるという話でした。アンティとつながりのあった緑地保全の活動をしているNPOからでした。当初はアンティが「ミニコミ広場」を開きましたが、センターをつくる会が主体となり施設をつくり運営していくという方針が確認されると、市民アーカイブ多摩として使わせてもらえることになりました。

結果としては、市民活動SC時代の資料は法政大学に行き、SCが廃止された二〇〇二年から市民アーカイブ多摩が開室する二〇一四年までの一二年間にアンティが収集していた資料が、現在ここに収蔵されています。そして開室以降の六年間にも資料はどんどん増えて、現在の1800タイトル5万点になったわけです。アンティ多摩のやったことは、一見すると「つなぎ」のようですが、それだけではない重要な役割を果たしていると思います。

――『ようこそ!』の編集後記に「迷いがあった「アーカイブ」という名前ですが、つけてよかった!」と書いている方がいました。設立時に、名称についての議論があったということですか。

杉山　開設の半年ほど前に、新しく始めるこの施設になんという名前をつけるか、議論になりました。「市民活動資料・情報センター」をつくる会」がつくるのだから、「市民活動資料・情報センター」と名づければよいのではないか、という意見もありましたし、それだとちょっと長いという意見も出ました。ほかにも「ミニコミ図書室」というアイデアもあった。二〇一四年にあって、「アーカイブ」あるいは「アーカイブズ」という言葉が持っていた響きは、二〇二〇年における響きとはかなり違っていたと思うんですね。端的にいうと、認知されていなかった。そのため、アーカイブズと名乗ることへの躊躇があったんです。最終的には、センターをつくる会にアーカイブズ学の研究者がいて、「アーカイブズと名乗ったほうが、むしろ名は体を表すということになるはず」と先を見通した意見を述べて、ぼくも「市民アーカイブ多摩」という名前に賛成したと記憶しています。

■市民アーカイブ多摩の個性

杉山　ぼくは、市民アーカイブ多摩の特筆すべき点は、市民が資料を収集し、公開も市民がやっているというところにあると思っています。図書館や博物館、資料館などの公共施設の運用に照らすとその違いが明らかですが、市民アーカイブ多摩には、司書や学芸員、アーキビストといった役職や分担がありません。メンバーには、運動当事者がいますし、また司書、学芸員の仕事をしている者もいますが、まずはみんなが市民であるわけで、それぞれの経験・知識や想像力を駆使しながら、一市民として利用者対応していこうというのが、市民アーカイブ多摩の基本姿勢です。方針として明言してはいませんが、利用者対応を特定の者や役職にまかせようという発想はありません。

『ようこそ!』を刊行して以来、資料閲覧に来られる方が増えていて、ぼくたちが特定の資料を探す機会や、当たりをつけるような場面が増しています。今後は、ぼくたちがいわゆるレファレンス力をどのように向上させていけるのかが、課題です。

――役割を特化して態勢を強化しようという発想はとらないということですか。

杉山　まだ利用者がそれほど多くないこともありますが、特定のレファレンス担当者を置くのではなく、お互いに情報交換しながら、来館者も一緒に、相談しながら資料を探していくという形が、今は定着しているし、そうしたやり方が、市民アーカイブ多摩にはふさわしいと、ぼくは考えています。

一方、市民による運営には、財政面での困難がつきまとっていて、それはスペースの問題でもあります。現状では、もはや収まらなくなった資料を別置できるスペースの提供を、近く募ろうと話しています。

――現在は、資料収集はどういう方法や方針をとっているのでしょうか。

杉山　発行者に送っていただくか、運営委員や利用者宛てに届いている通信・ミニコミを、まとめて市民アーカイブ多摩に持ち込んでもらうのが中心です。こちらから「最近届いていないので送ってください」とアプローチするまでは手がまわりません。また、ホームページなどで公開している所蔵資料目録のアップデートや収蔵している号数の表示もできていません。

現在のように収集方針の定まらないまま続けていくのは、スペースの点からしても限界があり、そろそろ収集方針を明確にすべきなのですが、できるだけ広く収集したほうがいいか限定すべきかで議論の幅があって、方針を定められないまま棚上げになっています。

――『通信』16号に載っていた、日本近現代史研究者の瀬畑源さんによる、「記録・アーカイブする意味」と題された講演の記録を読みました。瀬畑さんは、必ずしもすべてを行政には任せられないという話をされていました。お金と意思は必要ですが、それが続く限りは自分たちでやったほうが自由度が高いわけですよね。

杉山　そうですね。ぼくの前の職場だった自由民権資料館は町田市の公共施設ですが、来館される市民がつよい共感を持ってくださったとしても、資料館への参加は「協力」どまりになりますよね。一方、市民アーカイブ多摩の場合、参加したいと思えば参加できてしまう。自由度が決定的に違います。もちろん条件はありますが、運営委員になって運営に参加することも可能です。

ネットワーク・市民アーカイブ『ようこそ！　市民アーカイブ多摩へ』2020年

――ちなみにいま触れた『通信』も冊子『ようこそ！』も大変完成度が高い。真面目に編集会議もしているということですが、運営委員のみなさんは大変ではないでしょうか。

杉山　大きいメディアに載らないような情報や視点を自分たちから発信していくという趣旨でやっています。もう少しＩＴでの発信を充実させたいとは思いますが、できる範囲でとなると、まずは紙媒体になります。運営委員の増沢航さんや江頭さんが編集の仕事をしていて、ぼくも自由民権資料館に着任する前は出版社にいたので、編集作業はそんなにハードルが高くはありません。ちなみに広報については広報部会があります。その他に企画部会や資料部会がありますし、プロジェクトをつくることもあります。そこに運営委員が分担して入って運営する形です。目下は法人格を取るかどうかを検討する組織基盤プロジェクトが動いています。

――『通信』を読んでいると、かなり多様でタメになる講演会も定期的に開かれていて、まさに一つの運動体として運営しているという印象を受けます。

杉山　やっぱり自分たちから何かを発信しなければ、つまり待ちの姿勢では絶対人は来ないですよね。そこは市民運動をやっている方の感覚と同じでしょう。個々の運営委員もいろいろな運動をやってきているので、その辺はごく自然だと思います。ただ、もう一歩踏み込むかどうかは難しい。情報公開への政権の姿勢があまりにひどく、市民アーカイブ多摩を担うぼくたちも情報に携わる者として看過できない。瀬畑さんの講演も、そういう問題意識からおこないました。そういう時に、NT・市民アーカイブとして声明を出すことも考えられますが。まだそこまで踏み込んだことはないです。

■三里塚との関わりから

――市民アーカイブ多摩について理解を深めるために、運営委員として関わる杉山さんがどのような方なのか、個人の経歴もお聞きしたいのですが。

杉山　大学に入ったのが一九七〇年代半ばです。早稲田大学の学生でしたが、身近なところで内ゲバが起きていました。また、連続企業爆破が七四年ですが、そんな頃に大学に入りました。

千葉県の成田空港予定地に大鉄塔が建ち、それが倒されそうだという情報を耳にしたので、三里塚まで見に行きました。それを機に、三里塚に通うようになりました。そして、無党派の者でも訪ねやすかった労農合宿所という団結小屋で、寝泊まりするようになりました。反対同盟の農民の田んぼや畑の仕事を手伝う援農が性に合って、面白くなり、しばらく労農合宿所で暮らしました。

大学は四年半で卒業しましたが、何を勉強したのかということが自分でもはっきりしないことに気づいて、「ニセ学生」として勉強し直すことにしました。

当時「ニセ学生運動」というのがあったんです。師事したい先生のところに押しかけていって、モグリで授業を聴くという運動です。授業についての情報は、「ニセ学生同盟」という組織から流れてきました。住んでいた府中から国分寺の東京経済大学が近いということもあり、日本史の色川大吉先生の授業にモグラせてもらいました。最初の二年間は大教室の授業、後で三年間ゼミに入れてもらい、計五年ほど一切お金を払わずに授業を受けた（笑）。そこで歴史の見方というか、魅力を教えられました。

その後、自分の暮らす地域にだんだんと目がゆくようになり、地域社会の問題を自分で考えるようになります。その時に手がかりとなる資料群が、市民活動SCにありました。その頃、ぼくが住んでいる府中市に大きな規模の美術館をつくる計画が持ち上がりました。当時はハコモノ行政への批判が盛んにおこなわれていましたが、美術館などの文化施設に反対するのにどういう論理があるのかを調べようと思い、市民活動SCにある通信・ミニコミ類を読みました。すると、多摩地区には美術館がないので東京都の美術館を誘致したいという運動があることを知りました。他方で、ハコモノ批判を主張する市民運動の資料もあって、自分はどういうスタンスをとるかということを考えました。市民活動SCを利用することで、地域社会の問題を自分なりに考えられるようになりました。

経歴をもう少し補足すると、ニセ学生として色川先生のところに通い、歴史学に自分なりの接近をして、その後しばらく大手印刷会社の校正部門にいて、さらに当時太田昌国さんが編集長を務めていた現代企画室という出版社に一二年間いました。そして、さらに自由民権資料館に移り、そこには一八年間いました。

市民アーカイブ多摩に関わることになったきっかけは、自分自身が市民活動SCの利用者だったので、廃止により資料が放り出されることにはきちんと向き合わなければと思ったからです。くわえて、当時は自由民権資料館に勤務していましたが、ここも来館者もそう多くはないし、地域の住民にとってこういう施設（自由民権資料館）がどういう意義や意味があるのか、人びとが何を求めて資料を探すのかということを摑み取りたかったんですね。センターをつくる会や市民アーカイブ多摩はそのための実験の場として見ていたところもあります。資料センターをつくろうとする市民運動の動機や目的を知ることが、自由民権資料館の仕事にも役立つと思っていました。今はむしろ市民アーカイブ多摩が自分の根拠地になりましたが、そんな思いがあって関わりました。

――三里塚への関心と、市民活動SCの利用から生まれてきた現在のような問題意識のあいだには、杉山さんのなかで連続性や断絶はあるのですか。

杉山　小川プロダクションにいた福田克彦さんの『三里塚アンドソイル』（平原社）を読んで、三里塚で支援者として見えていたことや見えなかったことを考えさせられました。たとえば成田用水路の工事計画を、青年行動隊や支援者たちは、強く拒否しました。しかし、いま町田市の小野路という里山で、ぼく自身が田んぼ仕事をするようになってよくわかったのですが、谷戸田での作業はたいへんな重労働で、深い田んぼを乾田にしたいという農民の願いは切実だったと思います。支援者として三里塚にいた時には、成田用水路の計画に乗っかっていくことは「裏切り者」としか思えなかったけれど、『三里塚アンドソイル』を読むと、福田さんはかなり農民の内面に入り込んだ叙述をしていて、そこから見ると「裏切り者」とするだけでは片づかない深い問題があったことがわかる。同じ現場に自分もいたにもかかわらず、見る目が違っていたことに気づかされました。三里塚への関心は今もあり、時々は通いますが、現在は組織を通して眺めるのではなく、自分で資料を読んで考えることを大切にしています。

――お話をうかがっていると杉山さんは社会運動の資料を前提にしているように思えますが、市民活動SC以来の「市民活動資料」というのは、市民運動に限定されないんですよね。「市民活動」という意味では、たとえば囲碁サークルみたいなものも含まれることがあるし、現在の行政はそういう活動こそ「市民活動」とみなそうとしています。公文書のあり方を考えようなどという活動は嫌がっているはずです。

杉山　囲碁サークルの資料であれ、それは現在の市民社会の一端を示すと考えていますが、実際に市民活動SCが集めていたのは、地域の小さなサークル活動から市民運動的なものまで、幅がありました。また、「市民活動」という言葉が、市民運動を脱色・脱臭して言い換えた行政用語ではないか、という指摘も理解できますが、こ

市民アーカイブ多摩「ミニコミ等分類一覧」。所蔵する資料の多彩さを示している

のコロナ禍で少し見方が広がりました。

コロナ禍で公民館や公共施設が使えなくなり、ようやく再開された時に、ある勉強会で借りた会議室の隣で、子どもたちのグループがバレエの稽古をしていました。久しぶりだったようで、みんな嬉々としてやっていました。趣味を楽しむことや遊びが目的だったとしても、すべてが生きていく上で意味があるとはじめて思えたんですね。それらをまとめて「市民活動」と言ってもいいのかなと。概念的にはまだうまく整理できていませんが。

――所蔵資料の一覧を見ているとさまざまな運動体のものがありますが、立地場所が多摩だということからくる特徴はありますか。

杉山　市民アーカイブ多摩では資料収集を多摩に限定していませんし、市民活動SCでも資料の収集対象を多摩や東京エリアに限ったことはありませんでした。ただ館がある場所と人間関係に規定されて、資料収集がおこなわれるので、結果として、多摩地区の資料が多くなっていると思います。多摩地域に固有性があるということは多くの方が語られていますが、今のところ、市民アーカイブ多摩の収蔵資料に即して、多摩の固有性を説明しようとしたことはありません。もっと資料に目をこらせば、おのずと見えてくることがあるのかもしれません。

■「資料」との向き合い方を捉え返す

――市民アーカイブ多摩の資料リストで、私（大野）が子ども時代に住んでいた八王子や日野について調べてみると、資料が多く残されており、そんなに市民運動が盛んな土地だったのかと新鮮な驚きでした。アーカイブズがあることで地図が違って見えてくると思いました。先ほど、アーカイブズとは地域住民にとって歴史資料がどのような意味を持つのかを考える「実験の場」だとおっしゃいました。市民アーカイブ多摩の資料にはどんな意味があるでしょうか。

杉山　実は、ぼくには「何かを実証するための資料」という見方が身についてしまっています。それも資料への向き合い方の一つですが、ここに来られる方にも仲間のスタッフにも、それとは異なる資料の見方をしている人が少なくない。そのことにようやく気づいたところです。

日常生活での問題、たとえば「香害」について悩んでいる方が、自分の感じていることをどう訴えればよいかを考えあぐねて、まずは市民アーカイブ多摩に相談に来られて、その日の当番が「それならばこれを見てみましょう」と提案したことがあります。これはぼくが前提としている、歴史像や社会像を描くためという資料との向き合い方とは違う。また、資料を読むと「面白い」と表現する利用者もいる。この前もあるミニコミのバックナンバーを熱心にご覧になられた方がいたけれど、運動やその思想を明らかにしようとして読んでいたわけではない。詩を読むように、あるいは物語を読むように、ミニコミの中の表現を楽しんでいた。ぼくもまだ十分には理解できていないのですが、何かを実証するための根拠として資料と向き合うのとは違う向き合い方があるということに気づいた。そこをきちんと自覚しないと、市民アーカイブ多摩も先細りだなと思います。

――今の話はとても面白いです。ミニコミで何かを「研究」する場合、収集の基準が明確にあったほうがよい資料だと思えるのですが、ここはSCが自然生成的に収集し始めたものであるためモヤモヤした使い道もわからない「宝箱」のままで、そこにモヤモヤと問いも未分化な状態の人が何かを見つけに来たとも言えますね。

杉山　そのあたりは、ぼくたちも試行錯誤で、運営委員にも、やはり実証的に使える資料のアーカイブにしようという志向の人もいます。しかしそうではない資料への向き合い方がある。そこのところを大切にしていきたい。

――市民アーカイブ多摩の活動は、「必要性の論理」の軸自体を豊かにする可能性を持っているのではないかと感じます。今後どうしていきたいかについて、お聞かせください。

杉山　市民活動資料やそれをアーカイブすることについて、捉え返しをどんどんやっていきたいと思います。そして、やがてはここの資料や組織・施設を誰かに引き継いでいくことも考えなければいけない。現在の運営委員は9人ですが、ぼくが年齢的に真ん中くらいで、年上が半分くらいいる。今後そういうメンバーが離れてゆく時にどうするか。法人格を取るかどうかの検討を軸に、そうした課題に取り組んでいます。

市民運動は、その経過が息長いものであればあるほど、今後にどう引き継いでゆくのかは大きな問題であるはずです。だから、運動を引き継ぐという課題を、市民アーカイブ多摩だけのものとせず、広い場で考えてゆきたいと思います。

一方、先ほどの「何かを実証するための資料」という視点とは別の捉え方を、という議論と逆になりますが、やはり、ここの資料を使って、地域から見た社会運動を論じてゆく必要もあると考えています。その際、できるだけ「市民アーカイブ多摩所蔵」という注記をいっぱいつけたいと思います（笑）。そうすると、読者のなかには、市民アーカイブ多摩に注目してくれる方が出てくるように思うのです。

――最後に、利用者へのメッセージもお願いします。

杉山　大学生や院生、若い人たちに、どんどん来てほしいですね。見学だけでもいいし、卒業論文、修士論文や博士論文の資料探しにも役立つはずです。インターンとして、しばらく通って来ていた学生もいました。ただし、市民アーカイブ多摩の収蔵資料が二〇〇二年以降のものなので、これだけでは使いにくいことも確かです。ここにあるものを自分の目で確認したら、次に法政大学に所蔵されているそれ以前のものも併せて閲覧し、それとの継続性から何かテーマを立ててゆくのがよいと思います。お気軽に、ご相談ください。

また、ご自身がなんらかの活動をされている市民の方々にも、立ち寄っていただきたいです。発行されたものを見せてくださるとか、情報をお寄せいただくなど、大歓迎です。

さらに、この玉川上水の近隣の方々にも、ふらりと寄っていただきたいですね。そのためにも、ここ市民アーカイブ多摩でおこなう催しは、できるだけ工夫を凝らして多彩なものにしてゆこうと思います。

――今回の『社会運動史研究』が無事刊行されたら、新型コロナウイルスで難しい面もありますが、ここを会場にぜひイベントをさせてください。本日は長時間にわたりありがとうございました。

（２０２０年９月５日　市民アーカイブ多摩にて。大野・小杉はオンライン参加。なお、インタビュー中のデータはすべて当時のものである。）

市民アーカイブ多摩

東京都立川市幸町５－96－７
http://www.c-archive.jp/
simin-siryo@nifty.com
開館は毎週水曜日と第２・第４土曜日の午後１～４時。ただし夏期・年末年始の休館や、臨時休館もあるため、事前予約を推奨。利用資格は特になし、入館カンパ１００円以上。複写機材等は現在設置していない。Ｗｅｂサイトでは、記事中で言及されている冊子『ようこそ！市民アーカイブ多摩へ』の購入申込みと、『アーカイブ通信』バックナンバーの閲覧ができる。

なお、記事中にある通り、アーカイブズの施設が「市民アーカイブ多摩」、その運営主体が「ネットワーク・市民アーカイブ」である。

【書評】

糟谷孝幸50周年プロジェクト 編

語り継ぐ1969

糟谷孝幸追悼50年――その生と死

（社会評論社 ２０２０）

箱田 徹

A5判488頁
税別2000円

勇気とはなんだろうか。一九六九年一一月一三日に大阪市内で佐藤訪米阻止扇町闘争に参加した際、機動隊に拘束されたときの激しい暴行が原因で死亡した、岡山大生糟谷孝幸氏（当時二一歳）。氏とかかわりをもつ人びとが中心となり、氏の死から五〇年を契機に編まれた本論集を読みながら、改めて考えさせられた。

本書の中心は糟谷氏が在籍した兵庫県の加古川東高校と岡山大学の同級生や関係者から、氏が当日の隊列に加わった旧共産主義労働者党関係者、真相究明と警察の責任追及に取り組んだ人たち、そのほか趣旨に賛同した運動関係者ら70名以上による寄稿のほか、プロジェクトが開催した集会での発言や講演である。また巻頭のカラーページには、糟谷氏が大阪に発つ直前に日記に記した内容のほか、当時や事後に編まれたパンフレットの表紙と部分的な内容（全体はＷｅｂサイトkasuya1969.comにアップロードされている）、生前の糟谷氏の写真、プロジェクト関連企画の様子を伝える資料が、そして後半部には、糟谷氏を暴行した機動隊員三人への告発付審判と11・13闘争公判の記録、救援関係の資料、新聞や雑誌の記事、年表などが収められている。

ページを繰りつつ感銘を受けたのは、関係者が半世紀にもわたり墓参を欠かさず、節目には行事を開くことをつうじて、故人を追悼するとともに、みずからの生き方を顧みる機会を持ち続けたことだ。そうした下地があったがゆえの「糟谷孝幸プロジェクト」であることは、呼びかけ文の「わたしたちは五〇年経った今も忘れることはできません」という言葉にはっきり表れている。

一九六九年秋、全国的に全共闘運動が退潮を強いられるなか、七〇年安保を合い言葉にした闘争は一段と激しさを増した。この時点から政治党派内部での、また政治党派間での殺人という悲痛な事態が起きるようになるまでの時間はごくわずかだ。数年前までは抽象的で象徴的に過ぎなかった「武装」あるいは「軍事化」が「現実的」なものとして急速に現れた当時、具体的な局面では「武装」と「非武装」との差は決定的だったからこそ、紙一重だったことがうかがえる。

たとえば糟谷氏の一年後輩だった岡田勝は、自分が赤軍派に引かれつつも参加はしなかったことを振り返り、その理由を怖かった、勇気がなかったと記す。しかし同時に、自分の周囲でその道を選んだ人たちを忘れるわけにはいかないのだと城崎勉と行方正時の名を挙げている。ここにあるのは、個人が考え抜いた末に出した結論によって、その後の道が分かれたとしても、同志として互いを尊重し合おうという倫理観が、また学友だった糟谷氏の死と当時の状況に向き合い続けようという勇気ある意思だろう。他方で、武装闘争や軍事革命を志向する路線が、ノンセクトの学生活動家が属した一九六〇年代末の日本各地の運動コミュニティで、そこにみずからが参加することを想像し、ためらいを感じるくらいには身近なものだったこともよく伝わってくる。一九六〇年代末~七〇年代前半に見られる独特の緊張感への想像力が、ただでさえ「非暴力」の「市民」運動をクローズアップする支配的語りのなかで弱まりつつあることを思えば、知識人ばかりではなく、さまざまな境遇にある人びとが当時を振り返って記したテキストを収めた論集のもつ意義は大きい。

　糟谷氏について言えば、本書の記述からも、また高橋和巳編『明日への葬列』(合同出版 1970)で長沼節夫が紹介した当時の証言(同書:104-25所収)からも、氏が先頭を切って機動隊に突っ込んでいくところを想像することは難しい。当日は救対に回ったという「教育学部生」の証言にはこうある。

　「岡大から緑〔=プロ学同〕のヘルメットで三〇人くらい大阪に出かけたけど、まえの段階で糟谷さんは〝突撃隊〟にはいなくて、〝後衛部隊〟のはずだったんです」(同:113)。

　他方で、直近一〇月二一日の大阪でのデモに不完全燃焼を感じた糟谷氏は、この日を意識して「なにかをやらなければダメだとしきりに」(同:110)語っていたという。そして絶筆となったノートに「ぜひ一一・一三に/何か佐藤訪米阻止に向けての/起爆剤が必要なのだ」と記していた(本書:③)。しかしテキストは「犠牲になれというのか/犠牲ではないのだ」と続く。逮捕が想定内だったとはいえ、無事に戻ってくることが前提でなければこうは書かないだろう。しかし一一月一三日当日、糟谷氏は火炎瓶と「鉄板棒」なる武器が配られた30名ほどの最前列の隊列に加わっている。なぜそうなったかの経緯は五〇年経った本書でもわからないままだ。

　当時の高揚する情勢は、学内活動の経験が一年に満たない「ごく普通の学生」と回想されるノンセクト学生の糟谷氏をして、最も「戦闘的な」隊列にいきなり加わるような機会を生じさせていた。そのような状況に居合わせれば、いや実力闘争に参加さえしていれば、糟谷氏は自分だったかもしれないという感覚の共有——天野恵一は「決死の覚悟」と書いている——は、糟谷氏への実感のこもった連帯の気持ちを生じさせたことは想像するにかたくない。当時、追悼に立ち上がったのは関係者ばかりではなかった。渡辺節子は、糟谷氏の死のひと月後に岡山市内で『婦人民主新聞』の非共産党系活動家などが呼びかけて市民葬が営まれたときのことを、周辺の事情も含めて詳細に回想している。そこに参加したのは糟谷氏を直接知らない人が大半であったという。

　一九六〇年代後半における「暴力」のエスカレーションとは、運動側の「武器」が竹竿と石礫から鉄パイプと火炎瓶へとわずかのあいだに変化したことだけを指すのではない。街頭に限れば、右翼や暴漢による攻撃の一方で、機動隊によるデモ規制の手法、警棒や盾、ガス銃や放水による攻撃もまた苛烈さを増していった。そうしたなかで機動隊による暴力を想像あるいは経験してまったく怯まない人間とは、よほど肝が据わっているか、頭のネジが飛んでいるかだろう。

　治安部隊が街頭で非致死型武器を用いるおもな動機は、デモ隊に犠牲者が出るのを回避するという「人道的」な配慮ではなく、犠牲者を出すことで運動が激化するのを防ぐという治安上の要請にある。治安部隊の至上命題は状況の掌握、デモ隊の一掃なのだ。死傷者が出るか出ないかはその目的に従属している以上、武器が致死的であるかは副次的な問題にすぎない。そのような秩序維持を最優先とする警察的な論理を打破できるのは、街頭に出ることであり、既成の秩序に挑戦する意志と行動を集団的に示すことだ。その大切さは二十一世紀の現在も変わらない。

　プロジェクトは新たな事実の掘り起こしにもつながっている。呼びかけの中心である内藤秀之は、当日の負傷が原因で、一年前後して亡くなった二人の関西大生がいたことをはじめて知るに至り、「警察権力は、一九六九年秋、扇町で三名の若者の命を奪った」と記す。内藤は、岡山大でプロ学同に所属し、糟谷氏が機動隊に拘束される直前まで行動を共にしていた人物である。11・13闘争は、そのことに誰よりもこだわってきた内藤にとってすら、五〇年を経てもなお新たな広がりをもって現れているのだ。

　糟谷氏の最期の言葉は「黙秘します」だったという。死因について合理的な説明が一切できず、真相究明の試みを妨害し続けた大阪府警は、そもそもこの事件をかれらの主張に従って立件すらしていない。事実は隠蔽されるだけでなく無視されてもいる。国家権力が沈黙し、記録を残そうとせず、あまつさえ裁判資料すら破棄する一方で、本書は糟谷氏の沈黙に応えて声を上げ、記録を残すことを試みている。このような抵抗の意志にこそ、非対称な力関係のなかでの勇気のあり方が示されているのである。

平井一臣

べ平連とその時代

身ぶりとしての政治

（有志舎　２０２０）

福井　優

四六判354頁
税別2800円

本書の概要

一九六五年四月に始まったべ平連（ベトナムに平和を！市民連合）の運動は、ベトナム戦争終結の目途がつく七四年まで続けられ、戦後日本の社会運動に新生面を開くこととなった。このべ平連の誕生から解散までの九年間の軌跡を、高度成長が頂点に達する時期の日本社会の状況を踏まえながら、跡づけたのが本書である。著者である政治学者の平井一臣氏は、近年のべ平連研究を牽引する研究者の一人であり、本書はこれまでの研究の集大成といえる。

　まず、本書の概要について紹介する。本書の主題を著者は次のように設定している。「このような運動がなぜ一九六〇年代なかばに登場し、どのように全国に拡大していったのだろうか。そして、べ平連の運動が始まり広がっていった時代とはどのような時代だったのだろうか」（本書：15）。この問題を明らかにするために、本書は、広範な史料を丁寧に読み解きながら、一九六五年から七四年にかけての運動の変遷を、全七章の構成で時系列的に検証する。

　本書は、べ平連が活躍した一九六〇年代後

半から七〇年代初頭を、東京オリンピックと大阪万博に象徴される、急激な大衆社会化と、戦争の記憶の風化が起こった時代であったと指摘する。戦争体験に発する運動として始まったべ平連は、この風潮に抗し、人々にベトナム反戦、反安保を訴える多様な運動を展開した。べ平連は「自由な発想があり、「ふつうの市民」としてそれぞれの主体性を尊重しあう対等平等の思想」を基盤に、人々の知恵や実践の積み重ねによって作り出された、「プラグマティズム」の運動であったとして、本書は日本の社会運動史上のその意義を強調する（本書：277-8）。

べ平連運動の画期的な「通史」

次に、本書のべ平連研究史上の意義について述べたい。第一に特筆すべきは、本書がべ平連運動を対象とした、初めての本格的な「通史」である点だ。そもそもべ平連研究は、運動に関わる史料の保存・公開が精力的に進められていたこともあって、トーマス・ヘイブンズの研究（『海の向こうの火事』）以来、現在まで一定の蓄積がある。しかしこれまでの研究において、その運動の全国的な展開と変遷を実証的に検証した「通史」はなかった。例えば、代表的な総論的研究として、道場親信（2005: Ⅱ部4章）、小熊英二（2009: 15章）が挙げられる。道場は、戦後日本の「反戦平和」運動の中にべ平連を位置づけているが、その運動自体を詳細に検証したものではなかった。また小熊の場合、あくまで六〇年代後半の「若者の叛乱」がそれに与えた影響を主題としているため、年長者と若者の世代間対立を中心とした一面的な検討に止まっていた。

本書は、これまでの総論的研究が一様に、公刊史料や回想に基づく検証であったのに対し、当該期に運動の当事者が書いたメモやノートといった一次史料を用いることによって、よりべ平連の実態に迫りつつ、同時に多面的な運動の展開過程を描き出すことに成功している。その丹念な史料調査の成果が遺憾なく発揮されているのが、べ平連の立上げの経緯と、小田実が代表を引き受けた思想的背景を検証する一～三章である。これまでべ平連の立上げ前後については、『べ平連ニュース』がまだ発行されていなかった等の理由で不明な点が多かった。本書は立教大学共生社会研究センターが所蔵する、立上げに関わった鶴見俊輔が一九六五年に記した四冊の『ヴェトナム・デモ』ノートを基に、初期べ平連の具体的な推移を明らかにしている。厳密な実証研究によって、竹内洋や小熊の先行の見解を反証し、多くの新たな事実を掘り起こしている。

それに加えて、地域のべ平連の動向も踏まえた上で、運動の全国的な拡大が動態的に描き出されている点も本書の独自性といえる。先行の総論的研究は、総じて東京べ平連の検討に終始しがちであった。それに対して本書は、近年の市橋秀夫や黒川伊織らによって進められている地域べ平連研究（黒川 2016）の成果を取り入れることによって、東京を軸に各地のべ平連が自立しつつ緩やかな「横のネットワーク」（本書：131）が形成され、それが運動の活性化につながっていたことを論証している。以上の理由から、今後べ平連研究、また社会運動史研究を進める上で、本書が必読の文献となることはまず間違いない。

「身ぶり」の運動の可能性

第二に、本書の独自性といえるのは、「身

ぶりとしての政治」という副題が示すように、べ平連を『身ぶり』の運動として捉えている点である。本書は「身ぶり」を「人びとが他者とコミュニケートをとろうとする際の、発話から表情、そして身のこなしや振る舞いまでを含む」と定義し、べ平連は「身ぶりを通して人びとに訴え理解や共感を広げていく試みで」あったと指摘する（本書：279-80）。その具体的な試みが「自らの身体を使い道行く人びとに訴えかけるデモ」（本書：279）であり、フォーク集会やミニコミの発行等の活動だった。本書が提示した「身ぶり」の運動は、べ平連の開放性と多様性を的確に表現した概念といえる。

「身ぶり」という本書の視角から明らかとなるのは、人々が日々の生活の中で抱いた小さな反戦・反安保の思いを、歩くこと、話すこと、歌うこと、演奏すること、画くこと、すなわち全身で表現することを通じて、国家への対抗文化を作り出していたことである。具体的には、本書の六章でも取り上げられているように、一九六〇年代末のべ平連の若者たちは、フォークゲリラや「ハンパク」によって、政治への鋭い異議申し立てを込めた、自己表現としてのユニークな「反戦文化」を作り出していた。そして人間の身体性や感性に訴えかける芸術の力によって、多様な人々に政治や社会への関心を芽生えさせ、運動に巻き込んでいこうとした（ハンパクプロジェクトメンバー 2020）。つまり、べ平連が展開した様々な文化運動に象徴される「身ぶり」の政治空間は、文化的創造を介して、人々の日常生活と政治をつなぐ場であったのである。

また、このようなべ平連が生み出した文化運動の実態と可能性を、より明らかにすることは今後の課題であろう。そのためには、様々な思いを抱え運動に携わった人々が、その中で何を感じ、どのような葛藤があり、どのように行動したのか、またその経験が以後の人生において、どのような意味を持ったのかについて、より丁寧な調査が必要と思われる。

以上のような半世紀前に多様な運動・文化を作り出したべ平連について、今日、再考の必要性がより高まっているのではないだろうか。なぜならば現在、東日本大震災、そして昨年以来のコロナ禍で浮き彫りとなった、「棄民」の実体を覆い隠すかのように、再び政財官の主導で東京オリンピックと大阪万博というビッグイベントが開かれようとしているためである。一方で、このような状況下でも、依然として私たちの日常生活と政治との間には深刻な径庭がある。それを乗り越える新たな日常性を発条とする「抵抗」の運動や文化を、私たちが作り出していく上でも、歴史との「対話」を通じて、「身ぶり」の運動の持つ政治的ポテンシャルを明らかにした本書は、貴重な示唆を与えてくれるはずだ。

参考文献

小熊英二（2009）『１９６８〈下〉――叛乱の終焉とその遺産』新曜社
黒川伊織（2016）「地域べ平連研究の現状と課題」『神戸大学国際文化学研究推進センター研究報告書』
ハンパクプロジェクトメンバー（2020）「「ハンパク１９６９――反戦のための万国博」展示について」『立命館平和研究』21号
道場親信（2005）『占領と平和――〈戦後〉という経験』青土社

熊本　理抄

被差別部落女性の主体性形成に関する研究

（解放出版社２０２０）

黒坂　愛衣

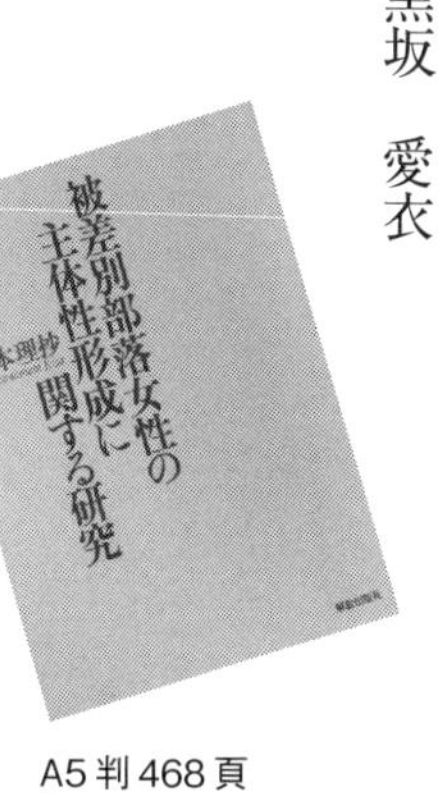

A5判468頁
税別5000円

すごい本だった。被差別部落女性の主体性がいかにして立ち上がってきたかについての、実証的かつ実践的研究である。記述・分析の対象は、五〇年代以降の部落解放同盟の運動に参加する部落女性たちの経験だ。本書主題の「主体性」とは、抑圧構造の再生産を担う「従属的主体性」ではなく、変革を希求する「行為主体性」を意味する。

読み進めるうちに、日本社会における部落と部落外のあいだの権力の非対称性＝部落外側の特権性と、部落解放運動の男性中心主義、さらには、部落女性を不在とし続けてきた日本のフェミニズムの問題があらわになる。部落女性が生きる現実を把握するには〝部落差別と女性差別の二つの差別を受ける〟などといった加算的分析では役に立たない。ひとりの人間存在のうえに降りかかる抑圧の総体をそれ自体として扱うような、差別の交差性（intersectionality）に基づく分析が必要だというのが、本書の一貫した主張だ。

本研究では福岡県内にある17の被差別部落で聞き取りがされている。著者自身、幼少期を福岡県内の被差別部落で育ち、部落解放運動への参加経験がある女性である。

存在規定の力をとりもどす営みとしての部落解放運動

すごい、とまず思ったのは、語りの読み解きの的確さと鋭さだ。本書前半では、「本人もしくは親が部落コミュニティに生まれ、本人が部落民の自覚を有する女性」90人の語りが検討される。部落女性の主体性形成の機序の始まりは、自分が何者であるかについて、部落外の人々により一方的に名指され規定された体験である。つまり、最初に差別がある。

ここで、部落外との圧倒的な力関係の差が示唆される。「部落民を規定する側が差別の根拠を構築し流通し維持していく。部落民を忌避する理由と有徴化の根拠は、非部落民の言説と行為が構築する」（本書：41）。部落外による一方的で否定的な存在規定は、しばしば部落女性に内面化され、自己否定や自己抑制（部落の外での人間関係を避ける等）を生じさせてきた。また、こうした非対称性を敏感に感取しつつも、対面状況で名指された体験はないため〝差別されたことはない〟とする語りもある。著者はそのような言表に、部落外による存在規定から身を守り影響を受けまいとする「やわらかい抵抗」（本書：37）をみる。

部落女性たちにとって、識字学級や子ども会など部落コミュニティで実践されてきた自己教育運動、そして部落解放運動は、奪われ続けてきた存在規定の力を自らの手にとりもどす営みであったと著者はいう。部落外による差別的な存在規定をなげかえし、「自分を社会関係のなかで位置づけ直していく」（本書：82）には、歴史性と共同性に裏打ちされた言葉と、他者からの承認が必要だ。

歴史性とは、親など身近な人を含む部落コミュニティの先人たちによって生きられた経験、つまりは「自分につながる歴史」のこと。また共同性とは、自己の経験を相互に語り／聞く場のことであり、そのような経験共有をとおして拓かれる「痛みを分かち合う」関係性のことであり、次世代へ歴史を継承する営みのことだ。否定から肯定への価値転換が、このような運動とともに醸成される。すでにある抑圧構造への従属と抵抗のせめぎあいのなかから主体性が現出するという著者の説明は、説得的だ。

部落解放運動を「内から変える」主体性、女性運動のなかでの不可視化

部落コミュニティおよび部落解放運動は、部落女性にとって主体性形成の源泉となった一方、同時に、男性中心主義の抑圧構造が埋め込まれた場でもあった。差別や貧困との闘いをとおして育まれてきた濃密な紐帯は、相互扶助や包摂として機能した反面、「コミュニティ内の家父長制を当然視し内面化するよう」（本書：183）促すものでもあった。部落女性は長年、運動組織の意思決定から排除され、対策・指導の対象、動員の要員とされるのみであった。――こうした「部落解放運動のジェンダー体制」に声をあげ、内側から変えていったのは部落女性たち自身だ。加えて、出産と育児をめぐる苦難を「部落差別による女性の権利の剝奪」として行政闘争に位置づけ、妊産婦対策や就学前教育の保障を実現した。そのさまを著者は、部落解放同盟全国大会の運動方針、および「部落解放全国婦人／女性集会」の記録などからあとづける。

並行して、女性運動との関係が記述される。部落女性たちは五〇年代から女性運動との共闘を模索してきた。労働保障と経済的自立を「女性の権利」としてとらえる視点の獲得など、そこには積極的な面があった。しかしながら記録には、部落女性たちが抱いてきた「疎外感」（本書：241）、女性運動との「齟齬」（本書：259）が記されていた。

「疎外感」は、女性運動における部落女性の不可視化によるものだ。日本母親大会に参加した折の、部落問題にたいする無関心への淋しさ、部落解放同盟だというと発言させてもらえなかった怒り。「社会から無視され排除される現実を、部落女性は日本母親大会で味わった」（本書：243）。「齟齬」は、男女雇用機会均等法や労働基準法の想定するのが「組織労働者、上層女性」であり、部落女性の生きる現実との乖離があったこと、女性運動がそうした乖離に目を向けなかったことに由来する。九〇年代以降、部落女性たちは他のマイノリティ女性との共闘を重視し始める。また、国連女性差別撤廃条約や世界女性会議などの国際人権言説が提示した「エンパワメント」「複合差別」の概念に、活路を見出していく。

最後に「交差性」と「複合差別」の概念が検討される。著者によると、これらの概念は、白人女性中心のフェミニズムを問うブラック・フェミニズムの闘いを背景として、国際人権言説にセットで登場したものだ。ところが日本国内で流通した「複合差別」概念は、交差性への認識を欠き、複数の差別の加算的把握にとどまるものだった。これにより、この語が本来もっていたはずの、フェミニズムの「普遍」の問い直しを迫るラディカルさは大きく減退することになったのである。

主体性形成の動的把握、「部落女性」の複数性

著者は主体性形成のプロセスを動的に把握しようと努めている。おもしろかったのは「語りの型」をめぐる議論だ。七〇年代初頭、部落解放同盟の運動理論は、部落民としての立場の優先を部落女性に求めた。この影響により、父や夫の暴力について語り、それを部落差別の結果だと位置づける部落女性の語りが量産された。著者はこうした語りを「中央集権的組織の言説にコントロールされた語り」だとする。しかし同時にそこに、自責と沈黙を強いられてきた部落女性が自らの経験や感情を言語化し始めた姿をも見出すのである。

「運動がつくりだした語りの型に乗っかることで、部落解放運動の闘争課題にはない女性にかかわる諸問題について部落女性が発言するようになる」（本書：272）。部落女性の定式化された語りのなかに従属と抵抗のせめぎあいをみる、その洞察力には舌を巻いた。

運動が主体性を形成し、主体性が運動を形成する「往還」。著者の記述には人間解放を希求する運動の一筋縄ではいかない難しさと豊かさをみることができる。部落女性たちの歩みを継承し次世代へ手渡そうとする本書もまた、そうした往還の一部であるに違いない。ひとつ違和感があるとすれば、「部落女性」内部の複数性が（年代差以外は）ほとんど描出されなかった点だ。著者の今後の仕事に注目したい。

黒川 伊織

戦争・革命の東アジアと日本のコミュニスト

１９２０〜１９７０年（有志舎 ２０２０）

篠田 徹

四六判 370 頁
税別 2800 円

コミュニズムに魅せられた東アジアの人達は、戦争と革命の波に洗われた二十世紀を、この大義を掲げた組織での出会いと別れに満ちた体験と共に、いかに生きたか。

縁あって結ばれた人々が、自分達を使命ある運命共同体と思い定めるのが社会運動の意識過程であるならば、その組織はこの心の跳躍をいかに促し、また妨げたか。

これは、「党史」という史的ジャンルを脱構築し、共産党神話の呪縛から運動史の解放を試みた画期的な書であり、これをなした黒川伊織の名前は長く覚えられねばならない。以下は、本書に対するぼくのこの評価の証だ。

「党史」というのは、いま還暦以上の年代で、学校や職場で社会運動に関心をもった者にとって、共産党のそれであることはいうまでもない。エリック・ホブズボームが「長い十九世紀」と称した、革命と資本主義と帝国主義を特徴とした世界において、ヴェルナー・ゾンバルドが、十九世紀末に著した『十九世紀における社会主義及び社会運動』の書名に象徴される、社会運動が社会主義運動を意味した運動レジームが、共産党という一つの世界党がヘゲモニーを持つそれに再編された。こ

の運動レジームが第一次大戦後から半世紀余りの間の地球大に広がった時代に、「党史」は、社会運動の主要な世界観と歴史観とそれに基づくあるべき組織行動を示した。

この「党史」は、一般に、例えば中国の王朝が繰り返したように、支配者の正統性を証明するために編纂する「正史」であり、その叙述法はいわゆるTop-Down Historyであり、組織決定された公式文書や組織的事件が指導者の名と行動によって書き連ねられ、その取捨選択は編纂主体の立場を正統化する観点から組織判断される。

他方、この「正史」の存在を前提に、しばしば「私史」と呼ばれる経験の叙述法がある。これに含まれるものは多様で、Top-down Historyではあるが、異なる諸見解や諸事実に基づき「正史」に対抗するもの、「正史」が展開する体系的な時空間に対して、組織の末端にいる一般組合員の異なる視点からの記憶に基づき、異なる印象風景を描くBottom-Up Storytellingなものまで様々なパターンがある。

この「正史」と「私史」は、非個性と自己表白と言い換えてもいいが、たとえ前者が後者の個人的な抒情詩を組織的な叙事史に拗棄したと主張しても、そこに表れる個性や立場などの党派性から逃れることはできない。

この堂々巡りの関係を、militant minorityという無数の現場活動家たちが成した行為の歴史的意義に注目することで、脱構築しようとしたのが米国の新労働史家であるDavid Montgomeryで、その思いは*The Fall of the House of Labor: The workplace, the state, and American labor activism, 1865-1925*（Cambridge University Press 1987）に結実した。彼はそこで、貧困と差別からの解放という、「正史」が直面した文明的課題に対して、時に「正史」から「私史」視されながらも、末端の職場や地域で周囲に働きかけ、組織化という、二世紀に跨る文明的課題を担う集団的主体形成の営みを叙述することで、「正史」の党派性と「私史」の個人性の両方を飲み込む文明の新たな時空間を物語った。

本書で黒川が物語ろうとした「帝国に抗する社会運動」は、二十世紀の第一四半期の終わりから第三四半期の初めまでに彼女が見出した、この文明的挑戦の新たな時空間の一つなのである。

黒川は、本書のプレリュードともいえる前著『帝国に抗する社会運動――第一次日本共産党の思想と運動』（有志舎 2014）で、この時空間を、「①東アジアに拡大する帝国日本の領域・勢力圏のもと、②帝国日本の支配秩序に抵抗する宗主国の運動／植民地の運動が成立するも、③その運動の内部に宗主国―植民地の非対称な関係性を抱え込みながら展開していく社会主義運動を〈帝国に抗する社会運動〉と位置づけ」た（本書：8-9）。

この〈帝国に抗する社会運動〉の一つの俯瞰図を描いたのが本書であるが、黒川はそのメッセージとして、「第一次共産党を起点とする〈帝国に抗する社会運動〉は、日本人党員と外国人党員――とりわけ朝鮮人党員――の協働によって支えられ、しかもその協働は帝国日本の解体後も一九五五年の外国人党員の組織的分離によって最終的に解体されるまで継続した」（本書：9）事実を示す。

これは、黒川も指摘するように、コミンテルンの「一国一党の原則」が「民族的要求を階級的要求にすり替えた」「社会主義国」を含むこの時代の国際共産主義運動の特徴であった（本書：9）。

それは例えばニム・ウェールズの『アリランの歌』のように当時から様々な形で「党」の内外で物語られてきた。またポピュラーカルチャーでさえ取り上げた。一九七〇年から七三年まで日活が社運をかけ、五味川純平の原作に巨費を投じ豪華な俳優陣を揃えて作った三部作『戦争と人間』もそれだ。ここではまさに〈帝国に抗する社会運動〉における朝鮮人活動家の悲哀が一つのモチーフになっている。にもかかわらず、その事実の多くは大概、個人の記憶という「私史」の世界に閉じ込められ、組織の記録という「党史」からは閉め出された。

もっとも本書は、この党内の民族差別の問題を改めて取り上げることが主目的ではない。むしろ黒川は、それを活動家がいかに乗り越えようとし、また乗り越えた瞬間があったかという、〈帝国に抗する社会運動〉が本来目指したポジティブな意義を強調する。

この視点は、〈帝国に抗する社会運動〉とそこにおける共産主義者の活動という視界を越え、帝国の各地で日々営まれたであろう多民族による愛憎の共生経験という広い広い地平へと繋がる。

ぼくは、本書のはじめに書かれた黒川の宣言、「本書が試みる語りは、日本のコミュニストの歴史的経験を、日本共産党の一国的・党史的桎梏から解放して東アジア史と連関した日本近現代史へと接合する、その最初の一歩となるはずである」（本書：13）の意味を、こう理解したがどんなものだろう。

残る紙幅も少ない。以下は良書を読んだ興奮の中で想起した、黒川の後に続く者の課業を挙げる。

まず〈帝国に抗する社会運動〉の意味空間の拡張だ。〈帝国に抗する社会運動〉の物語は、その特徴②で述べた「帝国の支配秩序」で展開される階級、人種、民族、ジェンダー、セクシュアリティ等の様々な属性が錯綜する位相を持つはずであり、当然それぞれの〈帝国に抗する社会運動〉史が叙述されていい。

次に〈帝国に抗する社会運動〉の組織空間の拡張だ。国際共産主義運動の歴史的経験が巨大な意義を有した理由に「fellow traveler」の存在がある。辞書的には「旅の道連れ」だが、歴史的には非党員の共産党シンパを指す。

二十世紀のあらゆる政治経済、社会文化運動に関わった者で、その前後に党から離れても、この「シンパ」経験を一瞬たりとも持ったことがない人を見つけるのは難しい。

しかもこの中には、党員以上に共産主義者意識を持ち、在籍国組織を迂回しコミンテルンや他党と直接関係を持った、いわゆる「小文字」のコミュニストがいる。日本では戦前労農派の理論家、猪俣都南男と彼の弟子で後に総評事務局長として戦後労働運動の礎を築いた高野実が典型だ。彼らを含め〈帝国に抗する社会運動〉の担い手の数は夥しい。

そして〈帝国に抗する社会運動〉の地理空間の拡張だ。日系米国人の歴史経験を綴るAzuma Eiichiroが主張するように、日本という「帝国」は米国というもう一つの「帝国」と隣り合わせ、その〈帝国に抗する社会運動〉の中で、日系活動家は本書の朝鮮人活動家と類似の経験をしたことは、Josephine Fowler の *Japanese and Chinese Immigrant Activists* (Rutgers University Press 2007) でも明らかだ。

「党史」や「私史」の人達のみならず社会運動史研究全体を見て、その視野が太平洋とその向こうに伸び始めたのは古くない。けれどもコミンテルンは一時米国「党」にアジアを担当させ、冷戦初期、日系が多数いたハワイは米国「党」の一大拠点だった。

〈帝国に抗する社会運動〉のこの東のそれとの接合拡張は、西と南西、すなわち米国や欧州の〈帝国に抗する社会運動〉と繋がっていた中国と東南アジアのそれとの接合拡張で厚みを増そう。

黒川の〈帝国に抗する社会運動〉を読むと、ぼくは野上弥生子の『迷路』を思い出す。その最後の場面は、『戦争と人間』第三部のモチーフに重なる「脱日」で、それは物理的に中国側に移動するのと同時に、意識の上でも日本人を止めることでもある。

明治の宮崎滔天に始まり、戦前昭和の中江丑吉、戦後昭和の鶴見良行に代表される、脱日の系譜は〈帝国に抗する社会運動〉が狭義にも広義にも有したはずの思想的捻りだが、「根無し」が各言語にあるように、これは活動家や思想家の専売特許ではない。それはいわば〈帝国に抗する社会運動〉の普遍的な極みだ。

最後に本誌に伝言。戦後社会運動史研究では、特に平成以降、本来「正史」への対抗だった「私史」が運動史全般の叙述法となり、「正史」の世界が朽ちてもそこに残った豊穣な土壌を再耕できずにいる。鍵括弧のない党を含め、新たな視点からの組織と制度の洗い直し等、社会主義運動を意味した時代の社会運動は棚卸しが必要だ。おおけない企てであることは百も承知。でもご心配なく。ぼくらには黒川伊織とそれに続く者がいる。

山本 崇記

住民運動と行政権力のエスノグラフィ

差別と住民主体をめぐる〈京都論〉

（晃洋書房 2020）

A5判304頁
税別4200円

原口 剛

本書は、戦後の京都市における被差別部落とスラムの形成や住民運動の展開過程を論じた第Ⅰ部と、現代まで続く行政権力の論理の解明を目指した第Ⅱ部で構成されている。

第Ⅰ部では、スラムと被差別部落が差異化されつつ形成される過程を論じた第1章に始まり、行政の対策が中断されるなかで住民運動が生み出される過程（第2章）、キリスト者による地域改善と社会事業の展開（第3章）へと議論が進められる。そうして運動史／地域史の相貌を多面的に開示したうえで、著者は、「不法占拠地域」のなかに住民運動が生み出されていく過程を論じ（第4章）、また、都市下層社会における住民主体の論理と構造について総括的な視点を提示する（第5章）。

第Ⅱ部では、同和行政における属地・属人方式のメカニズムを批判的に検証し（第6章）、住宅地区改良事業と隣保事業の具体的な制度運用の実態を明らかにする（第7章）。これらの洞察を踏まえ、同和行政の廃止過程にみられる認識の硬直性を批判し（第8章）、ひるがえって住民運動の現代的形態として、まちづくりの実践を取り上げる（第9章）。

そうして終章においては、地域社会の「自立」と「反差別」に向けた社会運動研究を展望している。

本書の全体を貫く重要なキーワードは、「地域社会」である。著者は、「在日朝鮮人運動史」や「部落解放運動史」といったカテゴリーを前提とするのではなく、土地の状態をみつめることから議論を立ち上げようとする。このとき、スラムに移り住む被差別部落出身者、同和地区に住み続ける在日朝鮮人、さらには双方の地域から流動した人びとから成る「不法占拠地域」など、驚くほどに多層的な空間性が浮き彫りとなる。

本書は、これらすべての存在と空間性を視野に入れ、「ある個人が特定の属性をはみ出す共同性を構築し、それが多様な階級・民族を包含する地域住民運動として展開する実態」（本書：28．傍点は引用者）を捉えようとする。そこに、本書の方法がもつ画期的な意義がある。このなかで著者が試みるのは、行政により刻み込まれた境界と地域社会の分断を批判することだけではない。その境界を超え出ようとする運動が生起する可能性をこそ、把握しようとするのだ。その力の源泉とは、著者が「ごちゃまぜ」と表現するような、「隣り合って住む」という土地の状態にほかならない。

住民の「ごちゃまぜ」の混住とは、抜き差しならない対立や緊張を孕んだものである。本書では、住民や運動間の対立をおさえつつ、その緊張から新たな運動の局面が開かれる契機を追跡していく。たとえば、次のような契機である。「それでも、一九七五年の希望の家のバザー準備会にセツルメントが参加し、さらに前進会とは種別化したうえで希望の家や町内会が「青年会」として地域青年たちの活動を支援している」（本書：51．傍点は引用者）。特筆すべきは、小さな動きのなかにある「それでも」の契機を見逃さず、すくい出そうとする著者の資料読解の姿勢であろう。その読解により本書では、「土地の上で隣に暮らすこと」の力が鮮やかに提示される。またそこで生じる「対立」とは、たんに消極的なものではなく、その内には運動を駆動させる潜勢力が存していることに気づかされもする。

なかでも重要なのは、本書が、運動のラディカリズムが生起する瞬間を捉えていることであろう。地域青年が編集した『九条思潮』は、「自分たち自身で部落差別、在日朝鮮人、底辺労働者の問題を学習することを通じて、自己の位置をよりひろい視点からとらえ直そう」（本書：78）とする企図のもと編まれた。このように培われた共同性のうえに新たな運動の局面が開かれ、東九条での行政糾弾闘争が生み出された。そうしてその運動は、ついに「不法占拠地域」での住民運動を実現させたのである。著者がこれを「住民性」と名づけるとき（本書：79）「住民」という言葉はかぎりなくラディカル化されている。つまりそこには、「住民ならざる存在」が、住民になる可能性が提示されているのだ。

また本書は、このようなラディカリズムが、キリスト者という別の主体へと受け渡される過程をも論じている。そのような継承は、著者によれば、地域の住民や青年からの批判に応答しようとする「東九条地域で活動するキリスト者が置かれた独自の文脈」（本書：96）ゆえに可能になったのだという。ここにおいて「地域社会」は、ひとたび生み出されたラディカリズムを別の誰かへと受け継ぐ基盤として、固有の論理と相貌を示している。

それでは、このように受け継がれたラディカリズムは、八〇年代以降にどのように継承され、現在へと運ばれているのだろうか。

第Ⅱ部で著者は、「画一的」とされる行政施策とは、実のところ運動との交渉過程のなかで「逸脱」しながら遂行された事実を例証する。そのことによって、施策の廃止を導出してしまう硬直化した認識を批判し、「同和行政のパラドックス」から抜け出す糸口を提示している。その意義は強調されるべきであるが、しかし、運動史としての議論はどうだろうか。たとえば「最も劣悪な状態に置かれていた地域だからこそ……行政権力以上の主導性を発揮することに繋がった」（本書：243）との結論は、たしかに一定の説得力をもつけれども、様々な「まちづくり」の現場で繰り返し耳にする定型のフレーズでもある。そこに、第Ⅰ部で開示されたような横断性やラディカル性の契機を読み取ることは、きわめて難しい。

要するに、第Ⅰ部と第Ⅱ部とのあいだに、大きな断絶があるように思われてならないのだ。このことに関連して、二つの問いを投げかけてみたい。

第一に、議論の図式化やモデル化は、運動史の記述や批判的対話にとって、どれほど有益なのだろうか。たとえば第Ⅰ部を総括するにあたり、著者は一連の議論を一枚の図に収めてしまう（本書：145 図 5.3）。そうすることで、対立と緊張を孕んだ運動のダイナミズムが、平板化されているように思われてならない。社会科学としての方法論を確立しようとする志向ゆえのことかもしれないが、仮にそうだとして、かようなモデルの構築は運動史研究にとってどのような意義をもつのだろう。この点は、本書が誰に向けて書かれているのか、著者が誰との連帯を望んでいるのか、といった根底的な問いにも関わるだろう。

第二に、とくに第Ⅱ部では「エリアマネジメント」などの用語が多用され、まちづくり論が全体の基調とされる一方で、ネオリベラリズムなどの政治的議論は等閑視されている。それゆえ本書は、住民運動との関係で行政権力の動態を細やかに記述しつつも、資本主義の圧力のもとで生じる行政権力の変容については、ほとんど関心が払われていない。評者の関心に引きつければ、大阪・釜ヶ崎で争われているジェントリフィケーションを考える手がかりを期待したが、この論点もまた取り上げられることはなかった。この点は、重大な欠落だと言わなくてはならないだろう。

同じ言葉や実践であっても、権力の盤面が異なれば、その意味は大きく変わる。とくに「自立」や「主体性」とはネオリベラリズムが称揚する用語でもあり、そうである以上は、格別の注意が払われるべきだろう。著者が言うように、これまでのネオリベラリズムの議論は「大雑把」だったのかもしれない（本書：249）。だとすれば、フィールドでの検証をつうじて議論を血肉化させ、既存の議論に対し批判的に介入することもできたのではないか。そのような回路が著者自身の手によって閉ざされてしまっていることが、残念でならない。

小国　喜弘　編

障害児の共生教育運動

養護学校義務化反対をめぐる教育思想

（東京大学出版会　２０１９）

青木千帆子

A5判352頁
税別5700円

本書の概要

本書は、編者が担当する講義における研究と討議の成果である。15章ある本文の各章が14人の著者により分担執筆されている。史料をどの程度、どの範囲で解釈するかが章ごとに異なり、書き手の色が感じられる。各章を貫くテーマは、一九七〇年代に日本で展開された養護学校義務化反対運動、本書でいうところの「共生教育運動」に関する研究である点だ。八木下浩一、金井康治ら障害者自身による異議申し立てから、北村小夜、篠原睦治といった著名な社会運動家、そして臨床心理学、医学、教育学分野の専門家による異議申し立てまで、幅広い史料を丁寧にふりかえっている。本書を通し、障害児の共生教育運動において、教育とはなにか、発達とはなにか、共生とはなにかを問い、交わされた議論を、幅広く深く知ることができる。

個人的には著者一人ひとりを想像しながら読んだ。私自身、社会運動を題材に研究した時期があり、書き手の苦悩が手に取るようにわかったからだ。『社会運動史研究』の観点から言うと、運動史への向き合い方が書き手ごとに異なり、悩みながら原稿に向かう様子が目に浮かんだ。そして本書の仕上がりに感心した。よくこれだけの人数の学生である著者をまとめ、一つの成果としたものだ。編者である小国喜弘氏の力量であろう。

教育と労働に共通する課題：「できる」「できない」をめぐる問題

また、本書を読んでいて、障害者の教育に関する議論には、私が主題とする障害者の労働に関する議論と通じるものがあることに気づいた。それは例えば、序章にある次のような記述からだ。

> 現実の学校では、能率的に知識や技能を獲得させようとするあまり、能力別に学ぶ場を分ける……ことが正当化されてきた。……それに対して共生教育運動に集った人々は、学校を「発達」の場から「生活」の場としてとらえ直し、「共にいる」体験をすることこそが学校にいることの第一義であると……宣言した。［……は中略、以下同］（本書：9）

障害者の労働に関する議論には、「働けない障害者」の社会での存在をどのように認めるのかという課題と、「働ける障害者」の経験する格差や差別をどう是正するのかという、二つの課題が潜在している（青木 2011: 13）。この特徴はそのまま、障害者の教育にも当てはまる。つまり、「能率的に知識や技能を獲得しない障害者」の社会での存在をどのように認めるのかという、「共生」に関する課題と、「能率的に知識や技能を獲得する障害者」の経験する格差や差別をどう是正するのかという、「発達」に関する課題だ。障害者の教育に関する議論にも、相反する二つの方向性の課題が潜在している。

　編者はこの点について、「授業における「共生」「発達」はいかにして両立可能か」（本書：10）という問いを立て、次のような結論を導き出している。

> 発達と共生とを二項対立的に捉えるだけでは、我々は歴史の中に現代の学校が喪失した桃源郷を垣間見るに過ぎないだろう。その意味で、……発達と共生との緊張をいかに生きるかに挑戦する必要が改めて浮上する。（同：323）

ただ、この結論について、私は少し味気なく感じた。というのも、本書で描かれていた共生教育運動には、「発達と共生とを二項対立的に捉える」ものばかりではなく、「発達と共生との緊張をいかに生きるかに挑戦」する実践も存在していると、私には感じられたからだ。だが、この観点から各章に横串をさすような整理や分析が、十分に行われていない。このため、本書の目的は不十分な形でしか達成されていないように思われた。

「できる」を支援する障害者差別解消法

　ところで、本書でも言及されている障害者差別解消法は、障害者権利条約の締結に向けた国内法制度の整備の一環として制定された法律である。障害者権利条約が示す「社会的障壁」「合理的配慮」という抽象的な概念の具体化を図ろうとするものだ。その障害者権利条約は、一九九〇年障害を持つアメリカ人法（以下、ＡＤＡ法）や、イギリスの一九九五年障害者差別禁止法などの成立を背景に、実効性のある国際法を求める障害者の運動の結果、二〇〇六年に国連で採択された。

　障害者差別解消法の施行後、教育の現場で起きている変化について、編者は「合理的配慮が子どもたちをかえって分断しかねない現状」（本書：323）があると指摘している。

> 学校におけるインクルージョン（包摂）の実現を、単に行政や学校による合理的配慮の提供としてのみとらえることは不十分である（同：323）

それはその通りなのだ。

　少し視点を移し、ＡＤＡ法、つまりアメリカの障害者差別禁止法が成立した当時の議論を紹介する。一九九〇年代、日本における障害者の労働に関する議論は混乱していた。というのも、ＡＤＡ法は「働ける障害者」の経験する格差や差別をどう是正するのかという課題にアプローチするものであり、「働けない障害者」の社会での存在をどのように認めるのかという課題は放置されていたからだ。当時、次のような議論があった。

> アメリカの障害者が運動によって勝ち取ったＡＤＡ法を評価しながらも、労働問題における〝障害者も「能力」があるのだから働く機会を与えろ〟という「機会の均等論」には賛成できません。何故ならば、確かに「機会の均等」によって障害者が働く機会を得られることにはつながると思いますが、障害者の「能力」を判断するのは企業であり、必然的に「働くことができる障害者」と「働くことができない障害者」に分けられてしまいます。
>
> 　日本の障害者解放運動は、障害の軽減克

服ではなく差別からの解放をめざして進めてきました。そのなかで主張されてきた「仕事に障害者が合わせる」のではなく、「障害者に仕事を合わせる」という考え方が、障害者の労働権を考えて行くうえできわめて重要です。（矢内 1991: 164）

このように、「働くことができる障害者」と「働くことができない障害者」が分断されることを懸念し、「仕事に障害者が合わせる」のではなく「障害者に仕事を合わせる」ことを主張することで、「発達と共生との緊張をいかに生きるかに挑戦」しようとする。障害者の労働に関しては、このような議論が一九九〇年代に存在したのである。ならば、障害者の教育をめぐる運動においても、一九九〇年代当時から差別禁止法制がもつ課題は議論されていたのではないだろうか…？

もし、編者が「発達と共生との緊張をいかに生きるか」という観点から、各章に横串を通すような整理や分析を行っていたならば。もしその上で、一九九〇年代の議論にも言及していたならば、障害者差別解消法施行後の現在、編者が指摘する教育の現場で起きている変化の危うさを、さらに深く抉り出すことができたのではないだろうか。そのようなことを考えてしまう。

非常な労作であり、かつ資料的価値が高い本書に対し、それは屋上屋を架す期待なのかもしれない。だが、もう一歩踏み込んだ分析を行うことによってはじめて、「反対運動をめぐる教育思想を通して日本型インクルーシブ教育に対する歴史からの批判的検討を行」う（本書 : 7）ことになるのではないか。この点について、著者らの今後のさらなる論考を期待したい。

参考文献

青木千帆子 2011「障害者の就労場面から見える労働観」『解放社会学研究』25号 : 9-25.
矢内健二 1991「障害者の雇用拡大を求める労働省交渉報告と今後の課題」『季刊福祉労働』50号 : 16[illegible]-5.

編集後記

やっと第3号まで辿り着くことができた。今回も密度の高い書物に仕上がったと自負する。関係した皆さんに感謝したい。

前号も含め、想定以上の力作を編集する過程で、運動史とは何かについて改めて考えさせられた。もちろん、創刊号で「運動史とは何か」を特集し、そこで私自身も持論を展開している。その内容を撤回するつもりはない。

しかし、高い熱量を持った多様な運動史が次々に寄せられてくるのを読み、運動の歴史について自分が知らないことだらけであると痛感させられた。それはつまり、今の社会や運動に対しても想像＝創造力に欠けるところがあるということだ。運動史が持つ第一の潜勢力は、この力を備給することにあるだろう。

今号は、「メディア」という視座を特集テーマにすることで、扱う運動の幅を少しでも広げようとした。そして次号は、動き続ける世界を注視しながら「越境と連帯」を特集する。ますます不透明な現在と格闘するために、過去の営為から学びつくすことが必要だ。（M）

第2号が刊行されたのは、COVID—19の流行が初めて本格化した時期だった。その後、本号に向けた執筆・編集作業が続いた一年以上ものあいだ流行はおさまらず、わたしたちが生きる社会の問題が、これでもかというくらい露わになった。人と集い語る機会が減る一方で、そうした問題を前にしてのオンラインでのデモや署名活動を多く目にした。第2号の合評会も、二〇二〇年夏に二回にわたってオンラインで開催することになった。

こうした状況のなかで、メディアに関する特集を編めたことは、わたしにとっては幸運なことだったように思う。人と人とのつながりかたの多様性や、数十年という時間の経過や物理的な距離を超えて運動のメッセージを届けるメディアがあることを教えてくれる数々の論考に、希望を感じ、まずわたし自身が励まされた。

充実した記事が並ぶ本書を皆さんに届けられることを嬉しく思う。執筆者をはじめ、ここに至るまで関わってくださった皆さんに心から感謝します。（K）

たくさんの方々の協力によって、3号を刊行することができた。執筆者をはじめ協力いただいたすべての方々への感謝の気持ちでいっぱいである。ありがとうございました。

2号を出した二〇二〇年、ふりかえってみれば、自分は呑気なものだった。COVID—19の感染拡大がここまで長期化すると思っていなかった。この3号の編集過程では感染の第三波と第四波がつづいた。気になっているのは、たとえば首相や首長、社長や理事長といった権力者の決定を求め、待ち望む心情が社会に蔓延しているようにみえることだ。「緊急事態宣言をはやく出せ」とか、「ワクチンをはやく用意しろ」という声のことだ。私もそう考えてしまう一方で、自分たち自身でものを考え、判断し、目の前の他者と話し合い、何かを協同でつくっていく、そういう力を自ら捨てることにつながらないかとも思う。

こういう時代にあって、社会運動史は宝物である。そこに人びとの自律的な思考と実践の豊かで分厚い知恵があるのだから。（O）

なぜ私たちは『社会運動史研究』を始めるのか

近年、日本では社会運動への関心が高まりつつある。実際に生じた社会運動の動向に注目が集まり、それらに対する研究の進展にも期待がかけられるようになった。

しかし、こうした社会運動の「再発見」の過程で、現在の運動の「新しさ」や「画期性」を強調せんがために、過去の運動を矮小化・平板化して議論が展開されることも、目に付くようになった。かつての社会運動の営みが、安易なイメージで固定され、それに基づいて現代社会の分析が展開される。こうした現状に違和感あるいは危機感をもつ者は少なくないはずだ。

過去をないがしろにすることは、未来を枯れさせることだ。そこで、社会運動史の研究者である私たちは、新しいメディアをつくろうと集まった。メディアの目的は、社会運動史についてのこれまでの知見の共有、さらに現在進行形の調査・研究の成果の公開とそれによる運動史のいっそうの蓄積である。単に、社会運動の過去を恣意的に修正しようとする言説に抗するだけでなく、社会運動史をめぐって研究者がネットワークをつくり討論を重ねる場となるような、プラットフォームづくりをめざす。私たちは埋もれた種を掘りかえし、この社会に改めて蒔き直すことを試みたい。

私たちはこのメディアを『社会運動史研究』と名付けた。ここで想定する社会運動史は、基本的には二十世紀以降の日本を対象とするが、時間的にも空間的にも、そこにのみ厳格に議論を限定させることは社会運動史をかえって貧しくするだろう。むしろ国境を越えていく動きについては、社会運動史のテーマとして自覚的に見出していきたい。また、「研究」という語を、大学等に属する職業的研究者の専有物とは考えてはならない。社会運動の現場で、運動の未来のためにその過去を再検討しようとする営みも、社会運動史の研究である。社会運動史研究の成果は、大学教員の「業績」として消費されるものではなく、運動自体の継承や発展のために生かされうるような知であることが求められている。よって私たちは、このメディアをアカデミズムと運動現場との有機的な結合の場にすることをめざしたい。

こうして『社会運動史研究』は、単なる「書物」にとどまるのではなく、それ自体運動的に展開するものとなる。付け加えるならば、私たちは運動史研究の権威や第一人者を名乗ろうとしているわけではない。運動史研究の進展のための踏み石となることも覚悟して、開かれたメディアをつくることに思わず身を投じてしまったにすぎない。この企ての将来は確約されていない。『社会運動史研究』という始まったばかりの「運動」に、多くの方々に参加していただけることを心から願っている。

二〇一八年一二月

『社会運動史研究』発起人
松井 隆志・大野 光明・小杉 亮子

杉山　弘（すぎやま　ひろし）

1956年生まれ。ネットワーク・市民アーカイブ運営委員

著書・論文 「“市民活動資料”に人びとの息遣いを訊く——『小平市史 近現代編』（2013年）の叙述から」『大原社会問題研究所雑誌』666号 2014;「講演録:「伝承」を考える——「東日本大震災・原子力災害伝承館」ノート」『隣人』34号 2021;「小川正子『小島の春』を読む人びと——戦時下の読書についてのノート」『隣人』33号 2020;『新 府中市史 近現代 資料編 上』（共編）2019;『新 府中市史 近現代 資料編 中』（共編）2021　ほか

箱田　徹（はこだ　てつ）

1976年生まれ。天理大学人間学部総合教育研究センター教員。著訳書・論文 『フーコーの闘争』慶應義塾大学出版会 2013;「採取——現代思想と気候正義の蝶番」『現代思想』48巻5号 2020;「人民の回帰？——フーコー戦争論のポテンシャリティ」佐藤嘉幸・立木康介編『ミシェル・フーコー「コレージュ・ド・フランス講義」を読む』水声社 2021;クリスティン・ロス『六八年五月とその後』航思社 2014;トニ・ネグリ＝マイケル・ハート『アセンブリ』（共訳）岩波書店　近刊　ほか

福井　優（ふくい　ゆう）

1994年生まれ。立命館大学大学院文学研究科博士後期課程・立命館大学国際平和ミュージアムリサーチアソシエイト。論文 「70年安保とベ平連——『週刊アンポ』を中心に」『立命館平和研究』21号 2020;「「触感」と「人心」——神島二郎の戦後デモクラシー論」『日本思想史研究会会報』36号 2020　ほか

黒坂　愛衣（くろさか　あい）

1977年生まれ。東北学院大学経済学部共生社会経済学科教員。著書・論文 *Fighting Prejudice in Japan: the Families of Hansen's Disease Patients Speak Out*. Melbourne: Trans Pacific Press 2019;『もどれない故郷ながどろ——飯舘村帰還困難区域の記憶』（共編）芙蓉書房出版 2016;『ハンセン病家族たちの物語』世織書房 2015;「「ハンセン病問題と朝鮮人差別」覚書」兵庫在日外国人人権協会『閉じ込められた命——ハンセン病と朝鮮人差別』2020　ほか

篠田　徹（しのだ　とおる）

1959年生まれ。早稲田大学社会科学総合学術院教員。著書・論文 『世紀末の労働運動』岩波書店 1989;“Which Side Are You On?: Hakenmura and the Working Poor as a Tipping Point in Japanese Labor Politics.” *The Asia-Pacific Journal*, Vol. 14-3-09, April 4, 2009;“The Paradigm of Refusal: W. E. B. DuBois's Transpacific Political Imagination in the 1930s.” (co-author) Philip Luke Sinitiere (ed.), *Citizen of the World: The Late Career and Legacy of W. E. B. DuBois*, Northwestern University Press 2019

原口　剛（はらぐち　たけし）

1976年生まれ。神戸大学大学院人文学研究科教員。著書・論文 『叫びの都市——寄せ場,釜ヶ崎,流動的下層労働者』洛北出版 2016;「海の都市計画」平田周・仙波希望編『惑星都市理論』以文社 2021;「ロジスティクスによる空間の生産——インフラストラクチャー,労働,対抗ロジスティクス」（共著）『思想』1162号 2021　ほか

青木千帆子（あおき　ちほこ）

1976年生まれ。早稲田大学人間科学学術院講師（任期付）。著訳書 『行き還り繋ぐ——障害者運動 於＆発 福島の50年』（共著）生活書院 2019;ジョン・スコット編著『キーコンセプト社会学』（共訳）ミネルヴァ書房 2021　ほか

趙　沼振（ちょ　そじん）

1989年生まれ。東京外国語大学大学院総合国際学研究院特別研究員

論文 「1960年代後半の学園闘争を考える——『朝日ジャーナル』でたどる日大全共闘」『日本語・日本学研究』8号 2018;「日大全共闘を再記録する企て——「日大930の会」の活動を中心に」『年報カルチュラル・スタディーズ』Vol. 8 2020;「日大闘争からみた「暴力装置」の様相——「中村克己君虐殺事件」を中心に」『Quadrante クァドランテ』23号 2021

三橋　俊明（みはし　としあき）

1947年生まれ。文筆家 『日大闘争の記録——忘れざる日々』編集人 『10・8山﨑博昭プロジェクト』発起人

著書 『明日は騒乱罪——学校にない教科書』（共著）第三書館 1980;『別冊宝島　東京の正体』（共著）JICC出版局 1986;『別冊宝島　思想の測量術』（共著）JICC出版局 1986;『別冊宝島　モダン都市解読読本』（共著）JICC出版局 1988;『路上の全共闘　１９６８』河出書房新社 2010;『全共闘、1968年の愉快な叛乱』彩流社 2018;『日大闘争と全共闘運動』彩流社 2018　ほか

秋山　道宏（あきやま　みちひろ）

1983年生まれ。沖縄国際大学総合文化学部教員

著書・論文 『基地社会・沖縄と「島ぐるみ」の運動——B52撤去運動から県益擁護運動へ』八朔社 2019;「平和／暴力への問いと「沖縄平和論」の可能性——『沖縄平和論のアジェンダ』の読解を通して」『PRIME』42号 2019　ほか

那波　泰輔（なば　たいすけ）

1989年生まれ。一橋大学大学院社会学研究科博士後期課程

論文 「ハチ公像が時代によってどのように表象されたのか——戦前と戦後以降のハチ公像を比較して」『年報カルチュラル・スタディーズ』Vol. 2 2014　ほか

韓　昇熹（はん　すんひ）

1984年生まれ。東京外国語大学大学院総合国際学研究科博士後期課程

論文 「冷戦下日朝間の学術交流のあり方——日本朝鮮研究所の日朝学術交流運動を中心に」『Quadrante クァドランテ』21号 2019;「東アジア冷戦と植民地主義批判——日本朝鮮研究所の日朝友好運動論をめぐる対立を中心に」『アジア太平洋研究』45号 2020　ほか

古賀　暹（こが　のぼる）

1940年生まれ。『情況』第一期・第二期編集長

著訳書・論文 『北一輝——革命思想として読む』御茶の水書房 2014; アレックス・デミロヴィッチ『民主主義と支配』（共訳）御茶の水書房 2000;「日本ナショナリズム論への一視角」『情況』11月号 2003;「辛亥革命から見た2・26事件」『情況』8，9月号 2004;「ロンドンタイムスから見た日露戦争」『情況』4月号 2010;「陶庵公と北一輝」『情況』春号 2019　ほか

熊本　一規（くまもと　かずき）

1949年生まれ。明治学院大学名誉教授

著書 『ごみ行政はどこが間違っているのか？』合同出版 1999;『日本の循環型社会づくりはどこが間違っているのか？』合同出版 2009;『海はだれのものか』日本評論社 2010;『よみがえれ！清流球磨川』（共著）緑風出版 2011;『脱原発の経済学』緑風出版 2011;『電力改革の争点』緑風出版 2017;『漁業権とはなにか』日本評論社 2018　ほか

執筆者紹介（執筆順）

清原　悠（きよはら　ゆう）

1982年生まれ。立教大学兼任講師

著書・論文　『レイシズムを考える』（編著）共和国 2021;「「ヘイト本」のメディア論――雑誌的書籍（ムック）が作り出したヘイトの流通・展示・編成」『唯物論研究年誌』22号 2017;「住民運動の地政学的分析」『社会学評論』254号 2013　ほか

李　美淑（い　みすく）

立教大学グローバルリベラルアーツプログラム運営センター助教

著書・論文　『「日韓連帯運動」の時代――1970～80年代のトランスナショナルな公共圏とメディア』東京大学出版会 2018;「境界を越える連帯と再帰的民主主義――画家・富山妙子の『脱帝国女性主義』認識と活動を中心に」『5・18と以後――発生，感応，拡張』（共著 韓国語版）全南大学出版文化院 2020;「画家・富山妙子とトランスナショナルな連帯――越境する作品，共振する感覚」『東洋文化』101号 2021; "#MeToo and broadcast journalism in South Korea: The gatekeeping process of #MeToo." *Interactions: Studies in Communication & Culture*, 10(3) 2019　ほか

相川　陽一（あいかわ　よういち）

1977年生まれ。長野大学環境ツーリズム学部教員

著書・論文　「戦後日本における記録映画の上映運動に関する資料収集と整理について――松本市における小川プロダクション作品の上映運動を中心に」（共著）『記録と史料』31号 2021;「三里塚闘争における主体形成と地域変容」『国立歴史民俗博物館研究報告』216集 2019;「基地拡張反対運動をめぐる共感の構図――砂川闘争における『激励電報回覧綴』に基づいて」『歴史評論』778号 2015;「成田空港建設と地域社会変容――巨大開発下における農民主体の形成と展開」地方史研究協議会編『北総地域の水辺と台地――生活空間の歴史的変容』雄山閣 2011　ほか

村上　潔（むらかみ　きよし）

1976年生まれ。立命館大学生存学研究所客員研究員

著書・論文　『主婦と労働のもつれ――その争点と運動』洛北出版 2012;「アナーカ・フェミニズムにおけるジン――ジンが教育／スペースであること」『現代思想』48巻4号 2020;「ジンというメディア＝運動とフェミニズムの実践――作るだけではないその多様な可能性」田中東子編『ガールズ・メディア・スタディーズ』北樹出版 2021　ほか

ヤン・イークス（Jon Eakes）

1945年生まれ。1969年サクラメント州立大学卒業。カリフォルニア, アジア, フランス, アフリカ, ケベックで反戦運動に取り組む。その後, カナダでテレビ, ラジオ, 出版物を通してリノベーションや建築に関するインストラクターとして活動。10を超える本を出版。永遠の学習者であり不定期の教育者。公式ウェブサイト：www.joneakes.com.

大西雄一郎（おおにし　ゆういちろう）

1972年生まれ。ミネソタ州立大学アフリカン・アメリカン＆アフリカン・スタディーズ学部教員

著書・論文　*Transpacific Antiracism*. NYU Press 2013; *Transpacific Correspondence* (co-edited) Palgrave 2019; "Occupied Okinawa on the Edge." *American Quarterly*, 64(4) 2012　ほか

編者紹介

大野　光明（おおの　みつあき）

1979年生まれ。滋賀県立大学人間文化学部教員

著書・論文『沖縄闘争の時代 1960 / 70』人文書院 2014;『戦後史再考』（共著）平凡社 2014;「ミリタリズムとネオリベラリズムは手をたずさえてやってきた――京都府京丹後市宇川の歴史と現在からの考察」『福音と世界』75巻8号 2020　ほか

小杉　亮子（こすぎ　りょうこ）

1982年生まれ。埼玉大学教養学部教員

著書・論文『東大闘争の語り――社会運動の予示と戦略』新曜社 2018;「〝1968〟の脱政治化と社会運動論における敵対性の分析をめぐって――1968～1969年東大闘争から考える」『社会学研究』104号 2020　ほか

松井　隆志（まつい　たかし）

1976年生まれ。武蔵大学社会学部教員

著書・論文『戦後日本スタディーズ 2』（共著）紀伊國屋書店 2009;『戦後思想の再審判』（共著）法律文化社 2015;「1960年代と「ベ平連」」『大原社会問題研究所雑誌』697号 2016　ほか

メディアがひらく運動史

社会運動史研究 3

初版第1刷発行　2021年7月15日

編　者　大野光明・小杉亮子・松井隆志

発行者　塩浦　暲

発行所　株式会社　新曜社

101-0051　東京都千代田区神田神保町3-9
電話 03（3264）4973（代）・FAX03（3239）2958
Email: info@shin-yo-sha.co.jp
URL: https://www.shin-yo-sha.co.jp

印刷製本　中央精版印刷

ISBN978-4-7885-1733-2　C1036